大国乡村

乡村蕴含中国式未来

张孝德 著

人民东方出版传媒
东方出版社
The Oriental Press

大
国
林
中国林木
三林盛会

序言
读懂乡村谓"之道"

乡村作为中华文明之根、中国文化之源、中华民族之本，决定了中华民族存亡的命运，关系着中华民族和中国式现代化的未来走向。

读懂乡村，才能振兴乡村，是笔者一直坚持的看法。随着时间的推移，笔者越来越感觉到，乡村振兴的过程就是努力达到"道"的至高境界的过程，是人们在不断地求道、悟道、行道。如果说读懂乡村是悟道，那么振兴乡村就是行道。习近平总书记所讲的"民族要复兴，乡村必振兴"，是从"道"上赋予乡村振兴的使命。

求道、悟道、行道、得道是中国人的一种独特的思维方式，这种思维可称为悟性思维，也是中国人追求的最高人生境界。孔子曰："朝闻道，夕死可矣。"党的二十大提出了"中国式"这种说法，如何以中国式的"道"的思维解读中国、读懂乡村，是这个时代的挑战。

中国式思维与西方式思维的最大区别，就是中国人以悟性思维求"道"，西方人则以理性思维求"术"。道的思维不是就事论事，而要找到事背后的"道"，也就是事物发展的规律。中国人求的道，不是某一件具体事的道，而是万事万物共同遵循的道。中国人求道，并不排斥具体做好每件事的术与器，但认为道高于术和器，道正则术成，道偏则术邪。

与此相对应，西方人的术思维，则是就事论事的思维。为了精准地做好每一件事，他们主张一事一理、一事一法。如果说中国的道是沿着从多到一的路径进行，追求万物的共同本源，那么西方的术则是沿着从一到多的方向进行。如中医与西医的区别，就是根据两种不同的思维，走向两个不同的发展方向。中医是从病源上治病的道医，中医发展几千年，没有那么多分科，越是好的道医，越不是某一类病的专家，而是所有疑难杂症都能治的全科大家。而西医是随着时间的推移，分科越来越多，用的技术和工具也越来越多。西方式的现代科技发展路径也是如此，沿着分科越来越多的方向发展。

不可否认，近代以来，在西方兴起的工业革命，正是西方式的术思维禀赋优势发挥了作用。人的理性对术的追求，推动了科技创新、工具改革，改变了世界，为人类文明做出了贡献。这种术思维也成为当今世界占据主导地位的思维。如果说，中国古代因为"重道而弱术"，在近代以来陷入被动挨打的困境，那么，当代西方式的"重术而失道"，也正在陷入"迷道而术邪"的困境。当代人类面临的环境危机、粮食危机、疫情危机、世界治理失序等诸多危机，不是缺乏术的问题，而是失道的问题。我们在术泛滥的世界中，像盲人摸象一样，只知局部，不知整体；只求当下，不知未来；只知自我，不知利他；只求物质，不要精神；只要城市，不要乡村……人类文明在失道的路上越走越远，这是当代人类面临的最大危机。

近代以来，我们追赶西方式的现代化，成功地实现了在经济上成为世界第二经济大国、世界第一制造业大国的成就，从根本上改变了我们因为缺术而挨打的被动局面。但是我们也为此付出了巨大代价——在世界陷入重术失道困境之际，我们也难以幸免。

在这样一种背景下，党的二十大报告提出的"中国式"说法，就是对这种失道的矫正，就是让中华民族再度回到"道"的正轨上的重大抉择，为中国人再度觉醒、悟道敲响了晨钟。目前，我们要从迷道中觉醒，最需要做的一件事是重新认识乡村、读懂乡村，因为我们在乡村问题上迷失得最严重。

近代以来，在追赶西方现代化的过程中，我们一直走着自己的道，这条道就是恪守以乡村为道根的中国式之路。从毛泽东领导的新民主主义革命，到邓小平时代的中国改革开放，我们走的都是农村包围城市这条道。然而，进入 21 世纪以来，随着城市化轰轰烈烈地推进，我们满足于因"术"而创造的经济繁荣和物质财富的快速增长，却不自觉地陷入"重术失道"的困境。我们误认为，城市让生活更美好，乡村是愚昧落后的地方；城市化可以让我们有资格进入现代化行列，乡村是我们现代化的绊脚石；城市化是不可阻挡的世界潮流，乡村的凋零、消亡是我们必须接受和必须付出的代价。诸多此类认识汇集在一起形成的论调，就是"乡村无用论"。即使在党的十九大时中央已经提出乡村振兴战略，这种认识也仍有巨大市场。

如果按照"乡村无用论"的逻辑走下去，那么几千年来，包括近代以来，我们一直恪守的"乡村兴则中国兴"的中华文明之道，在21世纪的今天将面临改道换辙。按照这个道走下去，到我们的城市化水平赶上西方的那一天，就是中华文明断流的那一天，也是五千年中国式文明演化为西方式文明的那一天。

从道的思维来看，今天的中国人需要觉醒的是，我们必须认识到西方文明从古希腊、古罗马开始，走的就是以城市为载体的文明之道。乡村是否存在，对于西方文明的传承不存在任何影响。城市兴则西方兴，是西方文明几千年来的演化之道。所以西方搞城市化，恰恰是西方化文明走向世界的过程。

近代以来，西方式文明从地中海城市兴起，开始走向世界，无论是初期的殖民地开拓，还是今天被跨国公司垄断的全球化贸易，都是西方充分利用城市的集约优势，实现了发达国家对发展中国家的掠夺和对全球现代化进程的控制。

当今世界的城市化，是以世界乡村消亡为代价的。大量事实证明，在西方世界以外的非洲、美洲、东南亚等地区的城市化，并没有让当地大部分人民过上像西方精英所过的那样的美好生活，而是导致了大量城市贫民窟的出现。在失去乡村的同时，他们所遭受的是民族文化的中断、粮食危机与贫困等问题的长期困扰。目前主导这个世界的单极化的城市化之路，正在将人类导入邪道和危机之中。

在此需要说明，笔者并不认为城市对未来不重要，未来只需要乡村，不需要城市。恰恰是当代中国所取得的城市化成就，将中国推到了这个时代高度。但这是一个有限的高度，特别是对于中华民族伟大复兴而言，这是一个根基不牢、方向不明的高度，不是我们想要达到的最终高度。中华民族伟大复兴走向未来的新高度、新空间，源自重建以乡村为道根的城乡之间的新循环、新均衡。在此基础上所达到的新高度，才是中国贡献给世界的中国式新文明应有的高度。

所以，21世纪人类要走出西方式文明的危机，最需要的不是继续搞城市化，而是要拯救乡村、修复乡村，重建城市与乡村的新均衡文明。乡村复兴才是21世纪人类文明发展的大趋势。从这个意义来看，党的十九大提出的乡村振兴大战略，不仅是中华民族伟大复兴的需要，而且是世界的需要。

城市与乡村的关系，是一棵大树的树冠与树根的关系。今天繁花似锦的城市，为其提供滋养的根在乡村。但我们为了城市一时的繁荣，以挖空乡村的根为代价，这是当代中国面临的最大危机。目前乡村的凋零、空心化与城市房地产过剩并存的困境，正在让我们饱受城乡失衡的代价。这是一个需要我们再度觉醒、重新认识乡村价值的时代。

100多年前，中华民族所处的就是这样一个觉醒的时代。中国共产党就是那个时代的最早觉醒者。100多年后的今天，我们又一次处在需要觉醒的时代。在这样的时代背景下，党的十九大提出乡村振兴战略，不是一件关于术的事，而是一件让中华文明归道、让中国人觉醒悟道的大事。

但今天的觉醒，比100多年前觉醒的难度要大得多。100多年前，毛主席领导的新民主主义革命，是在付出血的代价之后，倒逼我们走向了农村包围城市的道路。100多年前，我们面临的危机是显性的，而今天我们面临的危机是隐性的。因为我们今天在追赶西方式的城市化道路上已经取得了巨大成功，而且只有一步之遥我们就会超过西方，成为世界上最强大的现代化国家。正是这样一种诱惑，让我们重新认识乡村的使命与价值，困难很大。

正是基于上述原因，以道的思维解读乡村，让读者重新发现中国式乡村的价值，成为本书的一个尝试。

本书的第一篇是觉醒篇，从溯源的角度，从被误读的中国、被误读的"三农"的正本清源中，提醒大家重新反思我们是谁、从哪里来等不忘初心的问题。

第二篇是问道未来。已经浮出水面的生态文明、生态农业、文化为王发展大趋势，决定了中国未来的方向与命运。生态文明是天，是导航未来的光；生态农业是地，是奠基未来的基；文化为王是人，是统领未来的魂。这三件事是对中国未来覆盖面最广、变量最大、影响最深远的三件大事。而问道未来的这三件大事的根不在城市，在农村。

第三篇讨论回归于心的行道问题。古老的中华文明，在乡村给我们留下的耕读生活、心法手工、义利经济、礼乐教化的文明遗产，是医治现代文明病的解药。对于源于术思维的强大而刚性十足的西方式物质化、技术化、资本化的文明带来的种种问题，我们需要以老子所讲的以柔克刚之道来化解。以耕读生活应对让生命异化的现代化生产，以心法手工应对让人异化的智能科技，以义利经济应对自利的资本经济，以礼乐教化的开慧教育改变让人成为工具的知识化教育，是乡村为我们提供的走向未来的四大柔性革命。

第四篇讨论道济天下。作为世界上拥有巨量文明的国家，中国能够与虽没落但仍强势的西方文明对峙，让人类文明改道换辙。道济天下的中华文明，贡献给世界的不是一个追赶西方并超过西方的西方式文明，而是一个基于中国智慧的新形态文明，是一个不同于西方式的，共生、共建、共赢的天下太平的新文明世界。而孕育未来新世界的母体，也是在乡村。

本书讨论的问题，是作者多年思考且还在思考与探索中的问题。本书所讨论的话题均是开放性的、非线性的、需要多维视角讨论的，本意是希望抛砖引玉，打开一个讨论的新空间。迈向中国式未来，我们需要一个百花齐放、百家争鸣的守正创新的新格局。

张孝德

2023 年 1 月

目录

第一篇 觉醒：从这里开始

第一章 读懂乡村：从走出被误读的中国开始 / 6

一、被误读的历史：中国没有奴隶社会 / 7

二、被误读的文明模式：五千年中华文明失光 / 17

三、被误读的中国贡献：矮化了中国智慧与文化的价值 / 30

四、被误读的中国乡村：成为愚昧落后的代名词 / 42

第二章 正本溯源：从老"三农"到新"三农" / 46

一、农村不是"农村"，是"乡村" / 47

二、农业不是"农业"，是"农事" / 57

三、农民不是"农民"，是"农夫" / 63

四、新"三农"：文明乡村、生命农事、智慧农夫 / 68

第二篇 问道：求助于野

第三章 生态文明：新时代从乡村起航 / 85

一、世界大变局：文明形态大转型 / 85

二、生态文明：导航中国进入新时代的文明 / 92

三、新时代乡村命运：遇工业文明衰，逢生态文明兴 / 97

四、以乡村为根：乡村生态文明建设的优势与贡献 / 101

第四章　生态农业：第三次农业革命 / 111

一、第一次农业革命：让生命觉醒 / 112

二、第二次农业革命：从养命到害命 / 116

三、第三次农业革命：回归养命的生态农业 / 123

四、新时代农业：中国将成为第三次农业革命发源地 / 131

第五章　"文化为王"：源自乡村的新文化运动 / 137

一、现代文明病：文化与科技、物质与精神对立 / 137

二、"文化为王"与中华民族伟大复兴的使命 / 146

三、乡村是未来新哲学、新文化启蒙之地 / 151

四、"乡土文化+"：文化引领未来新经济革命 / 154

第三篇　行道：从心开始

第六章　耕读生活：物质与精神均衡的新生活 / 166

一、群体迷失：不知道什么是好的生活 / 167

二、时代之问：我们需要什么样的生活 / 174

三、柔性革命：改变未来从生活方式的变革开始 / 180

四、中国式现代化生活：从回归耕读开始 / 183

第七章　"手工+心"的时代：未来的生命化产业 / 190

一、"脚+脑"：西方工业化模式 / 190

二、"手+心"：中国古代手工业模式 / 192

三、手工业重新兴起的时代必然性 / 198

四、未来的新型工业化发展趋势 / 203

第八章　乡土经济学：颠覆主流经济学的经济革命 / 210

一、新经济革命：从物本经济向命本经济转型 / 211

二、新财富经济：自然资本+文化资本+社会资本 / 213

三、义利经济人：从自利经济人到义利经济人 / 214

四、新公共经济：从市场化到有限市场 / 217

五、生活经济学：从利润最大化到幸福最大化 / 218

六、分布式经济：颠覆规模经济学的小而优经济 / 221

第九章　回归生命：从乡村起航的新教育 / 229

一、中国与西方：两种不同的教育模式 / 230

二、被忽视的隐性危机：现代教育的困境与生命危机 / 235

三、近代中国教育大变局：从做人教育转向做事教育 / 243

四、古代教育再认识：教育治国、智慧化人 / 249

五、古代乡村教育：生命崇高、精神自立、信仰教化 / 258

六、从乡村开始的未来教育改革之路 / 265

七、以大教育观推进乡村教育改革、促进乡村全面振兴 / 270

八、全生命三亲教育：迈向未来的乡村教育试验 / 274

第四篇　乐道：慧济天下

第十章　文明图谱：乡村是中华文明活态博物馆 / 295

一、从生命周期理论看中华文明史 / 296

二、苗族：华夏上古文明的活化石 / 303

三、青藏高原：中华民族远古的心灵家园 / 308

四、让宋代文明定格江南的客家人 / 313

五、表里山河：中华民族童年和老年的福地 / 317

六、结论：乡村是读懂中国的活态博物馆 / 330

第十一章　从"金"到"土"：世界回归乡土时代 / 332

一、如何认识中国太极五行论与西方原子论 / 333

二、居"土"中央的中华文明 / 339

三、以五行理论看西方文明 / 340

四、化解文明危机与乡土文明复兴 / 342

五、从"金戈铁马"到"厚土德风"：未来流行中国风 / 345

第十二章　大同社会：乡村社会主义新时代 / 358

一、马克思主义中国化：从天下大同到解放全人类 / 359

二、乡村是中国特色社会主义的发源地 / 364

三、再造乡村：乡村社会主义社区实践案例 / 375

四、21世纪世界新潮流：乡村社会主义引领未来 / 384

后　记 / 391

第一篇

觉醒：

从这里开始

引言

党的二十大报告中的"中国式"说法，是对中国人自我认同的再度唤醒，对乡村的认识更是如此。是从"中国式"的角度看乡村，还是从"西方式"的角度看乡村？两种不同的视角决定了我们将看到两个有着天壤之别的中国及其乡村。

读懂乡村，要从走出对中国的误读开始。中国式的文明与西方式的文明，最根本的区别就是拥有不同的载体。乡村孕育了中华文明，城市孕育了西方文明。然而，近代以来形成的对中华文明的最大误读，就是我们错误地按照西方文明标准来解读中华文明。

在古希腊、古罗马，虽然其乡村仍是野蛮的奴隶社会，但其发达的城市民主社会也让西方文明发光。在西欧虽然有一段被西方史学家认为是"黑暗中世纪"的封建社会时期，但黑暗中孕育着黎明，西方人在近代最早冲破封建社会的束缚，创立了引领世界的工业文明。

尽管我们一直认为中华文明是辉煌的、历史悠久的、世界上最长寿的文明，但是，今天我国的教科书中所描述的中华文明，是一个让我们看不到光芒、生不出自信的文明。因为中华文明被以西方文明为参照系进行了修改与误读。比如，我们的历史教科书采用西方历史分段理论，认为中国与西方一样存在过奴隶社会，但我们在另一端却没有生发出让中华文明发光和自豪的城邦民主社会；我们与西方一样存在过封建社会，但我们长期滞留于封建社会，而不能像西方那样发生工业革命，进入现代化社会。总之，在这样一个理论模式中，我们看到的是一个对人类文明没有贡献的中国，是一个从一开始就愚昧、落后、保守、没有光芒的中华文明。

按照这个逻辑继续走下去的结论是，从古希腊、古罗马到近代工业文明的兴起，让西方文明发光的是城市文明，与此相对应的，让中国失去价值、失去光辉、拖了我们后腿的就是乡村。按照这个逻辑我们就可以理解，为什么今天面对千年乡村文明的衰微与死亡，我们并不感到悲哀，也不认为这是中华文明断流的危机了。按此逻辑，走出乡村、走进城市，恰恰是中华民族从此走出千年愚昧落后的开始。

这是一个非常可怕的逻辑。如果我们不能对被篡改的、被格式化的中华文明的历史和发展模式进行修正，为被误读的中华文明和乡村平反，中华民族的自信就无法确立。

如果以"中国式"立场看中国，我们将发现另一个中国——一个完全不同于西方的、独特的中国。我们发现，在古希腊、古罗马文明诞生之前，已经走过两千五百年的中国并不存在西方式的奴隶社会，取而代之的是被历代称颂、令人向往的"大道之行，天下为公"的太平盛世。从秦始皇统一中国，到汉唐，再到宋元明，都不是西方式的封建社会，此时与西方"黑暗中世纪"相对应的，恰恰是中华民族雄踞东方的鼎盛千年。

而让中华民族五千年文明生生不息、光耀东方与世界的文明之根，是乡村。按照这个逻辑看中国乡村，我们竟然发现，近代以来，我们所使用的对农村、农业、农民的称谓，在几千年的中华文明中根本不存在。与目前所讲的"三农"对应的另一个"三农"，即乡村、农事与农夫。这不是概念上的区别，而是被扭曲的中国历史与文明。对党的二十大提出的"中国式"的理解，亟须从修正被误读的中国和乡村开始。

让我们迷失的那个地方，也是我们觉醒的地方，这个地方就是乡村。

第一章
读懂乡村：从走出被误读的中国开始

习近平总书记讲："西方很多人习惯于把中国看作西方现代化理论视野中的近现代民族国家，没有从五千多年文明史的角度来看中国，这样就难以真正理解中国的过去、现在、未来。"[①] 近代以来，在西欧兴起的工业文明，以其强大的扩张性殖民方式走向世界，不仅以"科技+市场"形成的巨大的物质力量改变了世界，还将源于西方文化的文明模式像标准化的工业产品一样推行到了全世界。

近代以来，在追赶西方现代化的过程中，中国是世界上少有的，也是目前仅有的一直坚持走自己的路的国家。即便如此，在如此巨大的工业化浪潮（其本质是西方化）的推动下，我们认识世界的思维方式仍然受到这个时代的影响。在 21 世纪的今天，在中国崛起，努力实现中华民族伟大复兴的背景下，有一个问题值得我们

[①] 习近平：《把中国文明历史研究引向深入，增强历史自觉坚定文化自信》，《求是》2022 年第 14 期。

反思，那就是，以西方文明为现代化标准的大背景下，长期以来，我们总是自觉和不自觉地从西方的视角看中国，形成了对中华文明、历史和文化的诸多误读。这些误读已经成为中华民族伟大复兴的思想与认识层面的障碍，到了需要我们正本清源的时候了。

而乡村是中华文明基因的携带者，在被误读的中华文明背后，是大众对乡村严重的误读。目前在国家实施乡村振兴战略的过程中，这些误读严重影响着我们对乡村历史和价值的认识。对乡村误读，动摇的是中华民族自信之根、文化之魂。因此，找回文化自信，必须从走出被误读的中国和被误读的乡村开始。

一、被误读的历史：中国没有奴隶社会

关于世界历史演化阶段的分期，不知从什么时候，我们接受了被认为是全人类历史发展标准的五个阶段的演化理论。即人类文明按照原始社会、奴隶社会、封建社会、资本主义社会、社会主义社会的统一模式进行着演化。其实，这个社会演化阶段的划分，主要是基于欧洲社会发展的历史来进行的。古希腊、古罗马时期属于奴隶社会、中世纪时期是封建社会阶段，"近代"进入了资本主义社会阶段，而"现代"则是指以俄国"十月革命"为开端的一个新时期。

然而，我们接受了这个被认为是通用的标准。到目前为止，我们中学历史教科书仍然把中国古代的夏、商、周时期定义为奴隶社会，把秦朝到清朝这段时期定义为封建社会。我们只有抛开这些预先设置的标准，去研读中华文明的历史，才会发现，中华五千年文明根本不是按照这个路线进行的。中国古代的夏、商、周时期根本不存在西方文明中的奴隶制，从秦到清也不属于西欧中世纪时的封建制，近代中国没有经历资本主义就进入了社会

主义。

中国古代是否存在过奴隶制，是理论界一直讨论的一个问题。理论界的讨论，主要围绕如何解读马克思的五阶段社会理论而进行。在此需要说明，本书对此问题的讨论，基于中、西方文明不同的发展模式而进行。近代以来，我们之所以将中国古代社会也界定为与西方一样存在过奴隶社会，一个深层的原因是，我们自觉不自觉地接受了西方所建立的判断标准，并以此来认识中国。

本书提出这个问题，不仅要回答中国是否经历过奴隶社会的问题，而且要回答认识当代中国需要从什么立场和视角出发的问题。特别是在党的二十大提出迈向中国式现代化的背景下，我们需要站在中国的立场看中国，还原中国本来的面目。

本书对这个问题不准备展开全面讨论。结合读懂乡村的需要，本书重点讨论中国是否存在过奴隶社会。对于这个问题，笔者在1995年撰写的《文明的轮回》一书中就提出了怀疑。笔者发现中国古代社会根本不存在西方式的奴隶制：

> 目前的主流理论将中国古代社会划分为奴隶社会与封建社会两个阶段。这种划分只适合于西方社会制度的演变，不具有普遍意义。东方不曾存在西方式的奴隶制，是由东西方社会不同的阶级结构决定的。不论从阶级结构还是从阶级背后的经济基础看，东方社会与西方社会从一开始就处在两个完全不同的起点上，由此导致东西方的社会演化走上了两条完全不同的道路。[①]

[①] 张孝德：《文明的轮回——生态文明新时代与中国文明的复兴》，中国社会出版社2013年版，第104页。

（一）源自殖民基因的古希腊奴隶社会

从古希腊、古罗马开始的西方文明，之所以一开始就走向了典型的奴隶制社会，是因为源自游牧这种生存方式的西方文明，一直存在着一种通过不断殖民拓展其生存空间的传统。正是这种殖民模式，使得古希腊文明诞生的国土，并不是一开始就属于希腊人，而是当地土著居民被希腊人征服之后，希腊人占领了其国土，而被征服的土著居民则成为奴隶。在古希腊和古罗马存在的奴隶贸易更是西方商业文明野蛮性、残酷性的一大表现。古希腊不仅存在着大量的奴隶，还存在着许多奴隶市场。各城邦皆有奴隶市场，爱琴海上的提洛岛就是奴隶买卖的中心。史料记载，有时一天成交的奴隶数就达万人。奴隶数量之多，价格之低，在古代世界是空前的。

古希腊最早的土著居民是皮拉斯齐人。在公元前2000年左右，属于印欧语系的游牧民族亚该亚人、爱奥尼亚人、伊奥尼亚人等相继侵入希腊这个地区，占据不同的地方。他们及后来的多利亚人都自称是神明希伦的后代，即希腊人。

在希腊人的传统观念中，希腊人不能奴役希腊人。希腊人很少以本邦公民为奴，构成希腊奴隶的首先是被征服的土著人，其次还有战争俘虏、海盗劫夺或者市场交易而来的外邦人及所谓的"蛮族人"。公元前8世纪至公元前6世纪，古希腊形成数以百计的奴隶制城邦（或称城市国家）。[1] 例如英国学者哈蒙德在《希腊史》中估计雅典的总人口为40万，其中奴隶占据了一半，约20万人。斯巴达的奴隶数量远超其公民人口。

正是由于游牧民族传统的殖民模式，西方文明从一开始就是从激烈的阶级对抗中诞生的。如何处理这种征服与被征服形成的

---

[1] 根据搜狗百科整理。

阶级斗争，成为西方文明国家产生的根源。这正是马克思所讲的国家是阶级矛盾不可调和的产物。而马克思所讲的西方国家，并不包含所有的国家。而且这种通过殖民扩张自己的文明模式，从古希腊、古罗马，一直延续到近代西方殖民世界、美国称霸全球，从来没有中断过，只不过是对立方式和范围发生了变化。

争夺、战争等残酷的冲突成为西方文明之原动力，也表现在希腊神话中。希腊神话中的人物个个是有神力的英雄。这些英雄都是在各种军事战争和错综复杂的斗争中锤炼出来的。作为希腊神话世界中的神王，宙斯以霹雳为武器，维持着天地间的秩序，公牛和鹰是他的标志。而作为第二代神王克洛诺斯之子，宙斯是通过战胜父亲、杀害父亲的战争登上王位的。总之，希腊神话中的所有神都和战争有关系。我们发现，古希腊神话中的故事模式，与当今美国好莱坞大片中的英雄加美女的故事模式完全一样。这就是文明基因的力量。中国有句俗语：三岁看大，七岁看老。无论今天西方文明进行了怎样的创新发展，构建其文明的基因几乎没有变。

（二）源自"和"的中华文明，没有形成奴隶制的条件

我们之所以坚定地认为，中国古代社会没有西方式奴隶制，是由于源自农耕生产方式的中华文明，根本不存在这种向外扩张的殖民模式基因。如果说西方文明从一开始就携带着两元对立、外向性扩张的殖民基因，那么中华文明恰恰属于追求"和合"、多样化的文明基因。希腊神话中，希腊文明的创世者个个是有着神力的好斗英雄，而中国神话中的创世者都是拥有智慧的神人。他们不是用武力、计谋战胜了对手的英雄，而是为了创造一个更美好的共有的世界，以牺牲自己为代价开创新世界的英雄。中华民族一直有尊祖的传统，就是因为我们的今天是通过一代代祖先的奋斗和奉献而来的。

第一章 读懂乡村：从走出被误读的中国开始

中国神话体系中最古老的神，就是开天辟地的盘古。首先，盘古是宇宙孕育的儿子，他在混沌的宇宙之中孕育了一万八千年之后诞生了，这已经预示了中华文明不是属于某一个人创造的——中华文明的母亲是自然宇宙。这正契合了老子所讲的"人法地、地法天、天法道、道法自然"的人与自然的关系。这也是中华文明创世模式与西方不同的地方。无论是希腊神话还是基督教中的《创世记》，天地万物的生成都与某个具体的人有关，而在中华文明中，天地万物源自宇宙之母。

在中国的创世神话中，从盘古开天辟地，到女娲补天、精卫填海、夸父追日、愚公移山等，都有一个共同的特征，即他们均是以牺牲自己来创造我们的世界和文明，他们用超出常理的精神、超出常规的神力，开启天下文明，给我们塑造了一个个无私奉献、开拓进取的样板。

五千多年前，作为中华文明祖先的炎帝、黄帝，源自同一个部落，属于同宗、同源。《国语·晋语》载："昔少典氏娶于有蟜氏，生黄帝、炎帝。黄帝以姬水成，炎帝以姜水成。成而异德，故黄帝为姬，炎帝为姜。二帝用师以相济也，异德之故也。"最终与蚩尤逐鹿中原获得胜利的虽然是黄帝，但他们是华夏文明的共同创始者，文明的创建并不是从他们对原住民的征服开始的，他们本来就是这片土地的主人。虽然他们之间有矛盾、冲突，但这是一家人之间的冲突。构成华夏文明初始模式、占据主导地位的原动力，不是有强烈对抗性的阶级斗争带来的"分"的力量，而恰恰是"和"的力量。逐鹿中原的本质是，同宗的炎帝和黄帝以合作的力量打败了蚩尤。而且这场战争不是由炎帝和黄帝去侵占蚩尤的土地引起的，而是由蚩尤企图侵占炎帝、黄帝的领地而引发的。当时东北地区尚处在狩猎经济时期的蚩尤部落，觊觎炎帝所在的中原国土，由此引发了此次战争。所以，与蚩尤的战争是炎帝、黄帝为了守护自己的家园而进行的正义之战。

汉代《龙鱼河图》中记载，当时蚩尤有81个兄弟，全部号称神的后裔。这81人全部是人面兽身，铜头铁额，他们不服从黄帝的命令，残害黎民，诛杀百姓。因从事狩猎而养成的尚武精神，使蚩尤部落具有军事上的优势。最初是蚩尤与炎帝大战，炎帝败，后炎帝与黄帝联合打败了蚩尤。

由此可见，中华文明在源起之初，虽然也经历了冲突和战争，但最终成为中华文明始祖的炎、黄，并不是外来的征服者，而是自己土地的守护者。后来传说中的几位上古帝王，以及一直到夏、商、周时期的帝王，都被认为是黄帝的直系子孙。后世的帝王也声称他们是黄帝的后裔。几乎所有的姓氏都将自己的远祖追溯到炎帝、黄帝或他们的臣子。这也正是后期中国形成家国一体的历史原因。

中华文明是源于"和"的文明，最典型的大事件，就是最早实现华夏九州统一的夏王朝建立的过程——不是通过战争兼并，而是以大禹治水获得天下公认、形成凝聚合力的结果。自夏定鼎九州①之后的中华文明的演化过程，虽然也存在部落之间的战争，

---

① 从《水经·淮水注》到《吕氏春秋》再到《左传》，都对大禹和涂山之会做了一定的记载。涂山大会是大禹向天下四方宣告夏王朝建立的一个重要的标志性事件，他未使用武力而使四方诸侯（氏族、部落）臣服，显示了华夏部落联盟的强大及大禹的个人魅力。涂山之会在《左传》中有着"禹会诸侯于涂山，执玉帛者万国"的记载。各地的部落为了表示对大禹的敬意，就将当时极为贵重的"金"（即青铜）作为贡品，带到阳城献给大禹。

随着天下进献的"金"越来越多，同时，为了纪念这次有历史意义的涂山大会，大禹决定效仿黄帝功成铸鼎的做法，用这些"金"来铸造大鼎。为了不引起众部落首领的不满，大禹仔细考虑之后，决定将九州所进献的"金"都用在各州所铸的鼎上，九鼎即为冀州鼎、兖州鼎、青州鼎、徐州鼎、扬州鼎、荆州鼎、豫州鼎、梁州鼎、雍州鼎。这九鼎代表着天下九州，其中，豫州鼎是中央大鼎，意味着豫州是天下的中央。

特别是来自西北游牧部落侵入中原的战争,但"和合"是中华文明进化的主导动力,这一点没有变。

以"和"为内在动力的中华民族,从一开始就不存在像古希腊那样将人分为奴隶主与奴隶这种人与非人的、充满阶级冲突的社会条件和文明基因。相反,由于中华文明源自同宗、同源的家庭结构,因此,中国古代社会的王与民之间的关系也不是阶级对立关系,而是一种大家长与家庭成员的关系,是一种你中有我、我中有你的相互依赖关系。这也正是孟子将君与民的关系比喻成水与舟——"水能载舟,亦能覆舟"——的原因所在。虽然这种关系中人与人之间也会有冲突和矛盾,但它并没有成为西方社会里那种人与非人的对立关系。

(三) 井田制和《诗经》佐证,古代农民不是奴隶

从大量史料来看,中华远古文明的尧舜时代,不仅没有残酷的奴隶制,还被一代一代的史学家誉为中华文明史上最美好和谐的时代。尧舜时代被儒家认为是"大道之行,天下为公"的时代。对于这个时代,毛泽东也在诗词中给予赞美:

春风杨柳万千条,六亿神州尽舜尧。(《七律二首·送瘟神》,1958)

对于尧舜时代的社会,孔子在《礼记·礼运篇》中的描述是:"大道之行也,天下为公,选贤与能,讲信修睦。故人不独亲其亲,不独子其子,使老有所终,壮有所用,幼有所长,矜、寡、孤、独、废疾者皆有所养。男有分,女有归。货,恶其弃于地也,不必藏于己;力,恶其不出于身也,不必为己。是故谋闭而不兴,盗窃乱贼而不作,故外户而不闭,是谓'大同'。"

《礼记·礼运篇》所描写的理想世界,是天下为公的大同世

界，是一个没有私心，把别人的父母看成和自己的父母一样进行赡养，把别人的子女看成和自己的子女一样进行教养的社会。所有的人都有所为，有所养。特别是矜、寡、孤、独、废疾者，都能得到平等的照顾。

天下为公、和睦相处的社会并不只是一种理想，而是在尧舜时代就存在过。所以孔子感叹道："*大道之行也，与三代之英，丘未之逮也，而有志焉。*"（《礼记·礼运篇》）孔子讲，大道实行的时代，以及夏、商、周三代英明杰出的人当政的时代，我都没有赶上，可是我有志于此、心向往之！如果尧舜时代的上古文明是天下为公，那么夏、商、周的三王时代便进入了以礼为治的"家天下"时代，而春秋五霸时代则是礼崩乐坏、以武力争夺天下的时代。正是基于这样"世风日下"的时代背景，孔子才提出克己复礼，毕生致力于传承古代之大道。

我们今天在赞美2500年前古希腊的城邦民主制时，严重忽视了早在4000多年前，我们的祖先创建的就是一个天下为公的古代共产主义社会。

正如目前历史教科书中所讲的，中国古代社会确实存在有关于奴隶的记载，甚至在商朝还有奴隶殉葬等制度。这里所说的奴隶其实是家奴，或者叫奴婢，并不是古希腊文明中所指的奴隶。按照马克思对奴隶制社会的定义，古希腊的奴隶被市民剥削和奴役，用来获取剩余价值，从而推动了古希腊的奴隶制工商业经济。而中国的家奴并非为了生产剩余价值。而且，中国古代从事农耕经济的农民是自足、自由的农耕者，从商一直到西周时期的井田制，更加说明这个时期根本没有西方的奴隶制度。《孟子·滕文公》记载的井田模式是："*方里而井，井九百亩，其中为公田，八家皆私百亩，同养公田，公事毕，然后敢治私事。*"井田制很好地解决了公与私、统一与自由、集中与分散的关系。在井田制度下，农耕民土地公平分配，在完成公田、公事后，过着一种干扰很少的自足、自由的生活。而公田也是古代的一种实物农业税，占农耕民总收成的九分之一，这种税负并不是很高。20世纪80年代，中国农村实施的土地家庭联产承包责任制，也具有井田制的特征。承包制是在土地平均分配的制度下，交够国家需要的，余下的就是自己的，这和井田制的公田与私田的原理非常相似。土地家庭联产承包责任制是新中国成立以来给予农民自由度最大的制度安排。

进入周朝之后，虽然天下为公的社会进入了天下为家时代，但从描述了周初至周晚期（公元前11世纪—公元前6世纪）的《诗经》中也可以洞察当时乡村的生活状态和风土人情。《诗经》在内容上分为《风》《雅》《颂》三个部分。《风》是周代各地的民间歌谣，包括今陕西、山西、河南、河北、山东等十五个地区的民歌，大部分是黄河流域的民间乐歌，多半经过润色，叫"十五国风"，有160篇，是《诗经》中的核心内容。"风"的意思是乡土之风、风谣。可以说，《风》的作者就是当时的农民诗人。《诗经》中所展现的乡土生活，虽然也有因战争、出征带来的悲愁，但其表现的主要内容是一种恋爱自由、自足自乐的生活图景。中国是历史悠久、拥有丰富的诗文化的民族，以诗言志、达情，成为中华民族思想与生活的常用表达方式。而组成这一文化创造者的队伍中，中国古代农民是一支重要的力量。

从古代农民作诗这件事中，我们可以看到，这些古代农民绝不是没有人身自由的奴隶。他们不仅是物质自足的创造者，也是自我独立的精神生活的创造者。可以说，中华文明的开端就是一段由自由农参与创造的历史。乡村是中华文明基因的携带者，农民是创造中华文明的主体——这个角色几千年来从来没有改变过。

与此相对应，起始于奴隶主统治的古希腊、古罗马文明，则是一个由少数贵族统治的文明。这样一种文明模式，从古希腊到现在的西方几乎没有改变。从古希腊开始的民主制度安排有双重含义。第一，这是一种要确定你是否具有做人资格的制度安排。赋予你的民主权利，首先是一种做人的权利，这并不意味着你就是这个城邦的主人。而真正决定你能否成为这个城邦主人的制度安排，是在战争与经济中优胜劣汰的竞争制度，这是其第二层含义，也是其本质。只有在这个制度的安排下，成为在经济领域市场竞争的优胜者，或在残酷的战争中成为将军、英雄等，也就是说，必须首先成为有产者、有权军人等，你才有资格成为这个国家的统治者。

我们不能忘记，从古希腊开始，所谓的西方民主制度，是一种高经济成本的制度，它与优胜劣汰的经济竞争制度、殖民掠夺的战争制度相结合才能发挥作用。这才是从古希腊到今天的西方民主制的全部内涵所在。这样的制度安排决定了从古希腊、古罗马的文明模式开始，西方文明就是一种由少数贵族阶层控制的社会。近代以来，资产阶级革命使西方建立起了民主国家，这是一个巨大的历史进步，但是真正控制国家命运的是资本主义经济制度运行下形成的资本力量。正因为如此，西方也称自己是精英社会。从古希腊的奴隶制时代到近代西方的殖民时代，处在社会底层的个人获得做人的平等权利，成为西方文明演化中底层社会一直努力的目标，这正是西方社会近现代一直主张人权主义的历史原因。

与此相对应，家国一体的中华文明，虽然也一直存在一个强大的君主集权统治集团，但社会被认为是与国家一体，你中有我、我中有你的"民"的群体。如何保证"民"的利益最大化，是中国古代文明面临的主要问题。源自个人主义的西方文明追求个人权利的合法性，与中国追求广大生民的利益，属于两个不同的目标体系。如果说西方是人本社会，那么中国则是民本社会。

在以丛林竞争规则建构起来的西方文明中，胜利者才是合理、合法的文明世界的统治者。按照这个机制延续到最后，赢者通吃的规则必然形成西方的世界文明观。这个文明观，导致西方文明是天下唯我的霸权观。这正是从个人主义逻辑出发的必然结果。

而中国的文明是"和"的文明，其发展的逻辑和方向，是消减与约束自我的独占性。天下是大家的天下，不是唯我的天下，最终的社会理想是天下为公和天下大同。这正与马克思主义相契合。

二、被误读的文明模式：五千年中华文明失光

习近平总书记讲："在漫长的历史进程中，中华民族以自强不息的决心和意志，筚路蓝缕，跋山涉水，走过了不同于世界其他文明体的发展历程。"① 中华文明从诞生起，与西方文明就不属于同一个模式，一直走在自己的道路上。尽管如此，在西方主导的世界工业化、西方化浪潮的推动下，中国在走自己道路的过程中，真可谓逆水行舟、面临各种艰难险阻。我们不仅面临着看得见的、来自西方军事和经济的巨大阻碍，还有看不见的、来自西方思想与文化的软渗透。

（一）以西方文明标准看中国，让中华文明失光

近代以来，以西方文明标准看中国，对中华文明的另一个重大误读，就是把中华文明看成与西方文明一样的模式。这种套用、

---

① 习近平：《把中国文明历史研究引向深入，增强历史自觉坚定文化自信》，《求是》2022年第14期。

等同化的结果是，中华文明在西方文明标准的比照下，成为一种低劣的甚至被认为是不合格的文明。由此导致了近代以来，国人对中华文明自身的反思与批判，逐渐由对清朝的批判和抱怨，变成了对整个中华文明的批判和抱怨，甚至上升到对中国人性的否定与批判。这种全盘否定成为压在民族自信与文化自信头上的一片巨大乌云。

在此我们需要澄清一个问题，近年来发生一系列引发社会讨论的丑化中国人的事件，我们不能简单地认为，产生民族自信与文化自信危机就是它们造成的。其实是近代以来就在中国播下的种子生根、发芽，只不过到今天才开花结果而已。我们需要反思的是，为什么在十年前我们没有发现这个问题，到今天才感觉到这是一个问题。其实，在此之前的很长一段时间中，草木尚处在抽枝长叶、开花时期。在这个时期，我们不仅没有发现，甚至自觉和不自觉地为这些杂草树木提供了营养。他们中有的是著名畅销书作家，那些丑化中国人的书曾广为流传。是谁让他们的书成为畅销书？是你，是我，是他。这说明是整个社会群体给予了他们滋养和激励，让他们沿着批判、否定、丑化的方向一直走到了今天。在此讲这些，并不是为这种现象辩解开脱，也不是全然批判，而是提醒大家，我们需要更理性、更全面的思维来反思这些事。可以说，这些草木的根，就扎在我们每个人心里，是我们共同为其提供了滋养。

从理论认识的源头看，让五千年中华文明失光的根源，就是以西方文明为标准来看中华文明。然而，当我们走出狭隘的西方角度，从人类文明史的大视野来看中西文明时，我们就会发现，中、西方属于两种完全不同的文明模式。中华文明属于源于农耕生产方式的天道文明，而西方文明则属于源于工商业生产方式的人本文明。

（二）西方文明是源自工商业的人本文明

人与自然是构建人类文明存在与发展的两大基本要素。自然在中国古代话语体系中也被称为天。从人与自然这两大要素的角度看中国与西方文明模式，可以发现，立足于天，即从天道出发构建的文明，就是中国的天道文明；而立足于人，即从人的主体性出发构建的文明，就是西方的人本文明。从这个意义上分析，我们就可以将中华文明与西方文明定义为两种完全不同的文明模式，即天道文明与人本文明。

1. 希腊与罗马的名称源自具体的人

首先，作为西方文明之始的希腊与罗马的名称，都来自具体的人。"希腊"的得名来自希腊神话中希伦（Hellen）这个人的名字。希腊神话中记载，一场灭世大洪水即将到来，而预知此事的是普罗米修斯。这位盗火者让自己的儿子杜卡利翁（Deucalion）修建一艘大船，从而帮助人们躲过了洪水。因为杜卡利翁其中一个儿子叫希伦（Hellen），人们便把自己生活的地方称作"Hellas"（希腊）。

古罗马的名字源于母狼乳婴的故事。公元前8世纪左右，罗马国王努米托雷被其胞弟阿姆利奥篡位驱逐，其子被杀死，女儿西尔维娅与战神马尔斯结合，生下孪生兄弟罗慕洛和雷莫。阿姆利奥把这两个孪生婴儿抛入台伯河。落水婴儿幸遇一只母狼哺喂成活，后被一猎人养育成人。两兄弟长大后杀死了阿姆利奥，并迎回外祖父努米托雷，重登王位。努米托雷把台伯河畔的7座山丘赠给他们建新都。后罗慕洛私定城界，杀死了雷莫，并以自己的名字将新城命名为罗马。这一天是公元前753年4月21日，后来人们将这一天定为罗马建城日，并将"母狼乳婴"图案定为罗马市徽。

总之，无论是古希腊还是古罗马，其名字都来自具体的人，与中华文明的起源完全不同。"中国"这个名称来自对应天中的位置，它从一开始就不属于任何一个具体的人。而且"中国"这个名字一开始就包含着人与天之间"和"的关系。作为古希腊、古罗马文明起源的人，都是在复杂斗争中获胜的英雄，名称蕴含的是斗争与分化的文化。

2. 城市是西方文明的母体

"文明"这个词源自古希腊语"civitas"（意为"城市"）。由此可以发现，在西方人的意识中，文明起源于城市，只有城市才代表文明。与此相对应的一个英语单词为"peasant"，意为农民、小农、雇农、无教养的人、粗野的人、贱民、地位低的人。此词最早派生于拉丁语"pagus"，表示农村、乡下、异教徒、未开化者、无宗教信仰的人。从这些词源看，农村与农民在西方文明中是没有位置的。

城市作为西方文明的温床，也是古代工商业的重要载体。追根溯源，西方人本文明的模式根源于工商业生产方式。不论是早期的克里特文明还是后来的古希腊文明、古罗马文明，商业经济始终是其赖以存在的经济基础。

一般说来，在雅典这样工商业很发达，农业也以商品作物为主的城邦，商品经济的比重可高达50%，这在古代已是绝无仅有的了。[①]

到了古罗马时期，在古罗马帝国武力的扶持下，古代西方的商品经济被推向了极盛，拥有120万人口的古罗马帝国是最大的商

[①] 朱龙华：《世界历史·上古部分》，北京大学出版社1994年版，第422页。

品集散地和对外贸易枢纽。数以百计的罗马帝国城邦组成了繁盛的商业贸易网，各城市之间通过海上航运、内陆河运、官修大道彼此联络，互通有无，商旅往来络绎不绝的景象实为古代所仅见。

城市之所以成为西方文明诞生的母体，是因为欧洲人想摆脱居无定所、逐水草而居的游牧生产方式。他们在城市的工商业经济中找到了走出原始、进入文明的母体。人类在一万年前分化为游牧与农耕两大生产方式。而由于农耕生产方式是一种比游牧生产方式效率更高的生产方式，特别是以乡村为定居地的农耕生产，最早具备了孕育人类文明的条件，因此，农耕生产区最早走出了混沌的原始社会。在地球上首先发生农业革命的地区，形成了最早的四大文明古国，即两河流域的古巴比伦文明、尼罗河流域的古埃及文明、印度河流域的古印度文明和黄河流域的中华文明。无论这四大古文明有怎样的区别，它们都是依托农耕经济而诞生的文明。正是乡村社会的农耕经济为人类文明提供了物质剩余，才使得人类文明能够在一个稳定的空间中孕育、成长、持续积累、持续改进，由此乡村成为农耕文明的母体。

在农耕文明诞生后的几千年中，处在欧亚北方地区的游牧部族，由于其游牧的生产方式不具备孕育人类文明的条件，因此这些部族一直处在原始社会之中。人口增长与草原资源的有限性，倒逼游牧区周期性地通过侵略殖民方式拓展新草地，通过对农耕文明区的野蛮侵扰、掠夺，来解决游牧地区的生存危机，这成为游牧文明发展的一种主要方式。直到公元前1000年左右，在比邻发达的古埃及文明的巴尔干半岛南端，出现了一种新文明形态，它就是古希腊文明。来自游牧部族的古希腊人在克里特岛上找到一种能够孕育文明的新方式，这就是依托城市的工商业经济。由于工商业经济是一种比农耕经济效率更高的生产方式，因此，诞生于爱琴海地区的希腊文明后来居上，成为古代文明世界中一颗璀璨的明星。一直到古罗马时期，西方将这种新文明的模式推升到了极点。可以说，这是西方文明的跨越式发展。

3. 中国古代工商业与古希腊工商业功能对比

在古代，中国也存在发达的商品交换和对外贸易，甚至比古希腊、古罗马的发展程度还要高，中国古代也存在世界上比较大的城市。例如，中国古代的西安、洛阳城都曾是古代世界比较繁荣的城市，人口达到百万。以中国为国际贸易源头的丝绸之路，持续千年不衰就是最好的例证。

但是中国古代的工商业经济与古希腊、古罗马的工商业经济有根本性的不同。中国的工商业经济并不是孕育中国古代文明的原生经济，不是决定中国文明基因的经济。这种工商业经济是在自给自足的农耕经济的基础上发展起来的，只是农耕文明的一种有益补充。但古希腊时代的工商业经济是孕育希腊文明的原生经济，是决定古希腊文明生死存亡的经济形态。这种经济方式所产生的文化基因渗透到了西方文明模式中。由于介于希腊和小亚细亚半岛之间的爱琴海海域，并不具备足够的农耕条件，满足古希腊人的自给自足的需求，因此，人们必须通过工商业贸易，才能满足其生存需要。如果没有工商业经济，希腊文明就失去了存在基础。所以，同样是工商业经济，其在中国文明中与在古希腊文明中的功能完全不一样。

以城市为载体的工商业经济，是一种以人力为主、以竞争机制为动力的经济，在这样一种生产方式中，人的能动性占据着重要地位。特别是在城市交换经济形成竞争机制的作用下，充分发挥人的能动性，追求自利与个体利益最大化，成为西方文明的文化基因。在这样一种生产方式中，自然力量则处在次要的地位。

无论是工商业经济的生产周期，还是满足工商业经济的基本条件，四季交替对它的影响程度都远低于对农业的影响程度。在这样一种经济模式中形成人本主义的文化也是必然的。

从古希腊定格的人本文明模式，在进入中世纪后，转变为以农耕为主的文明时代。以农耕经济为主的文明，是一种依靠土地之力为主的文明，这个时期被史学家称为西欧的封建主义时代。在这段时期，古希腊、古罗马留下的人本主义的传统，在宗教的桎梏和农奴制的压迫下失去了存在的根基，从此，源自古希腊的人本文化也随之中断。古希腊人本文化传统的失光、失传的中世纪，被一部分史学家称为"黑暗的中世纪"。

4. 文艺复兴：让人本再度成为近代西方文明的魂

人本文化是西方文明的禀赋，从这个逻辑出发就容易解读，为什么西方文明自古希腊、古罗马之后，再度兴起是从15世纪地中海的文艺复兴开始的。随着地中海城市经济与航海经济的发展，地中海首先具备了让消失的人本文化再生的土壤。经历了百年的文艺复兴运动，西方最终形成了适应新时代要求的人本主义，奠定了近代以来西方工业文明兴起的文化基础。西方人本主义的本质概括如下。

第一，发现了自由人。 自由、平等的个体人是构建西方文明社会、现代民主社会的逻辑起点。大家都是自由人，人生来都是平等的。文艺复兴找到了脱离了上帝控制的自由人，18世纪法国思想家卢梭又告诉人们，自由人构成的社会是基于契约关系的民主社会。

第二，发现了理性人。 具有独立思考、理性思维能力的理性人，是近代工业文明科学研究与科技创新发展的大前提。中世纪时崇拜神明的人，认为人不可能成为独立思考的理性人，而只是盲目崇拜的感性人。挣脱神的束缚之后，由此形成的西方理性主义认为，理性人命题是建立在承认人的理性可以作为知识来源基础上的一种哲学方法。例如，笛卡尔"我思故我在"的著名理性人命题，在17—18世纪的欧洲大陆上得以传播。与此同时，诞生于英国的不列颠经验主义（经验主义中的一派），使得理性人的内涵得以完善。理性人理论的完善使得西方文明的兴起找到了科技创新的源头活水。这是知识的来源，知识就是力量，知识是滋养工业文明的最大资源。

第三，发现了自利经济人。自利经济人的发现，构成了现代市场经济的逻辑起点。自利经济人是理性人在经济领域的拓展。经济人的概念来自亚当·斯密《国富论》中的一段话：

> 每天所需要的食物和饮料，不是出自屠户、酿酒家和面包师的恩惠，而是出于他们自利的打算。在中世纪的道德准则中，自私自利是瓦解社会秩序的负面力量，受到社会道德的约束。但在工业文明的体系中，认为自利是社会经济的原动力。

正是这种关于人的发现，为欧洲的工业文明奠定了理论上的合法性。自由人的民主社会、理性人的科学创新、自利人的市场经济，西方工业文明引以为傲的三件事物，也成为近代以来世界西方化的三大潮流，即民主、科技与市场。而孕育了这一切的母体就是城市。

不可否认，城市文明中孕育出的人本文明，是近代西方文明对人类的重大贡献，甚至被西方界定为人类文明永恒的普世价值。可正是因为我们对这种理论的认识不足，导致当今世界陷入另一种悖论。

一方面，我们享受着城市文明带来的令人难以抵抗的物质享受、自由开放、科技创新等好处；另一方面，我们又饱受着这种文明模式造成的环境危机、精神危机、社会危机等诸多城市文明病的痛苦。要想破解这个悖论，只有一个出路，即人类需要新哲学与新文化，需要新文明模式。源于两元分立哲学的西方文明，在文艺复兴和启蒙运动中所发现的人，是天人对立的状态。对人力无底线的放纵，使人类文明发展得天地失光，再度把人类带入一个晦暗的时代。

（三）中华文明：源自农耕的天道文明

1. 观天授时：德配天位的中国

中华民族是个拥有天道文明的国家。中华文明源于天，这不是一个神话传说，而是来自事实根据。这个事实就是中国先民最早必须做的一件事：观天授时。

我们是以时间来衡量我们生命的存在的。计算我们生命时间的标准"年"是从哪里来的呢？动物只知道根据春、夏、秋、冬繁衍生息，并不知道过了多少年。计算我们生命时间的年、月、日，是人类祖先最伟大的发明之一。中华民族的祖先就是发明者之一。尽管世界各地的文明都在不同时期发现了时间，但现有资料证明，中华民族在古代世界范围内，是世界上最早通过观天象知道时间的民族之一，中国的"中"即来源于观天授时。从这个意义上来说，中华民族的生命觉醒是从观天授时开始的。

为什么要观天授时？为了生存及满足从事农耕生产的需求，即种植必须按照天时的循环：播种、耕耘、收获、储藏。

在古代社会，观天授时这件事不是民间的个人行为，而是有组织的国家行为。《尚书·尧典》记载：

乃命羲和，钦若昊天历象，日月星辰，敬授民时。分命羲仲宅嵎夷，曰旸谷。寅宾出日，平秩东作。日中、星鸟，以殷仲春。

厥民析，鸟兽孳尾。申命羲叔宅南交，平秩南为，敬致。日永、星火，以正仲夏。厥民因，鸟兽希革。分命和仲宅西，曰昧谷。寅饯纳日，平秩西成。宵中、星虚，以殷仲秋。厥民夷，鸟兽毛毨。申命和叔宅朔方，曰幽都。平在朔易。日短、星昴，以正仲冬。厥民隩，鸟兽氄毛。帝曰："咨！汝羲暨和，期三百有六旬有六日，以闰月定四时，成岁。"允厘百工，庶绩咸熙。

这段文字说明，尧帝继位后，做的最重要的一件事，就是任命了东、西、南、北四名专职的观天象的官员，来确定四季的时间。可以说，古代的帝王和官员，都是观天象的科学家。尧帝就是一位能够观天时的专家，所以他制作历法，并命令羲和观天。《尚书·尧典》记载了尧观天制作历法的经过。在考古方面可作参考的，是著名的山西襄汾陶寺遗址中的观天台。[1]

在古代要成为一个合理合法的君王，只有观天象的本事还不够，还要德配天位。观天授时不是今人所理解的观天发现时间。观天授时是把天拟人化。古人认为，时间虽然是我们发现的，但不是我们创造的，是天授予我们的。"授"这个词表明，被授予人得达到一定标准才可以。授予勋章、授予博士学位等是有条件、够条件才能授。所以尧要成为能够观天授时的王，是有一系列标准和要求的。因为天时是关系众生生死的大事，所以授时的对象必须是有大德的人，能够将所授的时间无私地贡献给社会。

《尚书·仲虺之诰》中讲："王懋昭大德，建中于民，以义制事，以礼制心，垂裕后昆。"这是尧帝禅位给舜时讲的一句话。意思是，你作为王，要努力显扬大德。人民怎么知道你是大德之王？

---

[1] 此遗址的绝对年代为公元前2300年至公元前1900年之间，有许多专家学者提出，此遗址很可能是帝尧都城所在，是最早的"中国"。

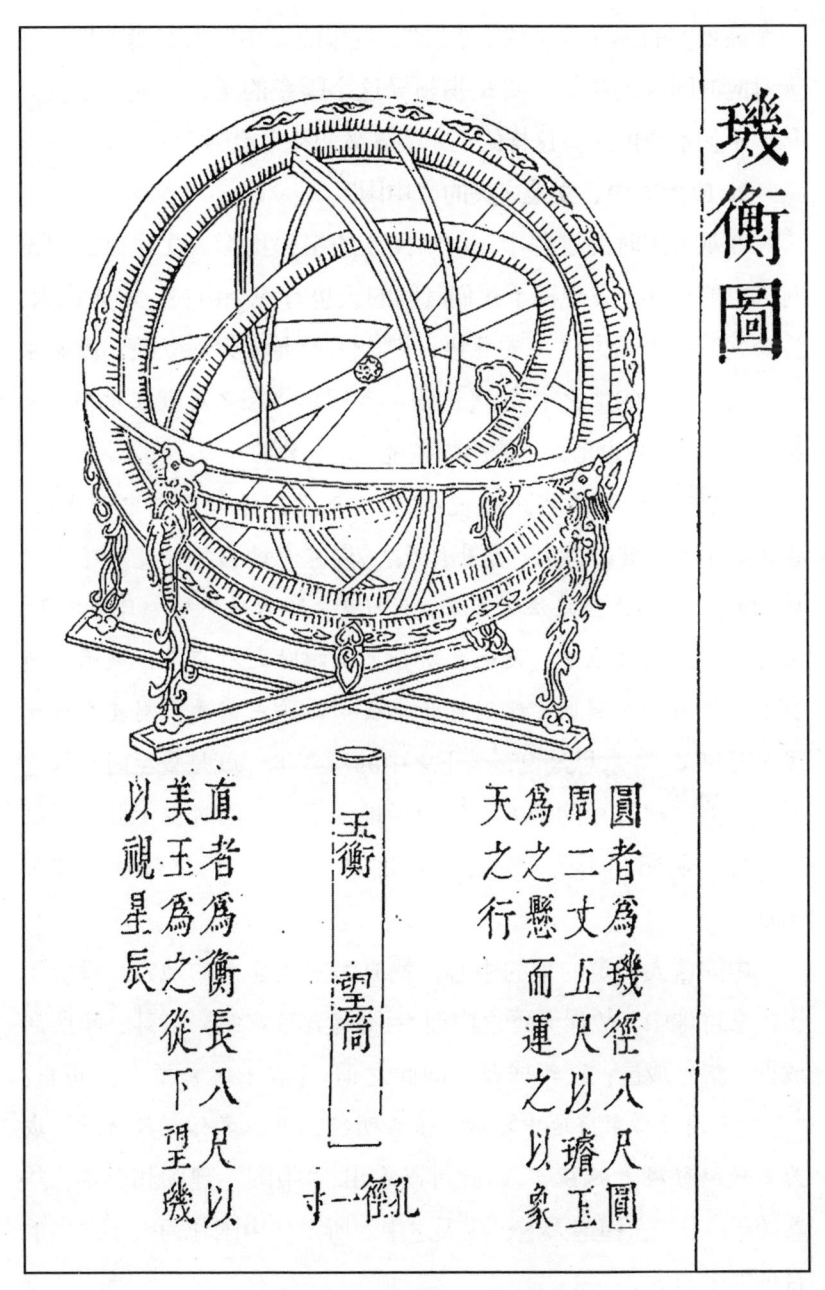

第一章 读懂乡村：从走出被误读的中国开始

璣衡圖

圓者爲璣徑八尺圓周二丈五尺以瓊玉爲之懸而運之以象天之行

玉衡 望筒 一簫孔

直者爲衡長八尺以美玉爲之從下望璣以視星辰

玑衡图（宋·杨甲《六经图》）

一个最重要的标准是"建中于民"。这里的"中"既是指地理上与天对应的国家的位置，更是指领导这个国家的王，必须是公正无私、不偏不倚的王。这样的王才能以义和礼来治国。

2. 应天之中、立地之央的"中国"

在观天授时的过程中，中华民族的祖先用拟人化思维，根据对天象的观察，发现授予我们时间的天也有一个中央。古人认为，授命之帝居于天之中央的北极，则人王若要依天而立政，就必须居于与天对应的地之中央。《论语·尧曰》："天之历数在尔躬，允执其中。"讲的也是天下的中国在地上的合理性。

《吕氏春秋·慎势》中说："古之王者，择天下之中而立国，择国之中而立宫。""中"是指什么？《周礼·地官·司徒》中有具体的解释："以土圭之法测土深。正日景，以求地中……日至之景，尺有五寸，谓之地中，天地之所合也，四时之所交也，风雨之所会也，阴阳之所和也。然则百物阜安，乃建王国焉，制其畿方千里而封树之。"意思是说，天下之中的所在地，就是夏至时八尺之表影长为一尺五寸的地方。因为天地合于此，四时交于此，风雨会于此，阴阳和于此，为万物富足安宁之地，所以最适合建为国都。

中国古人确定的地的中心，就成为古代建都的地方。舜既于历山求得地中，故居天下之中而治事。《五帝本纪》言其一年所居成聚，二年成邑，三年成都，即此之谓。《孟子·万章上》也言："帝舜云因此舜求得地中之后，慎修明德，并以孝信之德著称，成为三代德行观之渊薮。"由此可以看出，"中国"建国和建都，均参照于"天"，谨遵天道，应天之中。所以，中国作为天下之中的合理性来自天。

从这里我们看到了，中华民族存在的法理是来自高度理性的天文科技。按照这个逻辑形成了中国的治国之道，也决定了王位的合法性不是由某个人决定的，而是由其所在的位决定的。现代历史学把古代中国界定为个人专制的国家。从"中国"形成的法理上看，并不是如此。国家是天下共同拥有的国家，这是孔子所讲的天下为公、天下大同的由来。

遵循天道文明的中国，很早就开始思考如何预防个人滥用王位的权力。在解决这个问题上，一是用德治来约束，德要配位。为了避免在王位上的个人欲望膨胀，滥用权力，老子在《道德经》中从天道出发，提出了："人之所恶，惟孤、寡、不毂，而王公以为称。故物或损之而益，或益之而损。"越是在高位的人，越要提醒自己的小与低。电视剧中，皇帝称呼自己为"寡人"，这种卑微的称呼正是来自《道德经》中的提醒。我们国家的领导人和公务员，称呼自己为人民公仆，也是这个意思。

3. 允执厥中：遵天道而治的中国

"允执厥中"是故宫中和殿匾额上的词。中和殿是紫禁城外朝三大殿之一，在太和殿、保和殿之间。这四个字出自《尚书·大禹谟》："人心惟危，道心惟微，惟精惟一，允执厥中。"乾隆皇帝在这十六字中选出这四个字，就是要表明自己在管理国家的时候要遵循古君王之道，要诚实地实行中道政治。

不要小看"允执厥中"这四个字。这四个字包含了天下中国、以中定国、以中立国、以中治国的核心价值观，即中华文明的文化基因。这个文化基因，就是要告诉所有的中国管理者，中国的治国之道，就是像天那样不偏不倚地公正、公平，始终不渝地诚信。老子在《道德经》中对天道的阐述是："天之道，其犹张弓欤？高者抑之，下者举之，有余者损之，不足者补之。天之道，损有余而补不足。人之道则不然，损不足以奉有余。"（《道德

经·第七十七章》）

我们提到正义与公正、民主与科学，自然会想到西方的文明。不可否认，近代以来的资产阶级革命，为了这个理想目标，作出了他们的贡献，也为人类文明做了样板。但我们应该同时意识到，民主与科学、正义与公平，是人类文明共同追求的价值。可以说，中华民族对这个目标的追求，已经有五千年的历史。早在四千年前，尧帝禅位于舜帝时便说："咨！尔舜！天之历数在尔躬，允执其中，四海困穷，天禄永终。"（《论语·尧曰》）尧帝告知舜帝，要把老祖宗传下来的天文科学、观天授时技术，以恭敬心、谦卑心传承下去，还要以天的中正之道来治理天下，如果不这样做，四海的百姓就会陷于困穷，上天给你的禄位就会永远完结。

允执其中的治国之道，被儒家解释为中庸之道。《论语·雍也》说："中庸之为德也，其至矣乎！民鲜久矣。""中也者，天下之大本也；和也者，天下之达道也。""中"的理念和"执中"的理念，在中国几千年文明的传承过程中，塑造了中国人的思维方式、行为方式、处世作风和人格境界，成为华夏文化的内在特性，"中""执中"已成为中华文明传承中的文化基因。

三、被误读的中国贡献：矮化了中国智慧与文化的价值

当谈到古代中国对世界文明的贡献时，我们都会想到中国古代的四大发明：造纸、印刷术、火药、指南针。而且我们很自豪，将这个贡献写入我们的教科书，让孩子从小就知道中国对世界的贡献。但是我们要知道，中国古代对人类文明的贡献，不只有四大发明，而且这四大发明并不是中国五千年文明中最重要的发明。我们今天仅仅记住了四大发明，是因为我们接受了西方为我们总结的贡献，无形中接受的是一个西方文明的标准。

(一) 源自西方物质化文明需要的"四大发明"

近代以来，兴起的西方工业文明给人类带来的最大贡献，是其用技术+市场的力量，为人类文明贡献了一个庞大的人造世界。西方文明属于物化文明，这种文明基因早在古希腊时期就已形成。古希腊人对肉体的崇拜更甚于对精神的关怀。以宙斯为首的奥林匹斯诸神不是中国式的道德偶像，而是一大群相貌俊美、体魄健壮的神灵。诸神在精神或道德方面并没有超人之处，只是在肉体上比人更强壮、更健美，而且能够长生不死。物质高于精神、外在的美与力高于内在的道德精神，并在竞争中强化这种文化基因和价值取向，最典型的就是风靡世界的奥林匹克运动会。源于古希腊神话的这种文明基因，传承到近代，外在表现就是兴起的西方工业化创造的这个高度物质化的世界。

资本利用现代科技+市场，将当今人类拖入一个被物质控制的世界。我们生活在一个崇尚武力、追求物质消费、物质过剩，而文化与精神严重短缺的时代。从这个角度看，可以说，中国的四大发明是基于西方物质化文明的需要而总结出的。

西方之所以认为四大发明非常重要，是因为四大发明为西方从海上征服世界提供了技术与物质支持。西方最初利用他们的洋枪洋炮和坚船利舰打开世界其他地方的大门，火药和指南针也为他们提供了通过大海征服世界的核心技术。虽然造纸术和印刷术是中国文化与教育发展过程中的两项发明，但西方感兴趣的不是中国文化，而是这两项发明能够高效率地传播知识与科技的功能。

然而，回到五千年中华文明的时空中，我们发现，被西方高度肯定、对西方初期的工业化作出重大贡献的这四大发明，在中华文明体系中属于副产品。如果说西方文明是追求物质最大化的文明模式，那么中华文明就是追求文化与精神价值最大化的文明模式。对文化与精神价值的追求，集中表现在中国古代所讲的"道"上。"道"在中国古代话语体系中，是蕴含着丰富内容的。用现代语言来说，是中国古人追求的宇宙人生的本源、规律，是中国人的信仰、生命终极追求的总和，其包含了中国人的世界观、人生观和认识论。中国的圣贤也发现，得到中国道的途径，不是知识，是智慧。源于西方的人本主义认为，改变世界的终极力量是知识，获得的思维是理性人的思维；中国古人则认为，达到天人合一、实现生命终极追求的途径是智慧，智慧需要的是悟性思维。

《易经·易传》讲："形而上者谓之道，形而下者谓之器。"《道德经》对道的解读是："道可道，非常道。名可名，非常名。无名，天地之始；有名，万物之母。"《礼记·学记》中讲："大德不官，大道不器。"总之，中华文明的经典和圣人，都不约而同地认为无形的道是宇宙本原，而有形的物质世界与作用于物质的器和术，则位于派生的第二位。所以《易经》中讲，我们生活的这个世界，处在上位的、最重要的东西是道，处在附属位、下位的是器。

在中国古人的世界观中，道比器要重要得多。老子认为，我们生活的有形的万物世界是道生之，是德的力量将其保存与发展，这就是厚德载物。这与古希腊文明追求外在力量之美、对内在道德不够关注形成了鲜明的反差。按照中国道的世界观，我们要掌控与驾驭这个世界，最关键的是认道、悟道与得道。正是基于这样的道器观，孔子讲了，治理国家和做人，要懂得大道，而不能只停留在治国技术层面。中国古人也发现，要得道、悟道、修道，最需要的不是技术，而是智慧；而通向智慧之路，不是脑，而是心。如何得道的智慧，如何开慧的修行养心，就成了中国古人最看重的事。从《易经》到《道德经》，从儒家经典到《黄帝内经》……代表中国文明的经典，都包含一个共同点，就是如何得智慧、如何悟道得道。

中国古人追求大道不器，并不代表中国古人排斥形而下的物质与技术，而是在提醒大家，一定要清楚道和器的关系，道是长久的，器是短暂的。以中国为国际贸易源头的丝绸之路，源源不断流向西方的大量物品，证明中华民族是一个没有将道与器对立的民族，是一个在器物上也善于创新，曾创造了世界一流器物财富的国家。

中国古圣贤只是认为求道、得道比创造与发明器物、数术更难，道对于中华民族的可持续发展，比器物更重要。所以中华文明将社会优质的资源集中用在求道上。正是由于得道难，求器易，因此孟子讲了一句具有预言性质的金句：**五百年必有圣人出**。如果从道与器的演化关系看，孟子讲的五百年必有圣人出，其实讲的是中华文明中存在道与器、物质与精神、文化与技术的演化周期。正是由于道难得、器易求，所以随着时间推移，特别是随着社会物质财富增长，人们对物质财富的追求，会使形而上的道的地位下跌，而人类则会走向迷失。当形而上的道跌至低谷时，物极必反，就会有圣人出，将下跌的道重新提升到应有的高度，以此来保证中华文明能够一直在正道上前行。可以说，这也是中华文明成为世界上唯一没有断流的文明的原因所在。对于物质与精神、上道与下器的交替演化规律，老子在《道德经》中也讲过："**大道废，有仁义。智慧出，有大伪；六亲不和，有孝慈；国家昏乱，有忠臣。**"（《道德经·第十八章》）

我们回顾中国的历史，可以发现，尧舜之后约五百年有商汤出世，商汤之后约五百年是周文王，周文王之后约五百年是孔夫子。在此之后，中华文明也大体按照这个周期规律进行。从汉武帝到禅宗传入中国约五百年。来自印度的佛教与中国儒道结合，形成的中国式禅宗，为中国形而上的道文化补充了新的滋养。从达摩祖师、六祖慧能到宋明儒家理学的兴起，又是一个五百年。从宋明理学到如今又是一个新五百年。在这个新的五百年中，中国共产党与马克思主义结合形成的毛泽东思想，再度将往下掉的中华文明提到了一个新文化、新精神的高度。

总之，中华文明是一个追求形而上、以文化与智慧为主要内容的大道之行文明。与西方以技术与工具创新为内容的、用物质征服世界的文明，属于两种完全不同的文明模式。几千年来，中国虽然也创造了领先世界的属于术与器层面的技术与物质，但这不是中华文明的本质。如果我们换一个视角，重新审视中国对世界的价值和贡献，笔者认为中华文明对世界更重要的包含着道的四大贡献是：天道农耕、太极智慧、儒家文化、命道中医。

（二）中国新四大贡献之一：天道农耕

乡村是孕育中国天道文明的母体，中国特色农耕则是中华文明基因形成之源。中国古代农耕不仅为中华文明提供了物质基础，同时也成为中国文化之源。中华文明的始祖伏羲，观天文、察地理，并不是为了演太极八卦，而是为了解决古人的基本生计问题。满足现代工业经济生产的主要是土地、劳动力、资本这三大要素，而满足古代农耕生产的三大要素则是天、地、人。如何最大限度地顺天时、借地利、求人和，为农耕生产服务，成为中国古代农耕必须解决的三大问题。正是基于这样的原因，我们将中国古代农耕称为天道农耕，也就是最大限度利用智慧借天地之力为农耕服务。

充分利用天地之力的天人合一的农耕生产，是中国古代农耕的一大特色。如果以现代化生产力标准来看，中国古代农耕的生

第一章 读懂乡村：从走出被误读的中国开始

耙地（明·宋应星《天工开物》）

产力是很低的。中国古代农耕使用犁耧锄耙，相较于现代机械化农业而言，可以忽略不计。几千年来中国古代农耕技术创新的走向，不是集中在工具的改进上，而是将大量智慧用在了如何最大化借用天地之力上。如果是一个掌握了中国古代天道农耕技术的农民，只要给他犁耧锄耙等简单的工具，他就可以生产出满足生计的粮食来。但在今天高度分工的现代化农业中，单个农民很难独自生产出粮食来。中国的天道传统在今天中国的家庭式农业中仍在延续，仍在作贡献。

中科院中国现代化研究中心发布的《中国现代化报告2012：农业现代化研究》指出，如果以农业增加值比例、农业劳动力比例和农业劳动生产率三项指标计算的话，2008年中国农业水平与英国相差约150年，与美国相差108年，与德国相差86年，与法国相差64年，与日本相差60年。但是，如果我们以土地亩产量看，2020年，美国粮食总产5.98亿吨，而中国接近6.7亿吨。美国耕地面积29亿亩，而我国不足18亿亩，实际只有16.5亿亩，美国几乎是我国的两倍；中国的平均亩产量是372公斤，而美国的平均亩产量是206公斤。这是一个多么大的悖论！如果以现代的生产力标准看，中国农业属于最落后的行列，但从亩产量看，中国是世界亩产很高的国家。这充分说明，恰恰是中国传统的天道农业仍然在为人类的生存发展作着贡献——以家庭为单位的，充分利用地力的精耕细作和多样化种植的贡献。

道法自然、循环再生的天道农耕，在追赶西方现代化农耕的过程中，逐渐被我们遗忘。100多年前有一本关于中国农业的书，叫《四千年农夫》，是1909年美国农业部土壤局时任局长——威斯康星大学富兰克林·H.金教授，携妻子远涉重洋游历中国、日本和高丽（即今朝鲜半岛），考察三个东亚国家古老的农耕体系后著成的。游历途中，富兰克林·H. 金教授发现，东亚民族主要依靠小块土地和少量产品来维持生活，却养活了密集的人口。每一种可以食用的东西都被认为是人类或者畜禽的食物，而不能吃或者不能穿的东西则被用来做燃料。各种有机垃圾混合在一起，人类的或动物的粪便都被细致地保存下来，在使用之前将它们粉碎并烘干作为肥料。在这里，看不见一块闲置的土地，见不到一点被浪费的资源。这就是典型的中国古代的物尽其用、地尽其利、人尽其才的循环农业、生态农业。他们考察中国农业后得出的结论是，东方农耕是世界上最优秀的农业，东方农民是勤劳智慧的生物学家。如果向全人类推广东亚的可持续农业经验，那么各国人民的生活都将更加富足。

（三）中国新四大贡献之二：太极智慧

中华民族是世界上最有智慧的民族之一。中国智慧最直接与最形象的表达就是太极图。早在6000多年前，中华文明的始祖伏羲就演绎出了太极八卦图。听起来很神秘，其实从其起源看，一点也不神秘。太极图就是中国古人观天象得到的宇宙模式图。孔子在《周易·系辞下》中讲："古者包牺氏之王天下也，仰则观象于天，俯则观法于地，观鸟兽之文与地之宜，近取诸身，远取诸物，于是始作八卦，以通神明之德，以类万物之情。"也许有人认为这只是传说，但出土的距今6000多年的半坡文化时期的彩陶上，就有双耳、双鱼、双龙等阴阳鱼图案。出土的距今4600多年的屈家岭文化时期的物品中也有双鱼陶纺轮。

太极图所包含的智慧，是一种基于农耕生计而形成的类比思维，是对宇宙演化规律的把握和认识。由类比思维形成的太极智慧，在保证了宇宙的整体性、全息性的同时，也抓住了宇宙演化大道至简的本质，这个本质，就是阴阳之道。所谓大道至简，就是太极图通过阴阳两极阴中有阳、阳中有阴这个规律，表达了世界万物演化不离其宗的基本规律。正是有这样大道至简的智慧，使中国古人具有了认识与驾驭复杂事物的智慧。根据物物有一太极、人人有一太极的大道至简的智慧，中国古人获得了超越局部的整体观、阴阳交变的辩证认识论、从繁杂多样化的世界中找到共性的大智慧，等等。

如果说基于整体性的类比思维和悟性思维，在一个宏观而复杂的大时空中，中华儿女构建了天人合一，追求大道之行、天下为公、天下太平的中华文明；那么与此相反，基于还原逻辑思维的西方圣哲，就走向了让混沌问题清晰化、宏观问题微观化、整体问题局部化、多样化问题提纯化的方向，从而构建了西方知识体系与西方文明。

（四）中国新四大贡献之三：儒家文化

儒家文化是中国文化的代表，对于儒家思想的理解，不能用今天流行的文化定义来解读。儒家文化并不仅仅是作为一种学科和理论而存在的，而是将中国太极智慧用于从家到国的治理之道和从心到物的做人之道。基于儒家文化的治国之道，使古代中国成为世界上治理成本最低、社会安定程度最高、最具有可持续发展性的国家。

西方对国家的治理，是基于人性本恶，按照惩恶扬善的原理，构建了利用强大国家机器（军队和警察）和法治力量、以宗教辅之的治国模式。实践证明，这是一种高成本的治国模式。

基于儒家文化的治国之道，则是基于人性本善，按照扬善惩恶的原理，构建起一个德治+文治+国家机器+法治的治国模式。总之，西方治国强调利用有形的国家机器的力量，走的是从外到内的治国之道；而中国则是强调基于无形的人心的自我调适，形成了修身、齐家、治国、平天下，由内到外的治国之道，即内圣外王。中国式治国之道，并不是孔子创造的，但是由孔子总结定型完成。

中华文明虽然是传承没有中断的文明，但在几千年的演化过程中也不断经受着中断的风险和挑战。孔子生活的春秋战国时代，正是这样一个大动荡、大转型的时期。孔子在这个时期做的最重要的一件事，就是面对礼崩乐坏的战国纷争，仍坚持不懈地传承自尧舜到文武以来的礼乐教化德治之道。但在当时，孔子的这个努力被很多人讥讽，认为他做的是一件"知其不可而为之"的傻事。

在列国纷争中，最终获胜的霸主是秦始皇，他用武力完成了统一中国的大业，而秦始皇所用的是法家思想，而不是儒家思想。但是在短命秦朝灭亡后，兴起的汉朝则开启了独尊儒术的以德治国之路。到此为止，人们才意识到，300多年前孔子所做的"知其不可而为之"的事，是一件拯救中国文化于中断危机的大事。从此之后，无论朝代如何更替，儒家文化作为中华民族的治国之道从来没有变过。宋朝理学家朱熹对孔子的贡献曾讲过一句话："*天不生仲尼，万古如长夜。*"（《朱子语类》卷九十三）这句话听起来有些夸张，中国的德治模式确实不是孔子创造的，但正是有了孔子在中国以德治国之道面临中断时的作为及其留下的儒家文化，才使得中华民族避免了在秦之后的茫茫黑夜中一切从头开始探索的代价，而且汉之后的中国历史发展，也证明孔子的儒家文化是适合中华民族的长治久安之道。这就是孔子和儒家文化对中华文明的贡献和伟大之处。

（五）中国新四大贡献之四：命道中医

命道中医是太极智慧在治病救人中的运用。我们之所以把中医称为命道中医，是因为中医所遵循的宗旨和使命，就是对生命的高度尊重，中医是按照生命之道构建起来的。让生命实现应有的价值，把生命看得高于一切，是从炎、黄开始就被嵌入中华文明基因中的生命观。炎帝和黄帝不仅是中华文明的始祖，也是中医的始祖。中医经典《神农本草经》和《黄帝内经》就是最好的证明。也许有人认为，这两部中医经典只是后人托古说今而已，但这也恰恰说明，中医始于炎帝和黄帝是后人无法改变的历史事实，后期的中医发展正是秉承炎帝与黄帝时的传统延续下来的。

古老的中医基于大道至简的太极智慧，成为一种安全、有效、廉价，甚至人人都是自己的医生，是令自己的生命有自愈能力的命道中医、平民中医。为生命服务的中医，几千年以来一直以悬壶济世为宗旨，不是可以让人发大财的商业。医生这个称呼来自西方。Doctor这个词意为以看病为职业的人。而中国古代医生的称呼是大夫、郎中、先生。在古代只有三种人可尊称为先生，即教书的老师、看病的医生、农村的阴阳先生。这三类人之所以被尊称为先生，是因为他们的职业都与生命有关，老师教书是增长人的慧命，医生看病是照顾人的生命，阴阳先生与人死后的阴命有关。总之，这种称呼充分反映了中国古代对生命高度重视的价值观。

中医一直是中国人引以为傲的发明。毛主席曾称赞，中医是中国对世界的第一贡献。2017年1月，全国中医药工作会议首次提出把中医药文化上升为国家战略。同年7月，《中华人民共和国中医药法》正式颁布。目前，中医文化早已成为中国文化国际化的重要标志，是中国对外交流的重要窗口。

纪录片《德国医院里的中国医生》就记录了几位中医远赴德国医院作交流访问，为德国病人看病的事迹。德国病人对中医所施用的治疗方法惊叹不已。几位中医在交流期间也治好了很多在西医看来束手无策的病症。近年来,还有越来越多的外国人来华学习中医或组团来华专门看中医。中医正重新在世界上发挥其原有的重要作用。

《中国疫病史鉴》记载,自西汉以来的2000多年里,中国先后发生过321次流行疫病,由于中医的有效预防和治疗,在有限的地域和时间内控制住了疫情的蔓延。中国历史上从来没有出现过像西班牙大流感、欧洲黑死病、全球鼠疫那样一场瘟疫就死亡上千万人的悲剧。天花曾经是人类历史上最厉害的烈性传染病之一,在没有疫苗的年代,儿童死于天花的可能性为三分之一。天花于公元1世纪传入中国,宋代的中医研究出采用人痘接种法预防天花的办法,取得了重大成功。之后这种方法成为世界共享、造福全人类的医学成果。在2019年暴发的新冠疫情中,中医显示出独特优势,这也标志着中医造福人类、为人类贡献的新时代正在开启。

总之,走出来自西方的物化文明的标准,从形而上的道的高度所看到的中国,是另一个不同的曾经给世界带来光明的中国。天道农耕、太极智慧、儒家文化、命道中医,不仅让中华文明成为世界最长寿的文明,而且从汉唐到宋明的千年之中,闪烁的中华文明之光,不仅惠及东亚、东南亚地区,而且通过持续千年的丝绸之路,让中华文明之光普照中世纪的欧洲。只是到了近代,在人类文明中心西移,西方工业文明兴起,成为世界文明潮流的大背景下,古老的中华文明在完成其使命之后,在世界舞台上隐身。但迈入21世纪之后,在西方文明陷入诸多危机困境的背景下,我们发现近百年以来,完成涅槃重生的中华民族,面临着又一次伟大复兴。近代以来,中华民族不仅为西方文明的兴起贡献了指南针、火药、印刷术和造纸术,21世纪的中华民族还将为人类贡献另外四大发明，即天道农耕、太极智慧、儒家文化与命道中医。

四、被误读的中国乡村：愚昧落后的代名词

除了以上那些误读，还有一个非常重要的误读，就是对中国乡村价值的贬低和否定，与此相对应的则是对城市价值和功能的过分夸大。特别是进入 21 世纪以来，伴随着轰轰烈烈的城市化，人们对中国乡村价值的贬低和否定达到了最严重的程度。乡村在中国大多数人的心目中，成为愚昧落后的代名词。而相对应的城市，不仅被誉为人类文明曙光升起的地方，还是让人类未来更美好的地方。城市化还被专家学者定义为不以人的意志为转移的大趋势。

（一）从西方城市化看中国乡村：乡村无用论

按照这样一种城市文明观来看，乡村就没有在这个世界上存在的必要，中国几千年乡村文明的终结也将是无法阻挡的时代必然。西方人这样认为是可以理解的，但令我们不寒而栗的是，许多中国人也接受了这个说法。中华民族作为世界上历史最长、乡村文明最成熟的民族，如果按照西方的城市文明观走下去，就意味着未来中国的现代化之路，就是中华五千年文明的中断之路。

轰轰烈烈推进城市化以来，无论是出于房地产商的需求还是出于政府政绩的需要，整个社会陷入了城市化崇拜。党的十九大提出的乡村振兴战略，正是对误读乡村、贬低乡村的一次重大矫正。然而，近代以来所形成的城市文明观，在今天的中国尚有巨大市场，如果我们不能将这个重大理论问题搞清楚，那么乡村振兴战略就会严重受阻、严重走偏。

几千年来，无论朝代更替发生了什么变化，不断地巩固中华文明之根的乡村和农业始终没有变过。新中国成立以来也是如此。

对于如何认识乡村在中国的地位，习近平总书记在中央农村工作会议上明确讲过，我们要坚持用大历史观来看待农业、农村、农民问题。我们今天之所以陷入城市化崇拜，还有一个重要的原因，就是对中国乡村的认识缺乏习近平总书记所讲的大历史观。

仅从进入 21 世纪以来的 20 多年的时间看乡村，我们看到的确实是一个失去价值的乡村。进入 21 世纪以来，城市化成为中国经济的增长引擎，城市化发展使我们踏上了经济增长的快车道。正是城市化的贡献，才使当今中国成为世界制造业大国、世界经济总量第二的大国。正是在这样的背景下，国内出现了乡村无用论、乡村终结论这样的论调。中国千年乡村遭到了大规模拆并，正在被消灭；延续千年的乡村教育，伴随着持续十多年的拆点并校，也同样正在消失，乡村成了教育的沙漠。特别是少数民族乡村，他们延续千年，生活在独具自身文化特色的村落，但现在也逐渐没有了。即使在党的十九大提出乡村振兴战略的大背景下，"乡村无用论"在当今中国理论界和社会上仍有很大市场。持有这种观点的人固执地认为，城市是人类文明发展的必然趋势，乡村被城市替代是时代必然。他们还会拿出佐证，即近代以来西方城市化、现代化的路就是这样走的，中国不能例外。

（二）从千年历史看中国乡村：乡村是中华文明的功臣

然而，当我们用百年时间看乡村时，发现乡村是新中国的功臣。如果说百年以来的中国历史证明了，没有共产党就没有新中国，那么毛主席领导的新民主主义革命也证明，没有中国农村和农民，就没有中国革命的胜利。百年前，在探索中国革命的道路上，历史之所以最终选择了共产党领导的新民主主义革命的道路，就是因为共产党走了农村包围城市的道路。对于国民党的失败和中国共产党的胜利，无论有多少种解释，离开乡村与农民是无法解释的。

我们再把乡村放在中华五千年的文明长河里。我们发现乡村是中华文明的根，是中华文明基因的携带者，蕴含着中华文明成为世界最长寿文明的秘密。中国古代社会也曾有过世界上最发达和繁荣的城市，但中华文明基因的携带者是乡村，不是城市。自秦始皇统一中国以来，在2000多年的朝代更替中，战争使古代城市遭受了一次又一次的毁灭，但中华文明与文化的传承没有中断，因为中华文明的种子在乡村，只要乡村存在，中华文明就会一次又一次地劫后重生，并延续下去。从这个意义上看，高度分散的乡村文明，成为规避文明火种传承中断的有效载体，成为中华文明长寿的秘密所在。

站在更高层次的大历史时空看乡村，仅仅以进入21世纪的20年时间来看乡村，就认为乡村无用了、过时了的观点是狭隘的，甚至是可怕的。以大历史观看现代城市化之路，则可以发现，西方城市化道路并不是人类文明的普世之路。近代以来，西方走了一条城市替代乡村的单级城市化之路，并误认为这是人类文明的发展必然，中国也必须如此。这种理论是让中华文明断根的理论。如果中华民族伟大复兴按照这条路走下去，中华民族伟大复兴之日，就是乡村缺位、只有城市的伟大复兴；这样的中华民族伟大复兴，是西方文明在中国的复兴，是中华五千年文明断根的复兴。

所以我们要切记，乡村是中国的基本国情。中国在追赶西方现代化的道路上，一直走着不同于西方的中国特色道路。毛主席领导的新民主主义革命，走的是一条不同于西方依靠城市资产阶级的革命道路；20世纪80年代以来，邓小平领导的中国改革开放创造了中国经济发展的奇迹，同样走的是农村包围城市的改革之路。

第一章 读懂乡村：从走出被误读的中国开始

多年来形成的城市化崇拜，如果不能有效矫正，将是乡村振兴重大的思想与理论障碍。是要继续扎在乡村，还是要更换空间，像西方文明一样，到城市去扎根，这是一个关系到中华民族命运的大是大非问题。如此重大的问题，单纯交给经济学家来回答，以单纯的经济思维来解决，是一个重大错误。城市化发展到今天，往哪里走，已经不是纯经济问题，而是一个重大的政治问题，事关中华民族的命运。

第二章
正本溯源：从老"三农"到新"三农"

党的十九大提出的乡村振兴战略，有一个显著的变化，就是首次将"农村"的称谓变成了"乡村"。一字之差中蕴含着一个时代的变化。如果对我们长期使用的"农村""农业""农民"三个词追根溯源，就会发现，这三个词都是舶来品。自古以来，我们对农业、农民、农村的称谓是农事、农夫、乡村。中国作为世界上农耕文明和乡村文明历史悠久、发展程度较高的国家，为什么古代对"三农"的称谓与现代不一样，这是我们在实施乡村振兴战略中值得研究的一个问题。最近社会都在讨论我们近百年以来的西化问题，其实在"三农"领域也存在同样的现象。名称虽然只是一个符号，但也是一种历史信息和能量的携带者。从乡村、农事、农夫去认识"三农"问题，我们将发现一个完全不同的新"三农"。笔者之所以把中国流传千年的称谓——乡村、农事、农夫——称为新"三农"，是因为扎根在中国大地上的被人们遗忘的这三个"农"并没有死，而且在新时代阳光的照耀下，正在焕发新生。

一、农村不是"农村",是"乡村"

几千年以来,我们对农村的称谓就叫乡村。在河南殷墟出土的4000多年前的甲骨文中,就有乡村这个"乡"字。据甲骨文解释,"鄉"和"饗"原本是一个字,像两个人相向而坐,共食一簋的情状,意为宴飨、祀飨,即用食物招待宾客或祭祀鬼神、祖先。这样的一个"鄉"字告诉我们,乡村是一个一群人生活的地方,更具体地讲,是一群有共同血缘关系、共同文化信仰的人在一起生活、生产的地方。从甲骨文"鄉"的字形可以看出,中国古代乡村的第一功能是生活的地方,而不是单纯从事农业生产的地方。

甲骨文"乡"

(一)从古罗马到中世纪的庄园农村

近代以来使用的"农村"这个词,顾名思义,突出这里是从事农业生产的地方。英语中关于"农村"的单词有三个:Village,是指村、村庄、村落、乡下,重点是指独立的村庄;Countryside,是指村、农村地区、乡间、乡村、乡村居民,主要是相对于城市而言的郊野地区的农村;Rural area,也是指农村地区。这三个词虽然有所不同,但都包含一个共同的内容,即都是从空间和位置上来描述农村的,而且这个空间定位的背后,参照物是城市。这些词中包含了农村的几个特性。一是农村是相对于城市而存在的,属于城市的附属地区。所以这些词中都包含了乡下的含义。所谓的乡下是相对于城市而言的，城市属于上，乡村属于下。二是农村是一个从事农业生产的地方。《中国大百科全书》对农村的解释也是如此：农村是指以从事农业生产为主的劳动者聚居的地方，是不同于城市、城镇，从事农业的农民的聚居地。我们可以发现，中国乡村所突出的共同生活的地方，在英语的农村中均没有提到。农村与乡村，一个突出生产功能，一个突出生活功能，一字之差中蕴含着中西两种不同的文明模式。

农村这个称谓，在西方也是在近代才出现的。中世纪的西欧和古希腊、古罗马时期的农村叫庄园。庄园经济在古罗马时期发展到了很高的程度。古罗马的庄园经济，是伴随着古罗马对外扩张不断取得胜利，占领了大量殖民地的土地而不断发展起来的。随着殖民地土地面积的增加，古罗马的贵族和富人看到了丰厚的利润。他们通过买卖和强占的方式占领了大量的土地，这些土地也就成了经营性田庄。殖民地的土地加上战争俘获的奴隶，由此形成了可以从中获得丰厚土地收入的庄园经济，这就是古罗马时期的庄园。由此可见，**古罗马时期的庄园经济，从一开始就不是自给自足型的农业，而是为了获得财富的商业化农业。这种农业模式与以美国为代表的现代化农业非常相似。**

到了中世纪，西欧虽然延续了古罗马的庄园经济，但发生了两个明显的变化。一是由于城市毁坏、商业衰退，中世纪的庄园经济成为自给自足的经济，经济关系也是以劳务交换、以物易物为主。二是庄园经济使用的奴隶变成了农奴。农奴身份介于自由人与奴隶之间。农奴的人身依附性次于奴隶，基本上是绑定在份额农地上劳作和服役的一种奴隶。他们占有土地但没有所有权；负担徭役劳动并缴纳贡赋；依附于主人，人身不自由；拥有生活资料。若无领主同意，他们不可任意离开庄园。

"农村"这个称谓的出现,是因为近代以来,城市经济兴起、资产经济革命频发,导致中世纪封建庄园主经济崩溃,大量农奴成为自由民。到14世纪末,英国的农奴制度已经瓦解。地租缴纳的形式由实物慢慢转变为货币。在这个过程中,社会生活资料和生产资料转化为资本,物品的直接生产者转化为工资劳动者,也就是通常所说的劳工阶层。[①] 在这样的时代背景下,西方才有了真正自由的农民。获得自由的农民所生活和生产的地方,与城市相对应就成了农村。从表面上看,近代以来西方出现的农村与中国农村似乎是一样的,其实完全不同。近代以来,随着工业化发展,虽然农民获得了人身自由,但是他们并未能真正成为土地的主人。土地真正的主人由庄园主、贵族大地主变成了新兴农业资本家。在欧洲获得自由的农民,本来可以在自己的土地上,开始属于自己的田园牧歌生活,然而欧洲农民的好日子还没过多久,就遭遇了16、17世纪的圈地运动。15世纪新航路开辟以来,贵族侵占平民土地的圈地运动在英国盛行起来,随着18世纪《公有地围圈法》的出台,历经300多年的圈地运动,英国完成了土地从平民向农场主和工业化用地资本的转移。据不完全统计,通过圈地,英国有600多万英亩[②]土地被圈占。[③]

综上所述,**农村在西方文明史中一直处于附属地位。农村在西方文明中只有一个功能,就是为这个文明提供需要的物质财富。**西方文明所需要的哲学与文化、知识与艺术等与农村没有太大关系。从古希腊到古罗马再到中世纪,西方历史、艺术与文化中几

[①] 乐艺会:《话说世界系列:羊吃人的"战争"——圈地运动》,https://baijiahao.baidu.com/s?id=1673414897990505446,2020年7月28日。

[②] 英亩,为英美制面积单位,1英亩约为4047平方米,约为6亩。

[③] 乐艺会:《话说世界系列:羊吃人的"战争"——圈地运动》,https://baijiahao.baidu.com/s?id=1673414897990505446,2020年7月28日。

乎看不到来自农村的文化。在中世纪庄园中，表面上看，这是有着丰富多样性的乡村，因为中世纪西欧的庄园有教堂、水磨房和手工业者的库房、花园等，但这些与农耕者无关，这些是属于庄园主的。

（二）西方名存实亡的现代化农村

获得自由的农民有了自己的生活，有了自己的土地、村庄，甚至西方还出现了田园画派。不可否认，这种被誉为田园牧歌的乡村生活，近代以来确实短暂出现过，但好景不长，圈地运动之后，这里的农村又一次回到了它原来的地位，变成了只有生产功能的农村。因为以获利为目标的资本，不需要农村生活，只需要高效率的生产。经过圈地运动的乡村，在强大资本逻辑的作用下，农业开始了现代化进程，就是一个去乡村生活化的过程。特别是"二战"之后，农业现代化、规模化、机械化、化学化的结果，是大量农村消亡。从统计数据看，美国城市化率达到了82%，甚至在一些人口密集的地区，达到了100%。剩余的18%的人虽然居住在农村，但那里已经不是有着自己独立文化、独立生活的农村了。这些在农村生活的人，大部分是农业工人。他们只是一个个孤立的家庭，是为了经营家庭农场而居住在这里的。他们在这里没有自己的文化生活，他们的文化生活是在距离他们最近的镇上。

自从实施美丽乡村建设以来，中国出现了许多描述与赞美西方美丽农村建设的文章。甚至许多领导看完还会心生羡慕，把欧美的农村作为我们美丽乡村建设的样板来学习。在此，我们不排斥学习借鉴一切好的东西，但在学习前，一定要清楚，我们看到的欧美农村已经不是真正意义上的农村了，大部分是只有农村的外表，但缺乏农村的独立社会与文化。即使被誉为中世纪遗留下来的田园风光保留得最好的英国，基本上也是如此。首先，这里居住的村民，大部分已经不是土著村民，而是私人农场主。2012年，湖北省扶贫培训团在英国考察期间了解到，在英国，每个农场经营的土地有500亩，从事农业的人只有50万，仅占全部人口的1.4%。[①] 这些村民大部分也不是土著居民，由于土地私有化，可以自由买卖，居住在农村的村民流动性也很高。其次，中世纪留下的村里的老房子居住着另外一部分村民，是那些热爱农村田园生活的城市中产阶层。他们就像中世纪的庄园主一样，生活在城市，但在农村也有自己的房子。在这里居住的人，并不是真正意义上生于斯长于斯的村民，而只是临时栖居在这里而已，他们和祖祖辈辈生活在有着上千年历史的乡村的中国村民是有根本性不同的。这里的乡村很难形成一个稳定的熟人社会，他们的生活方式只是城市生活在农村这个空间的延伸。在一个没有稳态熟人社会的农村，就不可能形成属于农村自己的历史与文化。中国未来的乡村振兴决不能朝这个方向走，否则，中国乡村所承载的中华文明的传承功能就会丧失。

（三）生活的乡村与中国智慧

当我们从西方文明世界中生产的农村，回到东方文明世界中生活的乡村时，我们发现，生活的乡村对于中华民族和中华文明而言是多么重要。正是乡村这种独特的生产方式与生活方式相结合的特征，才使得中国乡村成为一个集生产与生活、政治与文化、艺术与智慧于一体的文明体，正是这个文明母体孕育了中华文明。正是有了生活的乡村，才使得乡村成为一个不仅能够完成物质自足供给的生产组织，同时也能够独立完成自足的精神与文化生产

[①] 湖北省扶贫培训团：《赴英国农村发展考察报告》，https://www.docin.com/p-1829241550.html，访问时间：2023年9月7日。

的组织。

生产是为了生活,生活是生产的目标。物质生产需要技术,而要满足生命的高质量要求,只有物质还不够,还要有文化、艺术与智慧的滋养。生产提供了支撑一个文明社会的物质基础,而生活才是一个文明所能达到的高度所在。几千年以来,决定中华文明高度的文化与艺术、哲学与智慧恰恰是由中国乡村创造的,同时,中国几千年的智慧与文化也都源自乡土社会生活,并服务于乡土生活。而且我们发现,作为中国文化精髓的中国经典,也都指向了一个共同的目标,即让生活和生命更美好。

《诗经》所展现的一部分内容就是那个时期的乡村生活,是对人民进行礼乐教化的真实记录。这时的农耕已经不是单纯满足物质需要的农耕,而是进入礼仪农耕、诗意生活、礼乐教化、民安而足的阶段。这样一种富有礼乐教化功能的农耕与诗意生活的结合,将生活与生产、教育与农业、物质与精神融为一体,一个系统成熟的中国文明体系初步形成。

《诗经》留给我们的是一幅周朝时代乡村农人诗意生活的画卷:"月出皎兮,佼人僚兮""桃之夭夭,灼灼其华""蒹葭苍苍,白露为霜。所谓伊人,在水一方",等等。从《诗经》中我们看不到古人物质生活达到了怎样的高度,生产力发展到了怎样的水平,但从留下的这些诗句中,我们能感受到他们的生活是怎样的。透过这些古诗句,我们看到的是一幅被孔子誉为"思无邪"的"关关雎鸠,在河之洲。窈窕淑女,君子好逑"的乡村青年的爱情生活。可以肯定,那时的乡村生活没有我们今天的汽车和现代化的电器产品,但从"月出皎兮,佼人僚兮""蒹葭苍苍,白露为霜。所谓伊人,在水一方"等诗句中,我们看到的是那时的审美和精神境界:能够与从东山升起的皎月心心相印,此时无言胜有言;

第二章 正本溯源：从老"三农"到新"三农"

葭（[日]细井徇、细井东阳《〈诗经〉名物图解》）

能够感受到在"白露为霜"的时节,对"在水一方"的伊人美好的期盼。那颗美好的期盼之心像白露那样纯,像水那样净。

总之,从这些诗句中我们发现,三千年前村民已经具备了相当高程度的超越物质消费的束缚,进入一个很高的精神与艺术审美的境界,能够以一种按捺不住的、从内心深处流动出来的诗意之情,来表达他们的审美高度。如果没有一种对物质诱惑的抵抗力,没有对欲望的升华能力,就无法进入月出皎兮、蒹葭苍苍这样天人合一的境界。虽然我们今天拥有着比三千年前的中国古人更多的物质财富,但我们的精神与审美却无法达到他们那样的高度。

令我们感到自豪的是,在中华文明几千年的演化中,中华民族对诗意乡村生活的追求,一直没有退化。从《诗经》到《楚辞》,从《汉赋》到唐诗、宋词,乡村生活一直是中国诗人的灵感之源。世外桃源的隐居生活、归园田居的陶渊明式的生活,一直是中国文人追求的理想生活。这样一种绵延几千年之久的乡村诗意生活,与生活在西方文明世界中的从奴隶到农奴,充满野蛮与对立、仇恨与暴力、痛苦与挣扎的生活形成了鲜明对比;同时也与今天凋零的空心村和被认为是愚昧落后的农村形成了鲜明的对比。我们应该感到羞愧,更应该反思。

而中国流传几千年的智慧也生发于乡村。如果说《诗经》中展现的是乡土民风,而中国古圣人留下的《易经》则是源自乡村农耕、为乡村生活答疑解惑的百科全书。从表面上看,《易经》属于形而上的哲学之经,与生活无关,但只要我们细细研读,就会发现《易经》是一部来自生活、服务于民间生活、破解百姓生活中遇到的困惑难题的指南。虽然《易经》也被用于战争与政治,但使用最广泛的不是生产领域,而是民间生活。源于易理的阴阳五行，形成的中国阴阳学、卜算学、风水学等，成为乡村社会生活、婚丧嫁娶、建房造屋等重大活动必不可少的指南。但其实《易经》中的内容全部来自乡村劳动人民的生产生活。《易经》中很多我们耳熟能详的格言，如"一阴一阳之谓道""天行健，君子以自强不息""地势坤，君子以厚德载物""物以类聚，人以群分""书不尽言，言不尽意""积善之家，必有余庆""易穷则变，变则通，通则久"等。还有大量现在常用的成语，如亢龙有悔、否极泰来、满腹经纶、谦谦君子、出神入化、刚柔相济、革故鼎新、见机而作、居安思危等，这些成语不是知识，而是经过中华几千年文明证明的人生必须遵循的道。这些道也都来源于古代乡村的先民。

也许有人认为老子的《道德经》，是给少数修道成仙者阅读的经典，其实不然。《道德经》几千年来一直是中国人的生活哲学和生活智慧之经。《道德经》所讲的智慧、所用的比喻，都来自与我们的生活密切相伴的山、水、大地、冰川、河流。与西方的黑格尔、康德的哲学只有少数人才能读懂不同，《道德经》中的智慧，恰恰越是生活在乡村、生活在自然中、从事农耕的农夫越容易读得懂、用得上。笔者从小生活在农村，直到如今才发现，从小听父母和村民使用频率很高的语言都来自《道德经》，如无中生有、物极必反、以德报怨等。

像"上善若水""低处有道"这两个词，生活在每天与水打交道的乡村社会中，我们是很容易理解的。乡村的池塘、湖泊、沟渠，凡是能够让水滞留的地方，都是地势低的地方。水是生命之源，生命之源不在高处，在低处，让生命长久之道也要低调、谦卑、柔和，大道至简的道悟起来就这么简单。

儒家的经典更是如此。如果说老子是农民哲学家，那么孔子则是离乡村生活更近、与农民融为一体的伦理学家、思想家。孔子对中国人的最大贡献，就是让我们在日常生活中不需要仰望天空，也能按照天道过上接近圣人的君子生活。

《易经》和《道德经》中的智慧还需要转化为民间格言和成语，才能进入民间，而儒家经典可以直接是与生活中人的对话，如《论语》就是孔子与其弟子的日常对话。这些对话不是深奥的哲学，而是谈论如何做人、如何处理人世间的各种人际关系，围绕日常生活中的父子、君臣、兄弟、夫妇、朋友这五种人伦关系，提出要通过仁、义、礼、智、信来调节这些关系。

《易经》是解决生活困惑的指南，《道德经》是生活哲学之经，儒家经典是生活的伦理学。此外，还有让生命健康、长寿的中医经典《黄帝内经》和《神农本草经》，等等。

总之，中华民族自古就是热爱生活、重视生活的民族。在处理生产与生活的关系时，中国古人一直保持着很高的觉悟，坚守着生产是手段，生活才是目标的大道。生产为生活服务的关系不能颠倒，由此形成了中国人特有的财富观和生命观，这就是"义在先、利在后"的财富观，以及财为生命服务的生命观。《大学》中讲"仁者以财发身，不仁者以身发财"，儒家把如何对待财富与生活、财富与生命的关系上升到了仁的高度。从《诗经》到《易经》、从儒家经典到道家经典，都包含了让中华文明一直在追求幸福生活的大道上，不要迷失方向的警示与智慧。这些经典中蕴含的道理和智慧不是如何挣更多钱，而是如何生活得更好。中华民族所追求的生活，是一种高质量的、可持续的、美好的生活。其美好的高度达到了诗意之美的境界。美好，是物质与精神、生活与生命在均衡发展的基础上所达到的高度。

二、农业不是"农业",是"农事"

农事这一概念蕴含着农耕在中华文明系统中的重要地位。从"农业"到"农事",也是一字之差,不仅使我们看到了东西方两种不同的农业,而且促使我们反思,中国未来特色的农业之路应该怎么走。

(一)"农业"与"农事":一字之差,天地之别

"农业"这个词源自西方。在西方文明体系中,"农业"与"农村"这两个称谓的来源是一样的,即农业是相对于占据主导地位的工业而言的称谓。工商业经济才是西方文明的母体经济,而农业在西方文明体系中则处在附属的地位。但农业在中华文明中具有重要地位,恰恰是农业孕育了中华文明的母体经济。当我们顺着这个思路,对"农业"这个词进行溯源时,就可以发现,"农业"与"农事"一字之差中蕴含的内容有天地之别。

相对于现代化工业经济体系而言,农业是一个卑微的附属产业。从其对国民财富的贡献而言,其创造的 GDP 的占比可以忽略。而且在现代化经济的评价体系中,农业产值占比越大,标志着现代化程度越低。笔者在地方,特别是中西部地区的调研中,谈到当地第一、第二、第三产业的比例时,当地领导总是把当地农业占比大看成一个问题,看成当地经济结构现代化程度很低的标志。他们认为,农业在现代化经济中的地位,与农村和城市的关系一样,其占比越小越好。

然而,几千年来,农业在中国的称谓,其实叫"农事"。所谓农事,就是指农业不是一个简单的产业,而是一件大事。大到什么程度呢?是天大的事。同样是农业,以不同视角看,一个站位在天上,一个站位在地下。如果从 GDP 看,农业和工业只是属于

不同产业而已，但是从其对国计民生承担的功能看，则差别很大。一个国家没有工业，影响的是生活品质，因为工业产品属于满足人的发展需要的产品，不是生计必需品。而一个国家，若没有农业就会饿死人，会引发社会动乱。人类文明是从农业革命开启的，农业是人类生命之本、文明之源。只是近代以来工业化浪潮兴起后，农本地位才被动摇。特别是对于有着五千年农耕文明的中国，对于拥有14亿人口的大国而言，农本地位动摇危及的是中华文明的根基、国家安全与民生大事。无论是对于昨天的中国、今天的中国，还是明天的中国，农业是"国之大事"的基调不会变，也不能变。

2020年12月，在北京召开的中央农村工作会议上，习近平总书记指出："历史和现实都告诉我们，农为邦本，本固邦宁。我们要坚持用大历史观来看待农业、农村、农民问题，只有深刻理解了'三农'问题，才能更好理解我们这个党、这个国家、这个民族。必须看到，全面建设社会主义现代化国家，实现中华民族伟大复兴，最艰巨最繁重的任务依然在农村，最广泛最深厚的基础依然在农村。"

农事在中华文明中有多重要？可以说，农事是中华民族安民治国的天下第一等大事。《齐民要术》中讲："农事盖神农为耒耜，以利天下；尧命四子，敬授民时；舜命后稷，食为政首；禹制土田，万国作乂；殷周之盛，诗书所述，要在安民，富而教之。"从这段话中我们可以发现，中国的农耕文明经过几千年的不同阶段的发展之后，最终形成了中国特色的农事模式。如果说神农发明耒耜，解决的是如何利用地力的问题，尧的敬授民时，解决的就是如何利用天时的问题，而舜命后稷食为政首，解决的就是人事的问题。由此满足农耕生产所需要的天、地、人三大要素。禹制土田，万国作乂，也就是禹王定九州、制定国家的田亩制度，使土地规划与管理，包括水利治理等纳入国家治理之中，解决的是土地管理制度的问题。到了殷周时期，随着农业发展水平的提高，老百姓生活富裕之后，就开始了"仓廪实而知礼节"的对民教化。

无论周朝之后的中华文明如何发展，标志着中国手工业鼎盛千年的丝绸之路如何繁荣，中国历朝历代治国者，都恪守着"农为邦本，本固邦宁"的祖训。农事是天下之大本、民生之大事、治国之政要、文化之源头的功能一直维持着。正因为农事如此重要，所以，劝农耕作便成为历代皇帝必须做的大事。

《汉书·文纪》记载的汉文帝"劝农诏"曰："农，天下之大本也，民所恃以生也。而民或不务本而事末，故生不遂。朕忧其然，故今兹亲率群臣，农以劝之。其赐天下民今年田租之半。"中国田园诗人、隐居乡下的陶渊明亦有劝农诗：

悠悠上古，厥初生民。

傲然自足，抱朴含真。

智巧既萌，资待靡因。

谁其赡之，实赖哲人。

哲人伊何？时维后稷。

赡之伊何？实曰播殖。

舜既躬耕，禹亦稼穑。

远若周典，八政始食。

陶渊明这首劝农诗给我们描述的是遥远的上古时代，先民过着傲然自足、纯朴适意的农耕生活。这些都表明了农事在古代的重要性。可惜随着时间的推移，这个社会出现了狡诈奸巧之人，

大国乡村：乡村蕴含中国式未来

渊明采菊（清·吴友如《古今人物百图》）

衣食匮乏、分配不公等问题出现了。如何改变这一切呢？方法就是我们后人要向圣贤先人学习，这些先人中有教人种植五谷的后稷，曾经亲耕的舜王，亲身稼穑的大禹。《周礼》典籍中有八种政要，排在第一的是食。《尚书·洪范》中记载的八政是："一曰食，二曰货，三曰祀，四曰司空，五曰司徒，六曰司寇，七曰宾，八曰师。"

中国古代农事与今天的农业还有一个根本的不同，即古代农事是大农业。《齐民要术》中所记载的农事，不是今天我们理解的单纯的农耕，而是农耕、养殖、手工、食品等百业融为一体的大农业。

由中国杰出农学家贾思勰所著的《齐民要术》是一部综合性农书，大约成书于北魏末年（533—544年），是世界农学史上最早的专著之一，也是中国现存最早的一部完整的农书。书中收录了中国1500年前农艺、园艺、造林、蚕桑、畜牧、兽医、配种、酿造、烹饪、储备及治荒等多领域生产和生活的经验与方法，把农副产品的加工（如酿造）及食品加工、文具和日用品生产等形形色色的内容也都囊括在内。它向我们展现的是一种"百科全书"式的古代农业生产生活。

而现代化工业冲击下的当代中国农业，越来越萎缩成单一种植粮食的农业，如何让中国农业成为农、工、商一体，农、林、牧、副、渔并存，吃、穿、住、用、行综合的农业，是目前值得反思的一件大事。

（二）农事是道家、儒家、农家、医家之源

农业不仅仅是解决生计的、生产粮食的产业，中国几千年农耕不断发展的过程，也是中国文化创新与智慧积累的过程。

中国文化从大类分，主要分为道家、儒家、农家、医家四大家，而这四大类都源自农事。天、地、人不仅是满足农耕的三大要素，由此还形成了中国独特的天、地、人三才的思维方式。人们对天、地、人进行形而上的思考，将天地抽象为阴阳、乾坤。以此为逻辑起点，形成了诸经之首《易经》。作为《易经》逻辑起点的三爻，代表的就是天、地、人。运用阴阳理论，三个阳爻对应三个阴爻，合起来是六爻。这六爻既可以代表一天中昼与夜的阴阳，也可以代表一年四季的阴阳交替。把阴阳再抽象为乾坤，天代表阳，这就是乾卦；地代表阴，就是坤卦。天地相交组合形成六十四卦。就像西方的元素周期表一样，元素周期表涵盖了构成这个物质世界的基本元素，而《易经》的六十四卦涵盖的是整个宇宙的演化周期与基本情况。

老子的《道德经》是在《易经》基础上，对道进行专门研究的经典。老子在《道德经》中说："*人法地，地法天，天法道，道法自然。*"老子所论的道，也是从天、地、人开始的，最后归结为天、地、人中的最高存在是自然。

如果说道家的思想侧重于天道，是沿着天人关系探究天人合一之道，那么儒家则是对人与人如何和谐相处进行研究。即使儒家对人伦的关注，同样是从天、地、人的逻辑出发的，在此需要强调，儒家所关注的人性与西方的人性不一样，中国的人性源自天道而推演出儒家的仁爱，西方人性源自人的本身，生而平等、每个人都有生存的自由与权利。

综上所述，农事在中国的地位，不仅是中华文明的物质基础，也是成就中国文化、中国智慧之源。农事在中国的地位，比农业在西方文明中的地位，要高很多。

三、农民不是"农民",是"农夫"

(一) 农民之卑,农夫之贵

在西方文明系统中,与农村、农业相匹配的另一个称谓就是农民。农民的英语 farmer,是指农场主的农民。peasant 是指小农、雇农、无教养的人、粗野的人、贱民、地位低的人,最早派生于拉丁语 pagus,意为农村、乡下、异教徒、未开化者、无宗教信仰的人。总之,从"农民"这个词的含义中就可以知道,农民在西方文明中的地位很低。在资产阶级改革之后,即使中世纪的农奴成为拥有人身自由的农民,也未能从根本上改变他们在西方文明社会中的附属地位。

西方所称的农民,在中国古代则称作"农夫"。一字之差的背后是完全不同的角色:农民微,农夫贵。如图中所示,甲骨文中的"夫"字,是指站着的人(大),上面加"一",表示头发上插一根簪子。古时男子成年,举行束发加冠的仪式后,在头发上插一根簪子,就成了大人,表示大丈夫。《说文》曰:"夫,丈夫也。夫从一大,会意兼象形。"夫在中国古代是一种尊贵之称,随着时间的推移,凡是从事重要而神圣职业的人都被称为"夫"。如对孔子的称呼为孔夫子,唐代把高级的文职官员称为大夫、士大夫。如今社会对从事受人尊重的职业也用"夫"来称呼,如医生被称为大夫。

甲骨文"夫"字

一方是在古代被誉为顶天立地的大丈夫的农夫,一方是在西方被认为职业卑微的农民,可见地位差别之大。在现代化工业文明体系中,农业劳动被认为是生产效率低、没有技术含量的。在这样一种价值观的作用下，当代中国农业正在成为没有人种地的农业。特别是进入 21 世纪以来，随着中国快速城市化，大家越来越不愿意当农民。大量农民进城当了农民工，结果在城市打工的农民工，不被尊重、被人鄙视等。在农村当农民，虽然社会文化认为是卑微的，但在自己的村庄、自己的地里劳作，自己是主人，内心是自足充实的。而进城的农民工，被认为身份卑微，这种被看低的感受很直接，所以，专家建议把"农民工"这个称呼改为新产业工人。其实农民、农民工的地位低下，是工业文明背景下的一种文化和社会价值体现，如果不从根本上改正，改名是无济于事的。

我们今天需要澄清的是，不要误认为，中国的农民几千年来就一直是这样的地位。其实，中国农民的地位在古代不是这样的。古代农民的角色是顶天立地的大丈夫。这不仅仅是个概念，而是真实的存在。因为农民的劳作就是在天地之间，这个劳作的过程不是单纯的劳动，而是一个养浩然之气、修胸怀天下之德、参天文地理之道、悟道法自然之慧、养长寿之命的过程，是中国古人要成为大丈夫必须从事的一件大事。

（二）从神农到尧舜：中华文明的始祖是农夫

如此赞美、肯定农夫，是因为农夫所做的事关系到如何认识中华文明的历史。中华文明的始祖炎帝就是一位农夫。笔者的故乡山西省长治市上党区就是炎帝发现五谷的地方。离笔者家三公里的高平羊头山就是当年炎帝采摘到第一粒谷物种子和发明农具的地方。北宋《太平寰宇记》记载："神农尝五谷之所，上有神农城，下有神农泉。"虽然不知羊头山的神农城毁于何时，但现今石柱、水井和石井架依然存在，且明万历三十九年（1611年）所立的"炎帝陵"石碑，保存至今。相传四月初八是炎帝的生日，当地流传着一首民谣:"四月八,神农活,炎黄子孙都记得,祖先种地都靠他。"

中国最早制定乐律和度量衡的依据,就来自炎帝发现黍的长度。最早记载在《汉书》中,曰:"度者,分、寸、尺、丈、引也……本起黄钟之长,以子谷秬黍中者,一黍之广,度之九十分,黄钟之长。一分为一分,十分为寸,十寸为尺……"通俗地讲,就是计算黄钟长度的方法,以羊头山黍谷的中等颗粒为最小单位,横排1粒为一分,10粒为一寸,100粒为一尺(纵黍81粒为一尺),1000粒为一丈,10000粒为一引。把这个长度刻在木板或竹板上,就是度的基本工具。

在山西省翼城、垣曲、沁水三县交界处,有一个地方叫舜王坪,传说这里是上古时代舜帝耕作的地方。正是由于中华文明的祖先就是躬耕的农夫,因此,在他们所形成的示范作用下,躬耕成为中国人传承中华文明的一个标志性动作和仪式。每年的春天,历代皇帝都要通过下劝农诏书,举行躬耕仪式来告知国民,当政的皇帝仍然在传承先祖的躬耕传统,仍然恪守农为邦本的治国思想。

设坛祭祀先农,最早始于周。而后,汉、魏晋、南北朝皆在京都设坛祭祀先农。这种传统一直延续到了明清。古代帝王祭祀农神的祭坛,经历了"帝社""王社""籍田坛""先农坛"等名称及各种形制的变化。

旅客到北京旅游,都要参观故宫,参观天坛,很少有人到先农坛参观。这也从侧面说明,我们正在慢慢远离我们的传统。北京的先农坛就是皇家祭祀炎帝的地方。在每年的开春,皇帝亲率文武百官,在此完成对先农的祭祀,彰示"农为国本""重农敬农""国以民为本,民以食为天"等传统理念,躬耕以劝农。通常我们讲到对某物或某事拥有主权时，会脱口而出"我的一亩三分地"，这句"一亩三分地"就是来自皇帝在帝都亲自躬耕的一亩三分地。当然，让皇帝从春种到秋收全权负责，也是不可能的。皇帝在初春的时候到先农坛自己的这一亩三分地里象征性地扶犁、扬鞭赶牛，走上三四个来回。

对于先农坛的祭祀活动，北京还流行一首童谣，生动描述了当时的皇帝每年去先农坛祭祀的情景：

二月二，龙抬头
天子耕地臣赶牛
正宫娘娘来送饭
当朝大臣把种丢
春耕夏耘率天下
五谷丰登太平秋

（三）自古英才出寒门，躬耕造就大丈夫

躬耕不仅是治国的重要仪式和理念，在家国一体的中国，躬耕也是治家的重要内容，在中国乡村传承几千年的耕读传家传统就是很好的例证。**耕读传家远，诗书继世长**。古代乡村使用频率很高的这副对联，反映的是中国古代长久治家的真谛。古代那些延续几百年长盛不衰的世家大族有一个共同的特点，就是恪守了耕读传家的传统。

大家熟知的曾国藩家族传承至今已经有 260 多年。曾国藩的治家格言是"**天下古今之庸人，皆以一惰字致败；天下古今之人才，皆以一傲字致败**"。曾国藩认为，一个家族的兴败，看三个地方：第一，子孙睡到几点，假如睡到太阳升得很高，那代表这个家族会慢慢衰败下去；第二，看子孙有没有做家务，因为勤劳、劳动

的习惯影响一个人一辈子；第三，看后代子孙有没有在读圣贤的经典，"人不学，不知道"。其实这三条的核心就是"耕读"二字。

被誉为"天下第一义门"的唐宋时期的陈氏家族，可以说是中华文明史上最辉煌的耕读传家的家族。唐宋时期，陈氏家族创造了3900余口、历15代、330余年聚族而居、同炊共食、和谐共处不分家的家族史奇观，是中国古代社会中人口最多、文化最盛、合居最长、团结最紧的和谐大家族，成为古代社会的家族典范而名动朝野。后宋仁宗在文彦博等重臣的上书建议下，将义门陈人分迁至全国72个州郡（144县），分大小291庄（另加43官庄，共334庄）。从此，一门繁衍成万户，万户皆为新义门。据最新统计，当今义门陈姓人口达到6000多万。义门陈氏长盛不衰的秘密，就是他们形成了一套类似共产主义的家族管理制度，这个制度是：族产共有，家无私财，共同劳作，平均分配，人无贵贱，诸事平等。义门陈氏家族自备生产，自给自足，自成体系，不像《红楼梦》里的大家那样，雇用大量奴婢，被人伺候着生活。义门陈氏严格秉承耕读传家的传统，形成了"八百斗牛耕日月，三千灯火读文章"的景象。他们生活在一个财产共有、男耕女织的自足自立的小社会中，并且留下美谈：

> 堂前架上衣无主，三岁儿孩不识母。
> 丈夫不听妻偏言，耕男不道田中苦。

也许有人认为，中国古代是农耕社会，不劳作就没有饭吃，不需要刻意传承。从物质生产的角度分析，那些富有的大家族，不需要劳作也可以过得很好。但是从躬耕所具有的教育功能而言，越是大家族，耕读的作用越重要。因为躬耕传承与培养的是一个"勤"字和一个"俭"字。曾国藩十六字箴言讲的就是这两字：

"家俭则兴，人勤则健；能勤能俭，永不贫贱。"被概括为朱子家训的六字箴言"勤、俭、诚、读、善、舍"中，排在前两位的也是这两个字。北宋名相范仲淹的家训"耕读莫懒，起家之本；字纸莫弃，世间之宝"，也反映了耕读的重要性。

对于什么是大丈夫，孟子的解释是："居天下之广居，立天下之正位，行天下之大道。得志，与民由之；不得志，独行其道。富贵不能淫，贫贱不能移，威武不能屈，此之谓大丈夫。"古代文人墨客发现，能够独行其道，实现富贵不能淫、贫贱不能移、威武不能屈的大丈夫生活的，就是躬耕田园的农夫。只有生计能够自足，精神上可与土地交流的农夫生活，才是大丈夫的理想生活。正因为如此，躬耕南山下，回归田园居，成为中国古代文人、官员追求的一种自我修行的生活方式。甚至这种归居田园的生活，还被国家所认可：为了让躬耕能够在士人、官员中发挥教育作用，古代还形成了一些政策制度，如当兵者退役之后的解甲归田制度、官员退休后的告老还乡制度。告老还乡让久在官场的官员，回归田园养老，可以使他们过上躬耕劳作的返璞归真生活，让生命质量更高。在这种生活的吸引下，古代许多官员在官场遇到阻碍后，最后的归属就是辞官归田、归隐民间，过与世无争、世外桃源般的生活。陶渊明的归园田居，成为中国文人学习的楷模。

归居田园，一方面可以说是古代文人消极避世的生活方式，但从另一方面来说，也是古代文人养精蓄锐的一种生活方式，如诸葛亮曾躬耕于南阳。"自古将相出寒门"，可以说，中国乡村是培养拥有大丈夫气概的人才基地。

四、新"三农"：文明乡村、生命农事、智慧农夫

（一）陷入西化而不知，走偏已久而不觉

现在，社会上已开始讨论中国西化的问题。目前最需要我们

第二章 正本溯源：从老"三农"到新"三农"

反省的是，近百年以来，在追赶西方现代化的进程中，在许多方面，我们已经陷入西化而不知的困境中。在农村、农业领域更是如此。也许有人认为，我们讨论的"三农"称谓，只是一个文字游戏。其实在对这些称谓理解的背后，是我们对远离和遗忘中国几千年的农耕文明和文化遗产而不察，对正在慢慢走向一条失去民族自信之根的邪路而不觉，对正在成为失去故乡的游子而不知。

从老"三农"到新"三农"，我们看到的是两个命运、两个前途的乡村。从农村、农业、农民看中国乡村，我们看到的是一个比西方还落后，拖现代化后腿的乡村；看到的是大量的乡村在现代化进程中被无情淘汰，人们只能留下乡愁；看到的是乡村未来的出路就是城市化、产业化，除此之外，没有其他出路。无论乡村承载了中华文明怎样的辉煌历史，在来自西方现代化浪潮的冲击下，都将成为昨日梦境。按照这种路子走下去，我们怎么找到实现中华民族伟大复兴的自信和原动力呢？

相反，从乡村、农事、农夫看中国乡村，中国乡村是中华五千年文明之根的乡村，是诗意生活、耕读文化传承的乡村，是中国人的共同故乡，是一个能够让游子找到归属感的乡村，是一个让我们对中华文明生发敬畏之情和自豪之感的乡村，也是一个让我们愿意回归耕耘、做一个顶天立地新农夫的地方。

现有的农业、农村管理体制，源自老"三农"思维。新中国成立以来，我们按照乡村是农村、农事是农业的思路，形成了管理农村、农业的行政体制。按照农村最重要的功能就是生产的理念，我们设立了专门管理农村的农业部。长期以来，我们一直误以为，农业部就是负责管理农村的综合部门，其实不然，农业部只管农业。而村庄虽小，五脏俱全，一个村庄的事与一个城市的事几乎相同，于是就形成了除了农业，管理乡村其他事务的职能被分布在其他几十个部委中的情形。到了县一级，对应的是几十个局；到了乡镇，对应的是几十个管理员；而到了村里，对应的就是一个村支书。

作为现代化经济载体的城市，需要高度分工的专业化、规范化管理，而小而全的乡村则需要系统、整体的管理。新中国成立之后，中央的这几十个部委，是为了适应城市管理而组建的，这些部委对乡村事务的管理，只是顺便管理。进而形成了自上而下高度分散的分工精细化的管理，与乡村需要的系统整体的管理矛盾，因此形成了农村的事，谁都有权管理，却谁都不负主要责任的困境。正是基于这样的困局，党的十九大才将原来的农业部改为农业农村部。党的十九大也第一次将农村的称谓改成了乡村。尽管这个重大改革使乡村管理有所改善，但几十年形成的管理体制，非一日之功可以改变。

同样，按照现代工业文明的思维，我国构建了中国农业类大学教育体制。乡村是一个由社会、经济、生态、文化、历史、治理等多要素构成的文明复合体，按理说，服务乡村振兴的教育也应该是多样化的。然而，由于这些大学都叫农业大学，和农业部一样，它们的教育和研究只与农业有关。目前，全国有农业类大学 50 多所，开设农学专业的大学大约有 150 所，每年培养出的大学生约 30 万人。大学的专业和课程，主要围绕单一农业生产的需求而设置。在农业类大学里，与农业联系较为密切的农学、植保、园林等专业课程，专业课占去总学分的多半部分，仅留给乡村田间实习的课一点点空间。中华农耕文明、乡土民俗文化、乡村治理、乡村建筑等方面的课程严重短缺。其他社会学和发展学专业的课程虽然有一些涉及乡村建设，但多是以西方理论建构乡村的课程为主，本土化的乡村理论和实践内容依然严重缺乏。这种单纯以农业生产为主的人才培养模式根本无法满足乡村振兴的多样化需求。

我们面临的一个残酷现实是，农业类专业的毕业生真正想回到乡村的非常少。农业类专业毕业的大学生，优秀的考研出国，其他学生转行，留在农业领域的少之又少。党的十九大报告提出，乡村振兴需要懂农业、爱农民、爱农村的人从事乡村工作。而我们面临的现实是，国家每年投入巨资培养的大学生不能成为乡村发展的人才。特别是今天农业类大学教育，在市场导向作用下，越来越与其他大学趋同化，围绕争夺城市资源，开设了许多新专业。总之，照这样发展下去，农业类大学会离乡村越来越远，离城市越来越近，跟着西方走国际化路线的研究越走越远，却离中国传统乡村的研究越来越远。

我们不要小看西化"三农"的后果，到目前为止，老"三农"思维仍然严重地影响与主导着乡村振兴战略。按照老"三农"思维看乡村，乡村不是生活与文化的乡村，而是经济与产业的乡村，所以各地流行的乡村振兴思路是，经济至上，产业先行。面对乡村传统文化失传、乡村教育缺失、乡村社会失德等问题，却不闻不问。我们面临的残酷现实是，不仅乡村文化振兴与教育振兴严重缺位，甚至现行的许多做法恰恰是对乡村文化与教育的持续弱化。如许多地方拆点并校仍在继续，以牺牲乡土文化传承为代价的乡村建设和产业发展仍在进行。

产业兴旺确实是乡村振兴的物质基础，但在目前流行的经济至上思想的作用下，产业发展已经扭曲为这样一种逻辑：产业兴旺是乡村振兴的重头戏，甚至是全部，即产业兴旺了，乡村振兴使命也就完成了。由此导致了各地政府以各种方法，不惜一切代价搞乡村产业。在这样的背景下，乡村产业振兴与否已扭曲为判定这个乡村能否存在的重要标准。从逻辑上看，这条思路好像没有问题，乡村只要有了产业就能带动就业，有了就业村民回乡就能安居乐业。但这个逻辑是纸上谈兵的逻辑。当我们把这个逻辑放回现实中，我们就可以发现并不是如此。

现实是，目前处在凋零和空心状态下的乡村中，真正能够实现产业兴旺，能够具备产业条件的乡村，不是大部分，而是很少的一部分。目前中国有 50 多万个乡村，有条件、有能力搞产业的乡村不到乡村总数的 20%。即使是到将来，也不是所有的乡村都能发展产业。按照产业兴旺是乡村振兴标志的这个标准来看，大部分不能发展产业的乡村，所面临的命运就是：失去参与乡村振兴的资格。目前，许多地方实施的乡村振兴的战略，正是这样进行的。地方政府搞的乡村振兴，聚焦的只是少数有条件发展产业的乡村。而这些乡村大部分是所在地区长期以来本就发展得比较好的乡村，真正后来居上振兴起来的乡村很少。由此造成了这样的局面：各地的乡村振兴不是雪中送炭地普惠到所有乡村的振兴，而是锦上添花地让少数乡村越来越好，成为典型乡村的振兴。

在经济至上的思路的作用下，各地对那些基本不能搞产业的乡村的做法就是拆并。通过拆村并居，让拆并腾出的土地资源成为支持城市发展的资源，为资本下乡搞大规模经营创造条件。这不就是在变相地消灭乡村，壮大城市吗？

按照这样的思路搞乡村振兴，未来中国乡村振兴的目标定位，就是少数乡村振兴，大部分乡村走向衰退，其命运就是被拆并。最终，乡村振兴将无法承担让中华民族复兴的伟大使命。

（二）回归新"三农"：文明乡村、生命农事、智慧农夫

目前中国乡村振兴的最大阻碍，是乡村在当代中国人心目中

的地位出了问题。在旧"三农"背景下,乡村是城市的附属品、现代化的后进生、愚昧落后的代名词。但在新"三农"视野下,乡村的地位一下子变得极其重要——顶天立地居正位,治国安邦处本位,文明传承是根位。同样是乡村,在不同视野下,其地位有着天壤之别。中央赋予乡村振兴的使命,是民族要复兴,乡村必振兴。在习近平总书记的心目中,"守好'三农'基础是应变局、开新局的'压舱石'","中国要强,农业必须强;中国要美,农村必须美;中国要富,农民必须富;小康不小康,关键看老乡"。习近平总书记这一系列通俗表达,就是要告诫全党,中国乡村与农民既是中国发展不能突破的底线,也是中国走向全面小康、实现中华民族伟大复兴的重要目标。乡村蕴含着中国的未来,习近平总书记讲:"最广泛最深厚的基础在农村,最大的潜力和后劲在农村。"正因为如此,中央明确提出,乡村问题是全党工作重中之重,举全党全社会之力推动乡村振兴。全党全社会的认识要回到中央关于乡村振兴的定位上来,就需要改变认识乡村的视角,即从旧"三农"回到新"三农"的认识视野中来。

1. 从新"三农"看乡村:未来的乡村是幸福、文明乡村

从生产的农村到生活的乡村,一字之差的背后,是颠倒乾坤的时代大变局。如果以生产功能与价值角度,搞乡村振兴,那么中国80%的乡村面临着被淘汰的命运。特别是按照工业化思维搞的乡村产业,只有少数乡村具备这样的条件。在城市资本下乡的改造下,被淘汰乡村将成为西方式的庄园、农场和大花园。相反,如果以生活价值与功能看乡村,所有乡村都会搭上迈向新时代的列车。

乡村对于村民而言,不是挣大钱的地方,却是低成本生活的地方。年轻时到城市打工,老了回乡养老,在故土颐养天年,落叶归根,是人生一大幸事。

大国乡村：乡村蕴含中国式未来

　　乡村对于城市人而言，虽然没有城市的繁华商业，没有满足欲望的高消费，没有便利的医疗条件，但乡村有绿水青山相陪，有晴耕雨读的生活，有互助往来的亲情、邻里情，有田园诗意的乡土文化，有鸡鸣狗吠、虫鸣蛙叫的自然乐曲，还有与千年祖先对话、与天地感应的精神疗养，这些都是城市没有的。正是因为乡村有诸多独有的生活优势，才出现了现在大火的乡村旅游和乡村度假。其实，这一切才刚刚开始。随着时间的推移，城市人到乡村养老、到乡村栖居生活、到乡村创业将成为未来的大趋势。

　　相反，如果以生产搞乡村振兴，吸引来的就是资本。按照资本的逻辑，资本只喜欢能够带来高收益的乡村，资本只喜欢乡村能人，只喜欢能够让资本增值的年轻的打工人。这样下去，中国乡村的命运就是在企业化、产业化中变成美国式的大农场、西欧式的大庄园。

　　如果以生活的乡村搞乡村振兴，吸引来的人则是热爱乡村、回归乡村的村民，是告老还乡的乡贤，是喜欢乡村生活的城市人。生产只需要劳动力，产业需要企业，而美好和谐的乡村生活需要家庭，需要父母、老人、儿童，中国千年的孝道仁爱、节俭治家、耕读传家的传统自然而然会复兴。总之，因生活吸引来老村民、新村民，他们会生发出对乡土的爱。有了爱，乡村家庭和乡村社会的发展就有了魂，就有了原动力，乡村振兴自然会走向内生之路。

　　资本来了可能会把人排斥走，而人来了，也会带来钱、带来资本。但这些钱和资本在真正从"生活"的角度振兴乡村的人的控制下，不会出现资本排斥人的现象，而是会真正为人服务。以生活定位搞乡村振兴，我们会发现，乡土生活本身就是乡村最具有竞争力的产品和产业。乡村有绿水青山的自然资源,乡村有源自天、地、人的乡土文化,乡村有环保的、能够实现自足的太阳能、风能、水能等可再生资源,乡村有熟人社会亲情互助关系这种社会资本,乡村有可以实现自给自足的有机食品,等等,这些资源组合在一起,就是乡村特有的产品:比城市更低碳的生态文明,比城市更健康、幸福度更高的乡土生活。

综上所述,从生产的农村到生活的乡村,不仅要简单地回到过去,还要找到通向未来之路。幸福生活、文明乡村是未来乡村的新定位、新使命、新价值。

2. 从新"三农"看农业:未来的农业是多样农耕、生命农事

让农业回归农事,是目前农业改革发展的大方向。对于有众多人口和数千年农耕文明的中国而言更是如此。有一件事需要我们讨论反思。近代以来,在西方兴起的工业现代化与农业现代化,给人类文明带来的影响是不同的。总体评价是,工业现代化给人类的贡献大于农业现代化。工业现代化虽然带来了环境污染,但给人类贡献了越来越丰富的物美价廉的工业品。但农业现代化,虽然增加了粮食产量,但粮食质量没有随之越来越高,反而是越来越低,同时也带来了严重的土地污染。

目前,农业现代化给当代人类带来的危机已经远大于它的贡献。单纯追求收益最大化的现代资本化、市场化农业,违背了农业所具有的公平性本质,致使世界粮食生产陷入了两极分化的困境:一端是占据市场优势、技术优势,垄断世界粮食市场的跨国公司,在不断提升的高收益中快速发展;另一端是缺乏粮食自主性的国家和缺乏土地的贫困人口,陷入越来越严重的饥饿困境。联合国粮农组织总干事屈冬玉在 2021 年 10 月 16 日("世界粮食日")撰文指出,当前全球粮食生产总体充足,但饥饿人口增加至

8亿多。全世界粮食产量的14%遭受损失，17%被白白浪费。① 工业化、市场化的粮食生产，导致世界每年浪费约14亿吨食物，这些食物可满足49亿人的食物需求。美国每年浪费近4000万吨，占总浪费食物的30%—40%。

满足粮食生产率提高的、基于生命敌对性的农业科技，在其不断进步的同时，是生命的多样化被严重地破坏。多样性生命共生机制被破坏，导致的恶果是包括人类在内的生命系统将面临危机。20世纪，地球上有30余万种植物绝迹，损失了约75%的农作物品种，剩余不到30%的农作物品种供应着全球95%的食品需要。欧洲的家畜品种资源有一半已经绝迹；全世界已经有2/3的鸟类繁殖力下降；成蛙因吞食有毒昆虫而中毒身亡，就连小小的蝌蚪也难逃厄运。2019年5月，联合国国际环境署下的组织发布报告称，与过去1000万年的平均水平相比，当前全球物种灭绝的速度快数十到数百倍，而且还在加速。根据世界野生动物基金会（WWF）的报告，从1970年到2014年的40多年间，哺乳动物、鸟类、鱼类、两栖动物和爬行动物等物种减少了60%。2019年5月6日，联合国在巴黎发布《生物多样性和生态系统服务全球评估报告》，这是联合国15年来对自然环境最全面的一次分析。报告显示，地球上约100万个物种正在面临灭绝，其中许多物种可能在几十年内灭绝。具体来看，超过40%的两栖动物、约33%的珊瑚礁、超过1/3的海洋哺乳动物面临灭绝。此外，10%的昆虫物种也在急速减少，其中大部分为授粉者，对维护植物多样性至关重要。

农业是借用天地之力的生命产业，工业是依靠人力的非生命产业。农业作为满足人类生存所必需的产业，是具有公共性、公

---

① 屈冬玉：《"不可想象！不可接受！"全球粮食生产充足，却有8亿人挨饿》，《中国日报》2021年10月16日。

平性的。近代以来，在全球推进的农业工业化、市场化、资本化，严重违背了农业本质。这是问题的根源所在。当代人类要解决现代化农业给人类造成的粮食危机、环境危机、生命危机、文化危机，需要一场农业大变革。从这个意义上看，确定我们需要什么样的农业，是21世纪人类文明发展的大事。

让农业回归到农事的轨道上来，是农业发展的大趋势。中国作为古代世界农耕文明的中心和农耕文明大国，从农事思维看，中国特色的现代化农业需要坚持以下发展方向。

一是农业是生命产业。民以食为天，满足生命健康，是农业的第一使命。按照生命健康的需要，确定农业的生产方式和科学技术创新方向，应该成为未来农业发展和改革的方向。把服务于资本利益的农业，转向服务生命健康的农业是当代农业改革的目标定位。

二是农业是公共产品。农业是天地赐给人类共享、公用的礼物。农业生产是以天地之力为主，以人力为辅的产业，这也决定了农业生产要在满足人类食物公平的前提下进行。由此决定了未来的农业产业不能走纯市场化、被资本控制的现代化路线，而是应当在保证农业产品公共性、公平性的前提下，走有限市场化、自给自足农业与市场相结合的新农业之路。

三是农业是文化艺术产业。工业是科技产业，农业是多样性文化、多样性艺术的产业。文化艺术是农业产品的重要价值之一，根据农业的这个特性，未来农业发展不仅需要技术创新，而且需要文化创意。农业艺术化与文化特性，决定了我们必须重新认识农耕劳动的价值。中国传承千年的耕读生活，就是一种让农耕成为创造物质与文化艺术之美的劳动。在这样一种前提下，未来的农业不是越高科技就越先进，文化艺术+科技模式的农业，才是更美、质量更高、更先进的农业。

四是农业是社会化、生活化产业。现代化农业是排斥人、解构乡村社会的农业。要解决农业与社会的协调发展问题，未来农业的发展，一定要走以家庭为基本组织的集体化发展路线，而不是资本化、企业化、农场化的路线。以家庭、合作社、集体为主体的农业发展方式，决定了未来农业是小而美、小而多样化的，而不是跨地域的大规模、大农场化的企业化发展的农业。

五是农业是立体化产业。未来新型农业应该回归农、林、牧、副、渔五业兴旺，农、工、商、教、文五业并举。习近平总书记讲："山水林田湖是一个生命共同体，人的命脉在田，田的命脉在水，水的命脉在山，山的命脉在土，土的命脉在树。"① 农业本应该是一个生态整体，但现代化农业为了追求高效率，导致农、林、牧、副、渔分家，按照工厂化的方式走向了单一化的生产方式。这种生产方式隔断了农、林、牧、副、渔之间的联系，是导致农业面临污染的深层原因。未来的农业要按照生态化、系统整合、循环再生的规律，发展成五业兴旺、五产并举的多样化、高附加值的新农业。

3. 从新"三农"看农民：智慧农夫、耕读农人

西方的工业文明，是从 500 年前的文艺复兴时期开启的。文艺复兴对工业文明的最大贡献就是解放了被神束缚的人，实现了从神本到人本的转变。人被解放所释放的巨大能量，成为推动工业化发展的原动力。但是，站在 21 世纪人类文明发展的高度，我们发现，文艺复兴时期解放的人，仍是有局限的人。近代走出被神

---

① 习近平：《关于〈中共中央关于全面深化改革若干重大问题的决定〉的说明》(2013 年 11 月 9 日)，载《十八大以来重要文献选编（上）》，中央文献出版社 2014 年版。

束缚的人，又进入被资本束缚的另一个世界。正是基于资本主义对人性的异化和奴役，马克思用其一生精力，研究与批判资本主义，就是为了让人从资本的奴役下解放出来，成为"我的生命我做主"的全面发展的人。

站在 21 世纪的高度，回溯中国古代的农耕文明与近代的工业文明，可以发现，古代中国农耕文明虽然未能创造出高效率的工业化生产方式，但几千年来造就了一代又一代顶天立地的大丈夫式的中国人，这正是源于中国特色的农耕文明。虽然限于诸多因素，不是所有的人都能成为孟子所讲的那种大丈夫，但中国古代的这种农耕生产方式，对想要成为这种大丈夫的人是没有阻碍的。因为处在天地间的农耕劳动，是一种能够让人实现物质自足、精神自立、文化自生、智慧自求的生产方式。可以说，农耕劳动将这种功能发挥到了极致，陶渊明式的士人耕读生活，更是如此。

伴随着近代兴起的高效率的分工化、专业化大工业生产方式的兴起，自给自足的小农经济，被批判为低效率的落后的生产方式。直到今天，中国的这种批判声音仍然存在。但是在迈向新时代的今天，工业化生产方式虽然创造了高效率的物质财富，却未能实现人的全面发展；而被批判为落后的农耕生产方式，却具有这样的功能。

在农业机械化的背景下，当高强度的农耕劳动从满足生计的需求中解脱出来之后，农耕劳动不是没有价值了，恰恰相反，它的价值将比任何时候都高。脱离生计需求之后的劳动，会令农耕劳动所携带的道法自然的文化、精神、生命的价值更加凸显。

马克思曾经讲，未来的共产主义社会，在物质生产极大丰富后，劳动将成为人的第一需要。那么，什么样的劳动才能成为人类的第一需求呢？我们可以肯定地回答，不是现代工业化的工厂劳动，也不是办公室的脑力劳动，它只能是集生命健康、艺术创作、物质自养、精神自主于一体的农耕劳动，也应该包括游牧劳动。马克思早在《1848年经济学哲学手稿》中就对工业化时代高度分工下的劳动异化进行了深入分析。100多年过去了，历史证明，马克思关于劳动异化的思想是正确的。

我们坚信，21世纪的农耕劳动，不再是专属于农民的一种职业。智慧农耕，耕读农人，将是所有人的一种生活方式，是生态文明新时代下人与自然和谐相处的新生活方式。

第二篇

问道：
求助于野

引言

处在十字路口的当代中国，求解中国式之道，不仅仅需要在正本清源中找到中国的根，更需要找到迈向未来的路。本篇所要讨论的就是这个问题。

求道、悟道、行道、得道是中国特有的思维方式。通俗地讲，道就是与所求目标相对应的正确道路。从通向未来之道，看 21 世纪中国式现代化，中国面临三大转型：一是导航未来方向的文明形态大转型，二是化解危机的生产方式大转型，三是未来发展的动力模式大转型。文明形态、生产方式、动力模式是需要回答与讨论的党的三大"道"。

目前，对党的十八大提出的生态文明主流的理论认知，仍滞留在将生态文明等同于环境保护上。从文明形态的高度解读与正确认识生态文明，是当代中国必须突破的创新。处在十字路口的当代中国，是继续走西方的工业文明之路，还是走生态文明之路，是关乎中国未来命运与发展方向的大事。

已经走在生态文明大道上的当代中国，需要回答一个重大问题：中国需要什么样的农业生产方式？英国工业革命开启了由西方引领的工业文明时代，而 21 世纪开启的生态文明新时代，要想化解工业化给人类带来的危机，则需要从农业生产方式革命开始。

基于天人合一的智慧，生命友好、生态友好、社会友好的理念，从工业化农业向生态化农业转型的革命，是关系到中国乡村命运、粮食安全、生命安全、生态安全的大事。

技术创造物质，文化滋养精神。源自两元对立哲学的西方式现代化，创造的是一种科技排斥文化、物质与精神失衡的文明。矫正当代人类面临的物质与精神失衡，亟须启动以文化为动力的新文明。从这个意义上讲，21世纪是"文化为王"的时代。中国是世界文化大国，这决定了在"文化为王"的时代，中国将发挥自己的文化优势。中国的优秀传统文化，不仅中华民族伟大复兴需要，世界发展也需要。

第三章
生态文明：新时代从乡村起航

多年来，对于乡村的研究，我常用的两句话是：*乡村有乾坤，事关天下事；乡村遇工业文明衰，逢生态文明兴*。第一句话的意思是，乡村是关系中国命运的大事，乡村兴则中国兴，乡村衰则中国衰。第二句话的意思是，中国未来走什么样的文明之路，决定着乡村的命运。党的十八大提出的迈向生态文明新时代，像灯塔一样照亮了中国与世界的未来，也给处在十字路口的乡村指明了方向。生态文明不仅拯救了乡村，乡村也将是生态文明建设的福地和主阵地。500 年前，西方的工业文明从地中海周围的城市开启；21 世纪，中国迈向生态文明的新时代，将从乡村起航。

一、世界大变局：文明形态大转型

（一）认识大变局的新思维：文明自觉的新思维

习近平总书记在中国共产党成立一百周年大会上首次使用了"文明形态"这个概念："我们坚持和发展中国特色社会主义，推动物质文明、政治文明、精神文明、社会文明、生态文明协调发展,创造了中国式现代化新道路,创造了人类文明新形态。"文明形态转型与新文明形态创新,是当今世界的大变局,也是影响与决定当今人类文明走向的重要变量。文明的高度和文明的自觉,是我们认识与读懂当代人类面临的百年未有之大变局,所需要的新高度与新思维。

从学理上界定,文明形态分为广义的文明形态与狭义的文明形态。广义的文明形态是在不同历史条件下,以人与自然的关系为前提,而形成的生产方式、生活方式、社会形态、文化形态综合的具有时代特性的文明形态,如农业文明、工业文明,以及目前的生态文明。狭义的文明形态是指构成文明的具体内容,如物质文明、精神文明、社会文明等。

习近平总书记所讲的生态文明是基于广义的生态文明,是继工业文明之后的一种新文明形态。生态文明理论在20世纪80年代就已经被提出,但将生态文明上升为国家重大战略的,中国是世界上唯一的国家。到目前为止,不少专家学者仍然停留在把生态文明等同于生态环境保护的层面上,来理解和解读习近平生态文明思想,也就是从狭义的文明形态来解读,这是对习近平生态文明思想的矮化与片面解读。中国搞生态文明建设,是基于解决生态环境危机,但不能将之等同于环境保护。习近平生态文明思想的最大创新,恰恰是要走出西方式就环境保护搞环境保护的思路,从文明形态创新的高度来解决生态环境问题。这才是习近平生态文明思想的创新性所在,也是从理论与实践上解读与践行习近平生态文明思想的精髓所在。

以文明形态大转型思维解读所发生的一切,当代人类处在百年未有之大变局时代,以此才能从乱中看到有序,从现象看到本质,从现在探究到未来。目前正在发生的中国崛起、中美对抗、俄乌战争、世界疫情、环境危机等一系列世界性的大事件中，到底哪个事件是影响人类命运与走向的最大变量？从文明的高度看，影响当代人类命运与走向的最大变量不是这些事件本身，而是这些事件综合在一起形成的合力，其本质是人类文明形态的大转型，即从工业文明向生态文明的转型。

中国崛起预示着人类文明中心正在从西方向东方转移；中美对抗的本质是主导人类未来的两种文明、两种文化、两种制度的博弈；俄乌战争蕴含着新文明世界结构的重组；世界疫情与环境危机预示着西方工业文明进入总危机爆发时期。

顺应时代要求，党的十八大提出了迈向生态文明新时代战略，经过十年的时间，更加证明，党的十八大提出的生态文明战略是顺天时、应地利、契人和的大战略。这个战略的提出标志着，继毛泽东时代建立新中国、邓小平时代建设中国并使中国富强之后，以习近平同志为核心的党中央领导中国人民正在迈向中华民族伟大复兴的第三个时期，即建设永续发展的文明中国的新时代，即中国特色社会主义生态文明新时代。

（二）基本研判1：工业文明正在陷入危机全面爆发阶段

给当代人类文明带来危机和不确定性的中美对抗、疫情危机、环境危机背后，是支撑工业文明世界的三大体系——文化、制度与经济——全面陷入了危机。这预示着工业文明正在陷入危机全面爆发的阶段，预示着工业文明的使命已经完成，正在退出历史舞台。

1. 文化危机

中美对抗的本质是两种文化、两种制度的冲突。中国崛起与近代以来其他国家崛起不一样。近代以来崛起的其他国家，都是西方文化体系中的国家，它们的崛起引发的冲突，是西方文化世界内部的冲突。这种冲突导致的两次世界大战，触动的不是西方文化体系的改变，而是主导西方文明世界的领导者的改变。

而当代中国的崛起，是对西方文化体系与现代资本主义制度的直接冲击。这种冲击改变的不是西方经济与技术的领导地位，动摇的是整个西方文明世界的灵魂和根基。

2. 制度危机

如果说，中美对抗暴露的制度危机还不明显，那么全球的疫情危机便彻底暴露出支撑现代工业文明的资本主义的弊端。如果病毒溯源成立，那么这次疫情所暴露的资本主义制度的弊端，已经不仅仅是经济危机，还会升级为危及人类生存的生命危机。基于极端自私的利己主义文化基因，构建起来的西方资本主义制度，是以维护少数垄断资本利益为目标的制度。这种制度最初只是垄断资本对本国工人的奴役与剥削，但是两次世界大战之后，已经升级为垄断资本主义国家对世界发展中国家的奴役与控制。而这次疫情再次升级，已经演化为对人类生命最冷酷的漠视，直至滑向反生命、反人类的邪恶之中。

3. 经济危机

目前出现的全球性极端气候，预示着地球环境危机进入了爆发阶段。环境危机的爆发，根源在于追求物质无限增长、满足欲望增长的工业化生产方式和消费方式。长期以来定义经济危机的标准，是经济增长的程度，而全球环境危机的爆发所暴露的工业化经济危机，是生产方式本身的危机。

4. 文明系统危机

上述三大危机的出现反映了当代人类陷入的不是局部的危机，而是整个工业文明系统的危机。正在发生的关于文化、制度与经济的每一个危机，都是关系到全球与全人类命运的危机；每一个危机都触及维系人类文明生存的底线，**即世界秩序底线、生命伦理底线、自然承载力底线**。上述三大危机综合表现为一个总危机，即西方工业文明的系统危机。

用中国的天、地、人思维来看文明危机，文化、制度与经济等危机的背后是天人对立。文化危机是违背天道、逆天而行的危机；极端自利的资本主义制度危机，是违背生命伦理，反生命、反人类的危机；满足贪欲的无限增长的工业化经济危机，是违背自然规律，以毁灭地球为代价的危机。

工业文明危机的爆发，是对全人类发出的警示：如果人类不改变，地球将以毁灭人类为代价，来实现自我的修复。

（三）基本研判2：人类唯一的出路是文明模式大转型

当代人类走出文明危机的唯一出路，是进行革命性改变，探索不同于工业文明的新文明之路。目前三大危机倒逼的三大革命，预示着一个全新文明时代正在悄悄开启。

纵观人类文明发展史，可以发现，判断一个新文明时代的到来，有三大标志：**一是文化，二是制度，三是经济**。在西方兴起的工业文明起始于这三个方面的革命。一是15世纪源于地中海的文艺复兴，开启了人本文化代替神本文化的文化革命，为工业文明找到了精神和魂。二是开始于17世纪的资产阶级革命，确立了支持工业文明的资本主义制度，形成了推动工业文明的内在动力机制。三是以18世纪英国工业革命为标志的现代工业化生产方式的兴起，市场竞争+科技创新形成了工业经济的双轮驱动。正是这三大革命，综合形成了由西方文化、垄断资本、现代工业组成的工业文明，风靡世界，成为近代以来引领全球的主潮流。

21世纪以来，我们之所以面临着又一次文明时代的大转型，就是因为人类社会重新酝酿着三大新的革命。不同的是，21世纪人类将在不同时间、不同空间中通过三大革命迈向新时代。

一是文化变革。当代中国的崛起，不仅标志着世界文明中心从西方向东方转移，更标志着中华五千年的智慧与文化将成为化解当代人类文明危机的新文化。党的十八大以来，习近平总书记在许多重要场合，提出构建人类命运共同体、坚持互利共赢的新理念，重构世界文明秩序和治理体系，得到了国际社会的高度认可。这充分说明，东升西落不是单纯空间上的变化，而是影响人类文明的文化大转换。

二是制度变革。在应对近几年的新冠疫情方面，西方资本主义国家与中国形成了鲜明对比，凸显了中国社会主义制度的优越性和未来对世界文明发展的价值的同时，也暴露了资本主义制度的弊端。从病毒溯源到应对疫情，都充分暴露了以牺牲其他生命来保全少数资本利益的资本主义制度，正在走向反人类、反生命的邪恶末路。伴随资本主义制度而兴起的是世界社会主义运动，在经历了第一次世界大战后，苏联等社会主义国家出现；第二次世界大战之后，世界上的资本主义与社会主义两大阵营对峙；20世纪80年代，社会主义阵营解体，世界社会主义陷入低潮；在生态文明新时代，两种制度的冲突将再度出现。因时代需要，社会主义制度将成为新时代的潮流。

三是经济革命。2008年金融危机之后，在越来越严重的世界环境危机的倒逼下，绿色发展、生态发展的新经济革命正在兴起。基于新能源、新技术、新业态、新机制的生态经济，是对给当代人类造成环境危机、能源危机的现代工业经济的重大冲击。从工业化经济向生态化经济转型，是当代世界经济发展的大趋势。

四是文明转型。上述三大革命标志着，化解当代工业文明危机的新文明模式正在形成。这个全新的文明就是开始被世界认识的生态文明。源于中国的天人合一自然观、天下大同文明观，正是对工业文明时代天人对立、自利互害文化的颠覆性矫正与转变；重建人与自然和谐关系的生态经济、重建人类命运共同体的共享经济、重建生命友好的科技创新，恰恰是对满足无限增长的贪欲、违背自然规律的工业化经济模式的矫正与改变。这三大革命形成的新文明正是爆发的工业文明总危机的化解之法。

（四）基本研判3：生态文明正在成为全人类共识

从罗马俱乐部提出增长的极限，到联合国提出可持续发展，再到中国提出生态文明战略，人类在关于化解工业文明弊端的探索上，完成了三次升级，目前正在形成最终的共识。

1972年，罗马俱乐部的报告《增长的极限》，以系统的思维首次对工业化经济模式提出质疑和反思，为后来的环境保护与可持续发展理论奠定了基础。

1987年，世界环境与发展委员会发表了报告《我们共同的未来》，首次从人类整体发展的高度，提出了可持续发展思想。同时，使罗马俱乐部的理论从经济模式的视角上升到了全人类共同发展的高度。

2015年9月25日，联合国可持续发展峰会在纽约总部召开，联合国193个成员国在峰会上正式通过17个可持续发展目标。这17个可持续发展目标的解决方案，是一个综合性的解决方案，其中虽然已经包含构建新文明模式的思路，但尚未从时代的高度，清晰地提出全面对峙工业文明的生态文明。

在这样一种背景下，中国首次提出迈向生态文明新时代的战略，这不仅是将联合国提出的可持续发展思想，在中国践行落地，更是对可持续发展思想的升级，即从多目标的综合发展上升到了新时代文明的高度。

党的十八大提出了五位一体的生态文明，这不是对工业文明的局部修改，而是基于中国智慧对工业文明全方位的矫正。2013年2月，联合国环境规划署第27次理事会通过了推广中国生态文明理念的决定草案，这标志着国际社会的认同和支持。3年后，联合国环境规划署又发布了《绿水青山就是金山银山：中国生态文明战略与行动》报告。中国的生态文明建设理念和经验，正在为全世界可持续发展提供重要借鉴。

二、生态文明：导航中国进入新时代的文明

（一）中国崛起：世界文明转型需要中国

40多年前，中国迈向改革开放之路的时代背景，是西方主导的工业文明体系。20世纪80年代的中国改革开放，尽管也是影响世界发展的重大事件，但并没有达到对世界文明的发展方向和模式产生影响的程度。从中国与世界的关系来看，当时中国对世界的需求强度远大于世界对中国的需求强度。从这个意义上看，中国改革开放40多年，是主动需求世界的改革开放。因此，邓小平提出"韬光养晦，有所作为"。

但是，党的十八大之后提出的迈向生态文明新时代理念，是在完全不同的背景下提出的。此时中国与世界的关系已发生重大变化。具体来讲，有两大根本性变化：一是世界经济西衰东升，中国已成为对世界经济有重大影响的国家；二是世界正在发生的文化革命、制度革命、经济革命的策源地都汇集于中国。人类文明处在从工业文明向生态文明转型时期，无论是在工业化文明的时空，还是在生态文明新时代的时空，中国都处在了非常重要的位置，世界对中国的需求，与40多年前相比，发生了巨大的变化。从党的十八大到党的十九大，中国提出要为世界生态安全作贡献，

一直到2021年习近平总书记在"领导人气候峰会"上，首次向世界表明了中国在当今世界的位置：**作为全球生态文明建设的参与者、贡献者、引领者，中国坚定践行多边主义，努力推动构建公平合理、合作共赢的全球环境治理体系。**

正在发生的这三大革命，全部集中在一个地区，那就是中国。2008年金融危机中，高度重视新能源革命、大力推进绿色发展，走在世界前列的国家也是中国；党的十八大以来，首先在世界上高举生态文明大旗，成为世界上第一个明确提出迈向生态文明新时代的国家是中国；党的十八大以来，首次提出构建人类命运共同体，受到国际社会高度认可的国家是中国；疫情暴发以来，成为世界防疫标杆，对世界疫情以大义担当的国家是中国。

站在工业文明时代的角度看世界，美国仍是世界头号工业大国，中国与西方发达国家还有很大距离，中国追赶西方工业的路还得继续走。这种观点在今天的中国仍占据主导地位。

站在西方的角度看中国，西方认为崛起的中国是对西方领导地位的挑战，认为崛起的中国会以西方的殖民思维、霸权思维，以牙还牙地对待西方。目前的中美对抗就是西方人以西方视角看中国导致的局面。

站在生态文明新时代的角度看世界，世界正在进入文明大转型时期，西方衰微，标志着由西方主导的工业文明时代正在落幕。而首先踏入生态文明新时代的是中国。无论西方是否承认，也无论中国人是否意识到，中国都已经站在了时代的制高点。中国已经成为当今世界最早从东方地平线看到新文明曙光的国家，而仍然是世界头号工业大国的美国，则处在落日余晖的西方。

中华民族崛起的使命不再是追赶西方的工业化，而是要担当新文明的引领者与开拓者。

站在中国的角度看世界，作为有着独特五千年文明的国家，一个新崛起的大国，必然要挑战现存大国的"修昔底德陷阱"，但中国从未有过。历史一次又一次证明，中国崛起陷入的不是"修昔底德陷阱"，而是给世界带来太平盛世的福音。500年前，西方的崛起给世界带来的是血雨腥风的殖民扩展；500年后，中国将会成为照亮世界的灯塔。

站在生态文明时代的角度看中国，中国已经觉醒，其最重要的标志，就是党的十八大提出了迈向生态文明新时代的战略。中国迈向生态文明，是因为当今世界需要中国，中国也需要世界。世界需要文明大国、社会主义大国、经济大国的担当和贡献，同样，作为世界巨量文明大国，中国的崛起与伟大复兴也需要借世界的力量，特别是借新时代的大空间。由此决定了，中华民族伟大复兴必定是中国和世界共赢、共享的复兴。

（二）文明高墙：生态文明是中国迈向未来的必然选择

党的十八大提出迈向生态文明新时代战略，不是提出一个概念，而是因为中国继续走工业文明之路遇到了不可逾越的文明高墙。

一是生态极限。当代人类陷入了环境危机，地球已经无法承载中国继续走西方式文明之路。高能耗、高消费、追求无限增长的工业文明，属于少数国家独享的文明。逾10亿人口，占世界人口约13%的现代化，占用了地球60%的能源。人类的生态足迹已经超过地球承载力50%，地球已经陷入严重的生态赤字。若继续进行如发达国家一样的高能耗现代化，地球将无法承担。近年来发生的一系列全球生态灾难，说明自然已经开始启动自我纠错机制。

二是文明极限。今天中国的崛起遭遇了西方的抵抗。这种对抗的本质既是东、西方两大文化与制度的对抗，也是对美国独霸世界的地位受到冲击所引发的对抗。近代以来，不断崛起的大国打破原有的世界格局，促使世界走向新的秩序和均衡，都是通过战争达到的。而今人类拥有的核武器可以把地球毁灭多次，在这样的背景下，世界大战的代价是人类毁灭。用战争来解决目前的中西对抗，达到了人类文明极限。

在上述背景下，时代给中国提出的挑战，一是崛起的中国继续走工业文明之路，遭遇到无法跨越的文明高墙；二是面对文明高墙，中国的抉择关系到中国与全球生态命运和人类命运，已经不是中国自己的事；三是中国要跨越文明高墙，不是改变当今工业文明的局部，而是必须另辟蹊径，探索拯救中国与世界的新文明之路。这个新文明就是党的十八大提出的生态文明战略。

党的十八大提出的生态文明战略，是一个需要从文化到经济、从政治到社会、从制度到文明模式全方位变革的新文明之路。这是一条旨在让中国与世界走向共赢、共享的新文明之路。

（三）生态文明是中华民族伟大复兴归属的文明

中国崛起处在两大文明周期交会点上。中华民族经历了民族危亡、民族独立、民族富强之后，现今处在再度复兴的新历史周期的起点上。兴起的西方工业文明经历文艺复兴、宗教改革、资产阶级、英国工业革命，从英国称霸世界到美国称霸世界，经历复兴、重建、鼎盛称霸之后，进入衰微时期。中华文明的生命周期与西方文明的生命周期并非同步进行。公元5世纪到15世纪，欧洲处在"黑暗中世纪"的衰微期，而在同时期，中华民族从隋唐到大明进入了鼎盛的千年。公元15世纪之后，西方文明从文艺复兴开始，走向复兴、鼎盛、崛起的同时，中华民族从明清开始走向衰微期。而当世界出现新的东升西落迹象时，是人类文明于

500年之后进入一个新文明周期。这个新文明周期就是从工业文明迈向生态文明这一周期的开端。

与生态文明兴起的文明周期相匹配的，是中华民族的生命周期。对于人类文明周期和中华民族的生命周期，笔者做出以下基本判断。

一是在当今世界上，中国是民族生命力最旺盛的民族之一。如果说西方是一个垂暮的老人，那么中国则是一个充满生命活力的年轻人。习近平总书记讲，中国共产党立志于中华民族千秋伟业，百年恰是风华正茂！（建党一百周年讲话）

二是当今的中国拥有两大遗产：一是中华五千年文明留给中国的文化与智慧遗产；二是近代以来中国追赶西方现代化，得到的工业文明留给中国的物质遗产。

三是从物质标准看，今天的美国仍是世界头号强国，但从美国的生命周期看，他却是一个进入老年阶段的美国。这些财富只能代表过去，不能代表未来。西方民族生命进入衰微周期的同时，也意味着主导世界的工业文明时代即将结束。

四是在这样一种背景下，中华民族伟大复兴的使命，绝不是继续走西方式工业文明之路。工业文明只是中华民族伟大复兴必须踏过的阶梯，生态文明才是中华民族伟大复兴的归属文明。

五是世界近代兴起的工业文明，在文化上与中国传统文化是相克的，由此决定了，中国走向现代化的过程，是一个不断学习西方，同时对中国传统文化进行批判与解构的过程。但迈向生态文明新时代，中华文明与生态文明所需要的智慧与文化，是相互契合的。中华民族复兴与生态文明兴起在当今中国交会，决定了中华民族伟大复兴的宗旨是，立足五千年文明之根，依托工业文明提供的物质基础，走向生态文明新时代。

（四）制度升级：生态文明是社会主义迈向新时代的必由之路

近代以来，中国一直走着属于自己的独特道路，一直照耀着中华民族伟大复兴的灯塔就是社会主义。当工业文明落下帷幕时，照亮世界的未来之光是生态文明。21世纪是生态文明之光和社会主义之光交相辉映，共同照亮未来的世界。随着生态文明时代的开启，社会主义也将走向世界，因为社会主义与生态文明高度契合。下表为我国近代以来的三个发展阶段及其特点。

近代以来中国发展的三个阶段及特点

三个阶段	原目标定位	传统的路径	矫正目标的新因素	传统目标遇到的困境	选定的目标	时代使命
新民主主义革命时期	资产阶级民主革命	资产阶级领导的民主革命	十月革命改变了时代	资产阶级革命暴露了软弱性，陷入困境	无产阶级领导的新民主主义革命	建设民族独立的新中国
社会主义改革开放时期	建设繁荣富强的社会主义	通过计划经济体制来实现	"冷战"结束，进入和平与发展新时代	僵化的计划经济体制陷入困境，围绕阶级斗争的"文化大革命"导致社会政治秩序失范	通过建立中国特色社会主义市场经济来实现制度变革	建设繁荣富强的现代化中国
社会主义生态文明新时代	实现工业化、城市化与现代化	西方式的工业化模式	金融危机启动生态文明新时代	工业化遭遇了能源与环境危机的困境，追求GDP经济增长陷入多重矛盾之中	通过生态文明建设来实现文明转型	建设永续发展的文明中国（未来30年）

三、新时代乡村命运：遇工业文明衰，逢生态文明兴

（一）快速城市化：乡村再度陷入现代化悖论

文明形态理论是认识中国乡村价值与地位的重要理论，这是

由中国乡村在中国历史中的地位与功能决定的。总之，从毛泽东时代到邓小平时代，虽然所处的时代不同，但都走了同一条路，即农村包围城市。历史的实践一再证明，乡村是中国的基本国情，也是中国发展的原动力之所在，是决定中国兴衰之底线。

中国以加入世贸组织为契机，经济社会进入改革开放的新发展阶段。从2001年中国加入世贸组织到2012年党的十八大召开的十余年，是中国对外开放的黄金期，也是中国大力推进城市化发展的黄金期，同时也是中国全面开放、学习西方、自觉不自觉地西化时期。

正是在这样的背景下，中国乡村的命运再次遇到了有史以来最大的冲击与挑战，再次陷入现代化困境。百年之前，我们是因为模仿俄国走以城市为中心的革命道路，付出血的代价之后，革命重心才转向农村。而21世纪我们再度陷入现代化悖论，不是城市化这条路走不通，而是2002年到2012年，中国经历了历史上最快速度的城市化，城市化率从39.09%猛增至52.57%，中国的城镇人口在历史上首次超过了农村人口。这给国人带来巨大的激励。我们中的大多数人认为，按照这个速度和路子走下去，我们几代人期盼的与发达国家一样的现代化指日可待；我们认为困扰中国迈向现代化的悖论已经不存在，乡村消亡、退出历史舞台，是快速实现现代化必须接受的现实和历史必然。

曾经是中华文明功臣的乡村，在强大的工业文明面前，显得软弱无力：乡村不能承载现代化产业，没有产业的乡村就无法留住人，乡村的命运就是被城市所替代。按照刘易斯的两元经济理论推测，乡村的命运就是人口不断减少的过程，乡村资源仅能够满足少数人，直到能与城市一样从事高效率的现代化农业为止。如作为现代化标杆的美国只有2%的农民，他们从事高效率的农业生产。尽管我们一直走自己的路，但在工业文明面前，中国的主流专家和理论都认为，这次中国不能例外。

正是由于接受了西方现代化的发展模式，21世纪以来，中国快速城市化的10年，也是有史以来中国乡村遭受解构、走向萧条最严重的10年。国家统计数据显示，2000年时中国有360万个自然村，到2010年，自然村减少到了270万个，10年里有90万个村子消失，平均每天有将近250个自然村落消失。对中国乡村最具致命性的，并不是人才与人力资源向城市流动，而是持续10年的拆点并校。从拆点并校实施以来，2000年到2010年，中国农村平均每一天就要消失63所小学、30个教学点、3所初中。拆点并校形成的以城市为中心的去乡村化教育，使中国乡村失魂、失去信心，对中国乡村是致命一击。

从毛泽东时代到邓小平时代，我们走了乡村包围城市的道路，都是因为我们陷入困境后，有求于乡村和农民。而我们今天面临的困局，似乎是我们对乡村无求。在"城市让生活更美好"形成的巨大吸引力的作用下，我们把所有希望寄托于城市化，认为城市快速发展才是化解所有社会问题、解决农村问题的唯一出路。

中国乡村命运处在历史的十字路口。即使党的十九大提出了实施乡村振兴战略，提出了中国要走城乡融合的发展之路，笔者发现，以追赶西方城市化为目标定位的情况仍未改变。笔者看到许多地方的"十四五"规划中，提高城市化率的动力充足，振兴乡村的动力明显不足。

在经济至上、产业为王的工业化发展模式下，文化的力量抵不过经济力量。于是，目前的中国乡村振兴又陷入另一个内卷的悖论。

（二）生态文明时代：再度从乡村起航

我们发现，让乡村消亡的工业文明的发展模式并不是无懈可击的。表面上看起来，如此不容置疑、如此严密的逻辑背后，缺失一个非常重要的前提，就是这种模式的主体是谁，城市化是发生在中国，还是在西方？

同样的城市化，给西方带来的结果与给中国带来的结果天差地别。城市是西方文明的母体和优势，所以，西方搞城市化的过程就是西方文明走向世界的过程。然而，同样的发展路径下，中国有朝一日全面实现城市化的那一天，就是中华五千年文明断流之日。让五千年中华文明断流的最大根源，不是这个不可抗拒的城市化逻辑，是我们在急切追赶西方现代化的过程中，忘记了我们是站在中国土地上的中国人。

我们发现，中国迈向现代化，不仅仅需要城市，更需要乡村。城市和乡村不是对立的关系，特别是在中国，乡村与城市的关系，就像一棵大树的整体：乡村是树根，城市是树冠。城市的繁荣离不开乡村之根提供给养，而乡村之根也离不开城市落叶归根的反哺。根深才能叶茂，乡村之根出了问题，城市繁荣也将不复存在。也许有人会提出，为什么西方城市化，没有乡村也同样繁荣。其实西方的城市化也需要乡村滋养，也不能脱离这个规律。西方与中国所不同的是，滋养西方城市是以牺牲世界发展中国家的乡村为代价的。

21世纪，人类迈向生态文明新时代，之所以选择中国作为领导者，就是因为中国曾经是世界农业文明的中心，但这并不是说中国要重新回到农业文明时代，而是生态文明所有的文化基因，都在中国古老的农业文明形态中。 基于天人对立、自利经济人、极端自我的西方霸权与殖民文化传统等，已经无法驾驭其创造的庞大工业文明体系。人类文明需要利用天人统一的新自然观，利他共生、天下大同的文明观，来改造工业文明。生态文明建设所需要的新哲学与文化，在西方文明体系中找不到，却恰恰是五千年中华文明的魂与文化禀赋所在。由此，我们就可以理解，为什么党的十八大提出生态文明，称其是基于中国智慧的中国方案。

党的十八大提出生态文明战略之后，党的十九大又提出了乡村振兴战略，这两大战略衔接在一起，意味着中国迈向生态文明新时代，需要从乡村振兴开始。这不是巧合，而是时代必然。习近平生态文明思想初期的伟大实践，就是从浙江的乡村开始的。

从40多年前实行家庭联产承包责任制的安徽小岗村，到21世纪走可持续发展道路、进行乡村振兴的浙江安吉的余村，它们都不是偶然，是乡村兴则中国兴的中华文明演化规律的必然结果。从毛泽东时代的农村包围城市的革命，到邓小平时代的农村包围城市的改革，再到以习近平同志为核心的党中央，开启的农村包围城市的生态文明建设，可以说，这是中国迈向未来的三次农村包围城市之路。

四、乡村生态文明建设的优势与贡献

城市搞工业文明具有禀赋优势，但乡村搞生态文明具有城市不具有的诸多禀赋优势。

（一）乡村是新时代、新文化、新教育的启蒙之地

现代工业文明病之一，就是存在缺乏精神制衡的物质主义和消费主义。在工业化文明系统中，缺乏制衡的物质财富无限制增长，不仅吞噬了大量的资源，造成了环境危机，而且吞噬了人类的精神能量，使人类文明在物质主义、病态消费主义、GDP主义的单极化世界中越走越远。

医治工业文明病的解药，不仅在西方文明世界中找不到，在今天中国的城市中也找不到，因为中国城市也染上了这种文明病，

某种程度上比西方还要重。医治当代人类文明危机的解药，不在城市，而在中国的乡村文明中。在几千年的农耕经济中，中国先民发现，大自然虽然给人类提供的物质财富是有限的，但它提供给人类的精神财富是无限的。中国五千年传承中形成的《诗经》与《易经》、道家思想和儒家思想等丰富多元的文化，都根源于中国先民"仰则观天文，俯则察地理"的自然智慧。**在几千年历史中形成的古代乡村文明，本质上是"耕读"文明。即通过"耕"来满足物质需求，通过"读"来满足精神需求。正是这种在耕读中形成的物质与精神的均衡互动，才是中华文明成为长寿文明的秘密所在。**现代西方工业文明之所以走不远，就是因为缺乏物质与精神的均衡发展。诚然，我们不是简单地让人类回到中国古代的耕读社会中，而是说，中国古代耕读的乡村文明携带着可被我们利用的人类文明永续发展的基因。

党的十八大之后，习近平总书记之所以高度重视中国传统文化的复兴，提出要树立文化自信，其实是因为，中国五千年的传统文化，不仅中华民族伟大复兴需要，当代人类走向生态文明新时代也需要。因为生态文明建设需要天人合一的自然观、利他共享的伦理观、协同共治的天下观，以及系统整合的思维方式等，与中国传统文化高度契合。

生态文明时代所需要的中国传统文化，生发于中国的乡村。由此决定了中国传统文化复兴的背后是中国乡村文化的复兴。目前中国乡村仍保留着天人合一的敬天尊地的文化、基于熟人社会的互助利他的亲情文化、容教化与养性为一体的乡土文化，这些既是生态文明建设需要汲取的营养，也是医治现代诸多工业文明病的解药，更是民族文化产业的最大资源。目前正在兴起的旅游业、中医药业、康体保健业、文化创意业、传统民间手工业等，都是以中国文化为资源的新兴产业。可以说，起源于中国乡村的传统文化价值，100年前是包袱，20世纪80年代是概念，20世纪90年代是古董，21世纪是稀缺资源、是财富之源、是竞争力之魂、是民族自信之根。

（二）乡村蕴含着新经济、新生产方式的变革

2005年习近平在浙江工作期间，提出了绿水青山就是金山银山的"两山"理论。以经济学理论看，习近平的"两山"理论与在浙江的实践，是探索迈向生态文明新时代的新经济形态、新生产方式的创新试验。

"两山"理论蕴含着经济哲学与经济学理论的重大创新。源自天人对立哲学的当代资本主义经济，不仅给社会带来了贫富差距的两极化，而且造成了人类与自然对立的环境危机。要从根源上解决人与自然关系失衡造成的诸多危机，首先要改造资本主义经济背后的经济哲学，即从天人对立的哲学观向天人合一的哲学观转变。而习近平"两山"理论的一个重大突破，就是将绿水青山的自然资源作为经济增长新要素纳入了经济增长，同时，使天人合一的自然观内生为经济增长必须遵循的哲学思想。

支撑工业经济增长的三大要素是土地、劳动力与资本，在这三大要素中，自然是缺位的。这里的土地不等于自然，只是从自然中抽取出来的只有空间承载功能的土地而已。为什么古代的农耕生产方式，是一种天人合一的生产方式？是因为天地创造的自然资源是农业生产的第一要素。维持自然资源可持续使用，成为农业生产的内在机制。现代工业化经济之所以是一种造成环境污染的经济，就是因为自然系统未能成为现代经济增长的要素，反而成为现代经济免费使用的公共资源，由此导致的结果是：一端是现代化经济的快速膨胀与增值，另一端是地球生态环境的透支

和恶化。

习近平的"两山"理论，将自然资源作为经济增长的第一要素纳入经济增长之中，并不是简单地回归农业经济时代，而是在更高层次向自然生态经济回归。从本质上看，人类作为自然的一部分，无论是农业经济还是工业经济，其财富之源都来自自然。所不同的是，农业经济时代是利用自然生态系统中的动植物资源，但未充分开发和利用大自然的青山绿水等生态资源；工业经济时代利用的是自然系统中不可再生的石油、煤炭、矿物质等资源。迈向生态文明新时代的生态经济，将从整体上全面、可持续地利用自然资源。从浙江安吉等地的绿色经济发展实践看，广义的绿水青山的资源，是从蓝天到空气、从海洋到沙滩、从冰天雪地到戈壁沙漠……在现代新经济理论与技术的支持下，这些资源都可以成为未来新的财富资源。

此外，目前中国乡村出现的多样化的乡村绿色经济，使用的资源已经不仅仅是绿水青山的自然资源，还有中国千年乡村遗留下来的乡土文化资源。文化作为一种可再生资源，是未来中国乡村绿色经济发展的重要资源。目前已经浮出水面的、蕴含着未来新生产方式的绿色乡村经济，是一个基于"自然资本+文化资本+互联网+市场"的新经济业态。

"自然资本+文化资本"形成了一系列复合新乡村经济，组合出多种产业类型。从目前的发展趋势看，有十类产业将成为振兴乡村发展的新兴产业。

一是生态有机农业。高附加值的农业生态产品将成为未来生态农业产业发展的新方向。

二是乡村旅游业。我国广袤的乡村聚集了全国大约70%的旅游资源。乡村旅游将成为乡村经济发展的支柱产业，成为带动乡村脱贫致富的一个亮点。

三是乡村传统手工业。在新需求的推动下，借助现代市场经济、乡村旅游业与文化产业发展的契机，中国的乡村手工业正在悄悄复苏。

四是乡村农副产品生产与加工业。随着大众对有机食品的消费需求的日益增长，乡村有机农副产品生产和有机加工业也正蓬勃兴起。

五是乡村新能源产业。在中国农村发展沼气、太阳能、风力发电、微小水电、生物能源等具有广阔的应用前景。

六是乡村养老服务业。随着中国逐渐进入老龄化社会，乡村特有的低成本生活、高环境福利与浓厚的乡土人情，会使乡村具有的养老优势越来越明显。

七是乡村文化创意产业。充分利用乡土文化资源，大力发展乡村文化创意产业，会大有可为。

八是乡村"互联网+"经济。"互联网+"技术推动乡村产业走上信息化发展之路，实现与城市市场的无缝对接，由此将带动更多乡村产业的发展。

九是城市企事业机构以乡村为根据地，形成乡村总部经济。现在的乡村不仅吸引了城市文化人、知识分子到乡村去旅游，也吸引了许多文化、教育、科研、管理机构到乡村设立驻地机构。

十是乡村教育产业。耕读教育是教中国人重新认识乡村、重建民族文化自信的教育模式。我们有理由相信，耕读教育将是未来乡村人气最旺的产业，并将助推其他乡村产业持续发展。

以上十类产业，不是只存在于书面上的理论，而是已经在中国乡村出现的新经济业态。

总之，在习近平"两山"理论指导下的依托自然资本的新经济，蕴含着现代资本经济所没有的三个新机制。

一是让自然回归财富之母的地位的绿色经济，从根本上解决了工业经济无法解决的天人对立的难题。基于自然资本的生态经济，保护自然、利用资源成为生态经济内生机制。

二是自然资本创造的生态财富，是一种共享的社会财富，从内在机制上解决了资本经济导致的两极分化的问题。因为自然资源是大自然赐给人类的一种公共产品。符合自然资本这种特性的制度安排中，与其匹配度最高的就是共有制和集体所有制。乡村不仅拥有丰富的自然资源（中国90%的自然资源分布在乡村），乡村集体制度也与绿色经济发展所需要的制度相匹配。生态经济并不排斥市场经济，但生态市场经济是一种有限的、服务于自然资本的公共性的市场经济。

三是乡村生态经济是城乡互补共生的生态经济。因为虽然乡村拥有绿色经济发展的优势，但消费乡村绿色产品的市场在城市。

（三）乡村是未来生活方式革命的发源地

生产应该为生活服务，追求幸福是人类所有活动的最终目标。然而，被资本控制的现代化经济，却将生活沦为生产的工具。服务于资本增值的物质主义生活、满足欲望的高能耗的消费方式，使当代人类陷入了自害与互害的内卷模式之中。高消费带来各种慢性病，带来环境危机，环境危机又导致了各种疾病蔓延，人类因此陷入了自害的恶性循环。要破解这个恶性循环，需要一次生命的觉醒与生活方式的革命。在被资本控制的现代化城市，实现能够让生命觉醒的低碳、健康、幸福的生活方式成本很大。然而，我们发现乡村社会能够提供一种不仅生活成本低，而且生活质量高的生态文明所需要的新生活方式，这正是迈向新时代过程中乡村最大的优势与魅力。

乡村能够提供的绿色生活方式具有以下四大特点。

第一，这是一种低碳且健康的生态生活。勤劳节俭的乡土文化、顺应天时的生活节律——在离自然最近的乡村生活，生命自然会顺应天时而运行；安全健康的有机食物——只要肯劳动，在农村很容易获得无农药化肥的有机食材；清洁能源自足的低碳生活——充分利用分布式新能源技术，乡村完全能够实现生活能源的自给自足；接地气的平房式居住方式——能够实现生命与自然交换能量的居住方式，不是城市的高楼大厦，而是处在田园间的小院平房。上述这些要素构成的乡村生活环境，能够大幅降低人们的欲望，让人的身心获得安放的环境；让人们在实现低碳消费的同时，还能实现生命质量的提升。

第二，这是一种物质与精神均衡的幸福生活。中国传承几千年的耕读生活是一种能够满足物质与精神消费的生活。农耕既能解决人类本身的物质需求，也能滋养人的身心；读能解决人的文化与精神需求。被商业化喂养的购买式的生活，导致人们精神空虚，同时导致城市生活病的产生。在这种情况下，耕读生活将成为 21 世纪人们追求的健康、幸福的新生活。

第三，这是一种生产与生活融为一体的自足生活。城市的工作与生活是分离的，而乡村的劳作与生活是融为一体的。田间的农耕劳作是乡村田园诗意生活、艺术生活的一部分。中国乡村社会流传到今天的许多诗词、民歌、绘画等，均来自农耕劳作时的感受和灵感。同时，乡村生活中的吃、穿、住、用、行中都有劳作的身影。如村民手工编织家庭用品，乡村妇女纺织、绣花、做衣服等劳作，就是在农闲、聊天的生活中完成的。特别是目前流行的农家乐、民俗、农耕体验等乡村旅游项目，正是乡村生活与工作融为一体的功能体现。从现代经济学视角看，传统乡村社会这种自给自足的生产与生活方式，是一种效率低的落后的生产方式；但是以生态文明时代新财富观和生活观看，这样的生活恰恰是一种收益很高的生产与生活方式。

第四，这是一种道法自然的智慧生活。党的十八大提出的生态文明被称为基于中国智慧的中国方案。作为中国智慧结晶的《易经》《道德经》、儒家经典等，其源头都是农耕生产所形成的天、地、人的思维方式。总之，生态文明时代所需要的智慧，不是在课堂里，而是在乡村社会广阔的天地间。乡村的生产与生活不仅生产粮食，而且生产智慧。

（四）全生态、零污染乡村的独特贡献

从构成文明形态的四大要素看，乡村的禀赋优势满足生态文明建设的全部要求。在生态文明理念的导航下，乡村振兴之路是一条生态文明之路。党的十八大提出五位一体的生态文明战略，可以全方位、低成本、高质量地首先在乡村落地。中国古老的乡村完全可以成为走在时代前列的全生态、零污染的生态文明乡村。

所谓全生态、零污染，就是说从文化到环境、从生产到生活的全方位生态化建设，乡村都能够达到能源自足、资源循环、无污染、零排放。那么，全生态、零污染的生态村应该是什么样的呢？下面我们从四个方面描述。

一是文化自信、生命觉醒、文明自觉、生态人共建自治的生态教育村。生态文明建设所需要的文化与智慧之根就在乡村，修复传承千年的乡土文化与智慧，是乡村生态文明建设之魂和原动力所在。生态文明导航是天，乡土文化是地，生命觉醒的是人，如果能够把天、地、人这三大要素激活，乡村社会就会进入生态文明的新轨道、新时空。而启动这一切的初始力量是教育。人类文明社会大转型的历史证明，文化启蒙与教育改革是新时代的先

导。按照孤阴不生、孤阳不长的理论，这种教育一定是乡土文化与生态文明思想相结合，首先觉醒的城市生态人、公益组织与农民相结合，只有这种传统与现代、城市与乡村的结合，才能形成新时代所需要的新文化、新生态人。当年的井冈山革命根据地的建设也是如此，代表先进思想的工人阶级与农民相结合。迈向生态文明新时代，需要新工农联盟，需要新城乡融合。

二是以全域有机农业为基础实现生态产业化的乡村。要让绿水青山变成金山银山，前提是大力发展有机农业。土地污染导致的水污染、食物污染是威胁人类生命安全的两大污染。从石化农业转向生态农业，是一场深刻的农业革命。目前中国各地的试验证明，发展有机农业的突破口，必须以村域、县域为单元，发展区域有机农业。大量的民间技术与试验已经证明，有机农业不仅可以提高农产品质量，而且可以实现不减产和少减产。土地干净了、安全了，绿水青山才能增值。在此基础上延伸的农家乐、民俗、乡村手工业、乡村旅游等产业，自然能成为生态化产业。由此可见，有机农业是乡村生态经济发展的基础与底色，是乡村生态产业发展的第一要义、重中之重。

三是吃、穿、住、用、行全生态化的低碳乡村。乡村具有天然的禀赋优势，只要略加改造，就可以实现全生态的健康、低碳的绿色生活，未来的新农民可以吃自己种的有机食品。对于传统乡村就地取材的建筑的改造，只要利用现代的太阳能、地热能、沼气等清洁能源综合技术，就能解决冬天取暖、夏天降温的问题，现代化的全生态建筑就可以实现。目前广泛流行的酵素技术、微生物技术，可以在乡村实现无化学洗涤。中国最早的电动自行车市场就在农村。可以说，目前一些地方的中国农民已经过上了接近全生态的低碳生活。他们吃自己种的有机食品，做饭用沼气，洗澡用太阳能热水器，看电视用光伏发电，住着生态住宅，出门骑电动车，置身于青山绿水之中，生活在亲情互助的熟人社会，这就是全生态乡村的样子。

四是生态型技术集成创新的零污染乡村。最近几年在全国范围内展开的乡村厕所改造、北方冬季取暖改造等，其指导思想仍然滞留在城市思维、工业化思维上。立足于天地间的乡村，走向生态文明所需要的各种条件具足。而我们现在搞乡村建设，最需要的是系统整合的新思维和立足乡村自身优势的技术集成创新。

从目前看，迈向零污染的乡村，需要进行以下五个方面的集成创新：①基于中国数千年天人合一的农耕智慧，运用乡土农耕技术、现代微生物技术、太阳能科技等建设生态农业技术创新体系；②构建在地化、资源化、可循环再生的乡村垃圾、污水处理的集成技术体系；③在传承传统生态住宅技术的基础上，构建利用太阳能、地热能、沼气能等清洁能源和新材料技术的集成体系；④利用酵素技术、传统民间技术等构建乡村洗涤非化学化技术体系；⑤按照习近平总书记提出的山、水、林、田、湖、草、沙是生命共同体的哲学思想，探索乡村生态多样化系统保护、修复与循环的再生技术体系。

上述四个方面综合在一起，就是新文明形态的乡村。这样的乡村在今天的中国已经不是纯理论，而是已经以不同程度在不同地域存在。虽然目前只是少数，但它们代表了中国乡村发展的星星之火可以燎原的态势。

第四章
生态农业：第三次农业革命

中国农业未来走什么样的道路，是关系乡村命运的大事，也是关系国之大计、安邦治国之大事。目前对中国农业认识的最大障碍，是孤立地看农业，把农业看成一个单纯的产业、单纯的经济问题。按照这种农业观，中国的现代化农业发展，就走不出追赶和学习美国式现代化农业的轨道。这样走下去，中国几千年的乡村文明将面临终结的命运。这与党的十九大提出的乡村振兴战略相悖，也与党的二十大提出的走中国特色现代化之路相悖。

作为世界上历史最悠久、发展最成熟的农耕文明国家，中国形成了自己独特的农业观。几千年来的农本思想，一直把农业发展看成与国计民生密切相关的大事。在 2020 年农村工作会议上，习近平总书记引用古语"农为邦本，本固邦宁"[1] 来阐述农业农村发展的重要性。特别是在世界陷入环境危机、工业文明总危机

---

[1] 《尚书·五子之歌》："皇祖有训；民可近，不可下。民惟邦本，本固邦宁。"

爆发的背景下，未来中国农业走什么路，不仅仅是中国的问题，也是与当今世界发展命运联系在一起的大问题。

一、第一次农业革命：让生命觉醒

（一）对古代农业价值的低估

在新冠疫情期间，笔者多次受邀在线上做关于乡村振兴的讲座，很多听众留言：什么时代了，还需要传统农业？他们认为传统的就是落后的，过去的就是无用的。这是现代化的思维方式。在党的二十大提出中国要走中国特色的现代化之路后，这种思维就成了我们走向新时代的重大障碍。中华民族之所以成为世界上最长寿的民族，就是因为中华民族有遵古和传承的思维和价值观。过去的不都是无用的，而是像一棵大树一样，不断将新生命积累储存，长成参天大树。现代的西方工业文明之所以是不可持续的，在很大程度上与支撑工业文明的短见思维有关。

从物质上看，农业文明时代没有今天如此巨大的物质生产能力，当时创造的物质，在今天很多也不存在了。特别是在这个用了就扔的年代，过去的物质更是没有用。但中国古代有遵古、传承的思想，因为中国古人认为，过去的历史虽然不能给我们提供今天可享用的物质，但留下了比物质更珍贵的文化与智慧遗产。以史为鉴，可以知兴衰。2021年7月1日，习近平总书记在庆祝中国共产党成立100周年大会上的讲话中，连续用了9个"以史为鉴"。

工业文明能够给人带来当下最好的短期有效的物质财富，使人们严重高估了现代化工业文明对人类的贡献，低估了让人类生命觉醒，让人类文明诞生的第一次农业革命。

发生在约一万年前的第一次农业革命，是人类生命的第一次觉醒。开天辟地的农业文明，首次让人类从自然界、动物世界分离出来，成为能够认识自然、利用自然的一种新生命。虽然传统农耕生产渐渐远去，但因农耕生产方式而激活的人类意识与智慧财富，一直到今天都在滋养着人类及其文明。特别是面对现代化农业给当代人类带来的诸多危机，传承与激活人类万年农耕的智慧遗产，是当代人类迈向未来的必修课。

(二) 第一次农业革命的贡献：培育出多样化物种

第一次农业革命，发生于约一万年前的新石器时代。这次革命最明显的标志，就是从原始的采集方式发展为有意识的栽种，从原始的狩猎发展为人工驯养。生活方式逐渐过渡到定居生活。栽种与驯养的发展最终形成了定型的农业、畜牧业。农业的产生是人类历史上的一次巨大革命，这场革命也被称为新石器革命。

考古资料显示，这次革命令世界形成了最早的三大农耕区，即西亚、东亚（包括南亚）、中南美洲。三大农耕区分别为人类贡献了四个大规模种植的品种，即小麦、水稻、粟（俗称小米，中国古称"稷"）、玉米。西亚是小麦的发源地，中国长江流域是水稻的发源地，中国的黄河以北是粟的发源地，中南美洲是玉米的发源地。

西亚的扎格罗斯山区，小亚细亚半岛南部，地中海东岸的巴勒斯坦、黎巴嫩等地，是世界上最早种植大麦、小麦、小扁豆等栽培作物的。中国黄河中上游是世界上最早种植粟的地区，长江中下游是世界上最早种植水稻的地区。粟极其耐旱，适合在干旱而缺乏灌溉的地区生长，品种繁多，俗称"粟有五彩"，有白、红、黄、黑、橙、紫各种颜色的小米。内蒙古兴隆洼遗址是目前我国全面发掘并保存最完整、年代最早的8000年前原始村落，被考古界誉为"中华远古第一村"，是世界小米发源地。

中国的长江流域是世界水稻原产地。稻的栽培历史可追溯到公元前 16000—公元前 12000 年的中国湖南。1993 年，中美联合考古队在道县玉蟾岩发现了目前世界上最早的古栽培稻，距今约 14000—18000 年。水稻在中国广为栽种后，逐渐向西传播到印度，中世纪被引入欧洲南部。中南美洲的墨西哥、秘鲁、玻利维亚等地是玉米、豆类、马铃薯等作物的原产地。考古学家鉴定，野生玉米在这些地区至少有 8 万年的生长历史。通过于墨西哥发现的 7000 年前遗留下来的古老玉米植株，人类断定印第安人在那时已经种植玉米。哥伦布发现新大陆后，把玉米从美洲带回西班牙，称其为"印第安种子"，并很快将玉米传到了亚非各国。

古代农业给人类留下的是多样化种植农作物的世界。光水稻就有几十个品种。"我国首部记载水稻品种的书籍《理生玉镜稻品》也在这个时代（在 1500—1550 年）问世。书中记载有江南水稻品种 38 个，其中粳稻品种 21 个，籼稻品种 4 个，糯稻品种 13 个。"①

如果用工具来衡量农业革命，古时农业所使用的工具与今天的机械化工具相比，几乎没有价值。然而，无论今天的农业科技有怎样的创新，目前养育全人类的主粮，仍然是第一次农业革命留下的这四个品种。全世界种植水稻约 24 亿亩，其中，亚洲国家是栽培水稻的主力军，90% 以上的水稻在亚洲国家生产。② 在全球三大谷物中，玉米总产量和平均亩产量均居世界首位。根据联合国粮农组织（FAO）的数据，2020 年全世界种植玉米 36.5 亿亩，总产量 14.23 亿吨。

---

① 周跃中：《试谈中国古代农作物种类及其历史演变》，《吉林农业 C 版》2010 年第 8 期。

② 农财宝典：《23.97 亿亩！全球超一半水稻集中在这里，中国杂交稻如何抢占市场高地？》，https://static.nfapp.southcn.com/content/201804/08/c1081010.html，2018 年 4 月 8 日。

(三) 农业是人类觉醒之光、文明之母

第一次农业革命给人类带来了四个方面的贡献：

定居：人类有了自己的家园；
观天：人类的意识觉醒；
悟命：人类有了自己的生命意识；
文化：人类有了最早的文明基因。

从原始采集、狩猎转向栽培和驯养的第一次农业革命，是人类从混沌走向文明的开端。目前对古代农耕文明的解读，主要基于工业文明的思维，即以工具技术来衡量农业发展的阶段与水平。古代农耕文明进步的标志，并不是使用实物层面的工具，最重要的是如何利用天文学，以及物种培养和栽培技术。

此外，农耕文明对人类的最大贡献是使不同地区产生了多样化文化。四大文明古国——古埃及、古巴比伦、古印度、中国，都诞生于西亚和东亚的农耕区。农耕文明使人类生命第一次觉醒。古人在农耕生产所需要的仰观天文、俯察地理中，第一次从混沌的天人关系中觉醒，从自然中分离出来，把自然作为人类可利用的对象来看待，由此形成了人类最早的自然观和宇宙观。这种自然观与宇宙观成为古代宗教的哲学基础，由此形成了古代农耕文明时代多样化的宗教。

这次农业革命，不仅使人类走出自然并使人类认识自然的意识觉醒，同时在栽培植物与驯养动物的过程中，开始走出混沌的动植物世界，使人的生命意识觉醒，来感悟其他生命。在生命觉醒方面，人类不仅意识到了自身生命的独立性，还意识到了人的生命与其他生命之间的共同性。这就是古代人类形成的"万物有灵，众生平等"的生命观。

二、第二次农业革命：从养命到害命

就像现代工业文明系统陷入危机一样，隶属于工业文明系统的现代化农业也陷入诸多危机。由于农业是与民生、人的生命密切相关的产业，因此，在工业化时代的农业革命给人类带来巨大贡献的同时，其反面影响带来的危机也是巨大的。

工业危机影响的是生活质量，而农业危机直接影响人的生命安全。农业本来是养育生命的产业，但是在现代资本逐利的驱动下，现代化农业也开始追求资本利润最大化，渐渐脱离其应有的功能，陷入从养命到害命的悖论。

虽然党的二十大提出中国要走中国式的现代化之路，特别是中国农业更应走中国特色的现代化农业之路，但几十年来，我们一直走在追赶西方现代化的路上，由此形成的巨大惯性思维，使许多人还很难接受对西方现代化农业的批判。

（一）现代化农业对世界粮食生产的贡献

工业时代的农业革命，是伴随着工业革命而发生的。近代以来形成的现代化农业，对人类的贡献主要表现在三个方面。

一是农业机械化。农业机械化革命开始于19世纪90年代，到目前为止仍在继续。农业机械化对人类最大的贡献，就是最大限度地替代了高强度的人力劳动，使劳动效率大幅度提高。目前，世界上农业机械化程度最高的是美国。美国有上百万个农场，全国2%的人从事农业，经营着1.52亿公顷的耕地和5.6亿公顷的牧场，人均耕地规模超过200公顷。[1] 美国不管是哪种农场形式，均已淘汰了传统的人工劳动，全部实现机械化作业，包括养殖业

---

[1] 郭扬华：《美国农村、农业发展及启示：美国农业金融考察》，《中国农业银行武汉培训学院学报》2011年第一期。

在内。

二是农业化学化。1840年，农业化学鼻祖——德国著名的化学家李比希做了一个实验。他对植物燃烧后剩下的灰进行了详细的分析，发现植物除碳、氢、氧和氮元素之外，还含有许多其他元素，如钾、磷、钙、铁、锰等。根据这个发现，化学家们终于成功合成了替代有机肥的化肥。到1970年，氮肥的世界产量已近3000万吨。2022年，受能源和粮食生产形势的影响，氮肥生产量达到1.46亿吨。此外，化学家还陆续研发了杀害病虫的农药和替代劳动的除草剂。20世纪中叶，随着塑料工业的发展，尤其是农用塑料薄膜的出现，一些工业发达的国家利用塑料薄膜覆盖地面，进行蔬菜和其他作物的生产，均获得了良好效果。自20世纪70年代从国外引进以来，塑料薄膜在我国的发展速度之快，应用作物种类之多，推广面积之大，社会经济效益之巨大，是我国乃至世界农业科技推广史上所罕见的。近30年来世界人口翻了一番，粮食总产量也增长了一倍，其中化学的作用不可谓不大。

三是育种技术创新。近代以来，对粮食生产最具有影响力的是育种革命。育种一直是农业生产最重要的技术，且主要集中在矮化育种技术方面。矮化育种，就是以降低株高、改善株型为目的的新品种选育。杂交育种是指对不同种群、不同基因型个体进行杂交，并在其杂种后代中进行选择以培育纯合品种。围绕植物抗旱、抗风，提高产量和品质的要求进行的育种，是对农业革命以来粮食生产最大的贡献。例如，1949年年初，水稻每亩只产150公斤，20世纪70年代亩产350公斤。目前，袁隆平团队培育的超级杂交水稻的亩产已超过800公斤；在云南蒙自的试验田里，最高亩产甚至可以达到1200公斤。

因育种所带来的粮食产量大幅度提高的技术革命，也被称为绿色革命。在绿色革命中，培育出的新品种在发展中国家推广使用，并产生了巨大效益。墨西哥从 1960 年推广矮秆小麦，短短 3 年时间，其种植面积就达到了总种植面积的 35%，总产量接近 200 万吨，比 1944 年提高 5 倍。印度实施绿色革命发展战略，1966 年从墨西哥引进高产小麦品种，同时增加了化肥、灌溉、农机等投入，至 1980 年，粮食总产量从 7235 万吨增至 15237 万吨，由粮食进口国变为出口国。菲律宾从 1966 年起结合水稻高产品种的推广，采取了增加投资、兴修水利等一系列措施，于 1966 年实现了大米自给。

绿色革命的成就是史无前例的。在开展绿色革命的国家中，水稻的单产在 20 世纪 80 年代末就比 20 世纪 70 年代初提高了 63%，解决了 19 个发展中国家粮食缺乏的问题。世界上很多国家的科技对农业增长的贡献率一般在 70% 以上，像以色列这样一个极度缺水的国家，它的科技对农业的贡献率达到了 90% 以上。

(二) 农业化学化：走向反面的害命农业

追求局部最优、短期最好的工业化哲学，导致了现代化对人类的贡献同样是局部最优贡献，以牺牲整体和长期效益为代价。现代化农业在这方面表现得更为明显。

大量使用化肥和农药的农业，所生产出的粮食已经不只有满足温饱的功能，还有让人在不知不觉中慢性中毒的隐患。目前，全球每年约有 460 万吨化学农药被喷洒到环境中，其中 99% 释放到土壤、水体和大气中。科学家甚至在格陵兰岛冰盖和南极企鹅体内检测到高农残，在中国西藏海拔 4250 米的南迦巴瓦山顶的雪中也检测到了有机氯农药。[1] 在美国，每年治理由于农药使用而造成的环境和健康问题，需要花费 120 亿美元。

---

[1] W. J. Zhang, F. B. Jiang, J. F. Ou, *Global pesticide consumption and pollution: with China as a focus.* Proc. Int. Acad. Ecol. Environ. Sci. 1, (2011).

现代化农业中，塑料薄膜的使用问题越来越严重。2020年，中国的塑料薄膜覆盖面积达到了2000万公顷，总重量从1991年的32万吨增加到了125万吨。塑料薄膜的广泛使用，产生了大量覆盖物残留，污染了农田环境，造成了"白色污染"和作物减产。

而现代化农业生产方式对人体健康也造成严重影响。根据WHO（世界卫生组织）和UNEP（联合国环境规划署）的报告，全世界每年有2600万人农药中毒，其中22万人死亡，美国每年有67000人农药中毒。① 农药的使用加剧了多种癌症的发生概率，如肺癌、直肠癌、骨髓瘤、乳腺癌及白血病等，农药导致的癌症病人占全部癌症病人的10%。另外，很多研究表明，农药残留增加了人们患帕金森综合征的概率。农药还严重影响儿童智力发育，孕期接触最大剂量和最小剂量农药的产妇，孩子出生后在7岁时智商相差7分，② 而在孕期接触多氯联苯的浓度每增加1ng/g，孩子出生后智商就会降低3分。

（三）农业工业化，让乡村走向衰败

虽然处于现代化迅速发展的时代，但我国仍保留了传统小农经济，对此，我国有许多人非常羡慕美国的高度规模化、机械化的农业。现代大规模机械化对农业生产的最大贡献，是劳动力的解放。从表面上看，农业的规模化、机械化解放的是农民，是让农民过上更幸福的生活。其实，在资本利益驱动下的现代化农业，一开始就不是为农民谋福利的，而是为了实现资本利益的最大化。这样一种大规模的现代化农业，确实大幅度提高了农业的劳动生产率，增加

---

① D. Pimentel, *"Acute human poisonings"* in *Encyclopedia of Pest Management*, Marcel Dekker, New York, ed. 5, 2002.

② M. F. Bouchard et al., *Prenatal exposure to organophosphate pesticides and IQ in 7-year-old children. Environ. Health.*, 1189 (2011).

了资本收益。但现代化农业并没有像亚当·斯密所假定的那样，自利经济人获得收益的同时，也促进了社会效益的提升。大规模现代化农业给资本带来收益的同时，也把成本转嫁给了整个社会。这也是笔者经常讲的农业规模化、现代化的陷阱所在。

一是过度规模化会导致多样化农业体系崩溃，甚至造成农业产出量的降低。规模化生产在短期内可以提高单一农作物的亩产量，但是追求规模化的单一种植，长期下去会导致土地肥力衰减，农作物多样化遭到破坏，最后会陷入依靠化肥、农药、除草剂、转基因种子提高产量的恶性循环之中。给当代人类造成生命危机的现代化学农业的内生动力，就是来自大规模化农业的需要。

传统家庭式农业或现代的小规模农业，具有通过多样化种植与养殖充分利用土地资源与气候的优势。大量数据统计与事实证明，小规模农业的综合产出率高于规模化农业。美国农业部最新的农业普查数据显示：较小的农场每英亩生产食物比较多，不论以吨、卡路里还是美元计算，都是如此。

二是农业生产的过度规模化，会导致大量农民失业，导致乡村社会萎缩，甚至消亡。现在的美国已经是一个没有乡村社会的美国。城市与乡村作为人类文明的两极，就像决定宇宙演化的阴阳两极，健康的可持续的人类文明应当是城市与乡村均衡发展、相互作用的文明。为什么西方古罗马文明是短命的文明？就是因为古罗马的文明是一种单极化的城市文明。中华文明是世界上最长寿的文明，是因为中华文明是城市与乡村共生的文明。

如果一片一万公顷的土地上，遍布着上千个以家庭为单位的农业组织和几百个小农场主，那么他们在地化的收入与消费，就可以支撑起一个地方化市场交易中心，形成满足这种消费的社区服务产业链与社区文化。社区服务业经济发展又会形成新的就业机会，由此可见，多样化的小规模农业、家庭农业是能够创造自我循环、形成自己独特文化与社区的农业。这样的农业就是欧美国家兴起的社区支援农业（Community Supported Agriculture，CSA）。CSA不仅为社会提供了安全、可靠的有机食品，而且再造出一个友好的社区社会。

相反，如果这片土地实行规模化经营，所有的收入集中在几个大农场主手中，则会形成另一种结果：第一，他们的消费不会在本地社区进行，而是会进入大城市的富人消费圈；第二，他们的有限消费会形成大量剩余资本。为了满足资本逐利的需要，就会不断投资，如继续兼并农场，兼并的结果便是农民大量失业、社区经济不断瓦解。可以说，在西方发达国家留下的传统乡村，就是在大农业资本的蚕食中走向消亡的。

由于西方发达国家农业现代化是在工业化快速发展的背景下进行的，因此，农业大资本在蚕食乡村的过程中，形成了大量剩余劳动力，从而为城市的工业化提供了人力。在这种情况下，西方农业现代化导致的城市化，给人的感觉是人人都过上了美好的城市生活。

然而，这样看似美好的农业现代化，在巴西和阿根廷并没有出现，最典型的案例就是阿根廷。在拉丁美洲经济发展史上，阿根廷徘徊近一百年的现代化进程被认为是一个谜。一个拥有与加拿大和澳大利亚等国同等条件和起点的国家，一个百年前就已跻身世界十大富国行列的国家，却在漫长的探索现代化的过程中迷失了方向，陷入缓慢增长甚至停滞的怪圈。特别是21世纪伊始，阿根廷还爆发了全面的金融危机，并引发了社会政治危机，人均GDP从原先的8000美元腰斩至不到4000美元，成为发展中国家陷入"中等收入陷阱"的社会标本。

其实，阿根廷的问题不是发生在工业经济领域，而是盲目地在西方农业资本的操控下实现农业现代化。1980年以前，阿根廷人民的生活水平是令人羡慕的。这个南美洲第二大国家，国土面积有五个法国大，拥有悠久的农耕文化、富饶多产的土地、广袤苍翠的草原，农产品不仅能够自给自足，还能大量剩余，牛肉出口曾经是世界第一。但是为了追赶西方的现代化模式，阿根廷的农业开始走向了消灭小农经济的大资本现代化农业。大量农民失去土地涌入城市，阿根廷成为全世界城市化率最高的国家，2011年就已经达92%以上。如此高的城市化率，并没有给阿根廷带来美好生活，而仍是一个贫困率达47.2%的国家。令人悲哀的是，阿根廷有2140万贫困人口。2019年，阿根廷的儿童贫困率达56.3%。① 一端是走在世界前列的现代化农业，另一端则是温饱都无法解决的大量贫困人口。产生这种矛盾的原因是阿根廷的农业现代化与老百姓无关。上天赐给阿根廷人均11.5亩的肥沃土地，却被大资本农业用来赚钱了，与老百姓的生计无关。

陷入农业现代化陷阱的不只是阿根廷，拉丁美洲的墨西哥和巴西，以及非洲等地也是同样的状况。

（四）农业资本化：世界粮食危机之源

当今世界，一端是农业产业化已发展到跨国公司的程度，垄断着世界种业的50%—60%，在世界粮食界的许多重要领域实现了控制性管理，而另一端是世界上仍有10亿人吃不饱饭，濒临饿死的状态。由于农业生产的是没有替代产品的有关生计的产品，因此经营农业的跨国公司与其他产业的公司在遭遇金融危机时，形成了不同的结果。当其他行业的跨国公司因受到金融危机的冲击

---

① 华人头条阿根廷：《阿根廷贫困率升至40.9%。贫困人口已达1850万人》，搜狐网，2020年10月1日。

而陷入困境时，从事农业粮食生产的企业却拥有了发大财的机会。因为粮食作为一种满足生存需求、没有弹性空间的产品，越稀缺，价格越高。

2020年7月13日，联合国发布了《世界粮食安全和营养状况》报告，2019年有近6.9亿人遭受饥饿，与2018年相比增加了1000万，与5年前相比增加了6000万，此数字一直缓慢上升。由于疫情的影响，到2020年年底，这个数字新增超过1.3亿。加剧粮食危机的根源，是当今世界粮食生产的过度商品化、市场化、资本化。疫情导致的世界粮食贸易受阻，使缺乏粮食自足能力的国家和地区陷入粮食供给不足的危机。缺乏土地和粮食不能自足，只能通过工作收入购买食物的世界贫困人口，因疫情失业和收入下降，陷入了不能购买粮食的饥饿威胁。世界粮食危机重灾区——非洲和美洲地区的国家，大都是缺乏粮食自足能力的国家。疫情不是造成世界粮食危机的根源，疫情反而使我们发现了按照工业化方式构建起来的高度市场化、资本化、国际化的现代化农业，是造成世界粮食危机的制度根源。

按照资本逻辑构建的现代化农业体系，严重违背了农产品所具有的公共性、公益性、公平性的本质。按照亚当·斯密的比较优势和分工理论构建起来的现代自由市场经济，在工业领域获得了巨大的成功。但是按照同样的方式形成的现代化农业，则将世界推向了粮食危机的陷阱。自利经济人在追求自身利益最大化的同时，也增加了社会收益，但并没有在世界农业领域出现。

三、第三次农业革命：回归养命的生态农业

工业化农业走向其反面的深层原因，是工业化农业没有把农业当作一个与工业完全不同的生命系统来对待。农业是一个以生

命养育生命的系统，而现代化农业，已经退化为以化合物养育生命的产业。这样的农业所生产的粮食，其生命力越来越弱，这样的食品养育的人，不可能成为健康的人，这是导致目前各种疾病和亚健康的根源。正是在这样的背景下，西方提出了"有机农业"的概念。有机农业的本质就是生态文明导航下的生态化农业。这将推动人类进入第三次农业革命时代。

（一）农业革命决定着人类未来的命运

到目前为止，人类仍没有找到化解工业文明危机的出路。目前主导这个世界的治理方案，仍然滞留于源自西医思维的"头痛治头、脚痛治脚"的困境中。按照这个思路走下去，化解人类文明危机无解。化解当代人类危机，需要走出西医思维，以中国智慧尤其需要以中医思维来寻找新出路。按照中医整体性的思维，化解因工业领域导致的危机，需要到农业领域找出路，城市的问题需要到乡村找出路。

乡村振兴与农业革命是化解西方现代化危机的突破口，是人类迈向生态文明新时代的出发地。500年前兴起的西方，是通过城市复兴与工业领域的革命，突破农业文明时代乡村与农业领域的局限，开启人类文明发展新时代、新空间、新路径的。经过500年的发展，以城市化、工业化为内容的现代化之路，遇到了无法突破的困境，人类需要再度回到乡村与农业领域寻找新出路、新突破、新空间。

21世纪人类采用什么样的农业模式，决定了人类未来的命运。当代人类的农业革命之所以如此重要，主要基于以下原因。

第一，农业领域的危机直接危害的是人类生命，这是工业文明时代给人类带来的最大危机。21世纪，如果我们不构建起滋养人类生命的生态化农业，人类将会陷入巨大的生命危机之中。目前，在资本利益驱动下，科技创新、社会资源仍然聚焦在能够获得更大利益的工业化领域，大力推进关乎人类生命的新农业革命迫在眉睫。

第二，农业革命是化解现代工业文明危机的突破口。如果我们能够构建更加公平、公正、为人类生命健康服务的生态化农业，那么它将是让全世界和全人类受惠的农业。我们有了健康农业、健康的大地，就像有了健康的慈母一样，这将是全人类都受惠的农业。此外，回归社会化、多样化、文化化生态农业，将会使古老乡村文明的复兴成为可能，乡村文明复兴将带来天人合一的自然观、众生平等的生命观、节俭低碳的幸福生活。如果未来有30%—50%的人回归到乡村，那么生态农业带动的乡村复兴，就可以为医治现代文明病带来新文化、新生活，从而化解高消费、高能耗、高污染的城市病。当代人类面临的环境危机、生命危机、社会危机、心污染危机等，也都将因此而化解。

总之，21世纪的人类，沿着以生态农业革命为起点的线路图走下去，将走向生态文明新时代的新轨道。这个线路图就是：生态农业—人地循环—乡村复兴—低碳生活和绿色消费—天人合一文化—惠及全体生命健康—化解城市文明病—低碳城市—绿色消费—绿色生产—迈向生态文明新时代。

本书所讲的生态农业革命，不是单纯的有机农业，而是基于天人合一、人与自然和谐共处的新生命观。按照农业具有的公平、公正、共享的特性，在重建人与土地在地化循环的基础上，以生命友好型科技创新为动力的生态化农业，是社会化与生活化相结合、自足化与有限市场相补充、共享与公平兼顾的新农业。只有这样的生态化农业，才能带动乡村文明复兴，才能形成带动人类迈向新文明轨道的综合作用。

（二）回归生命农业：从生命敌对转向生命友好

1. 生命敌对：服务现代化农业科技的生命观

从一定程度上来说，500年的工业文明史，就是一部殖民战争史。自15世纪以来，从发现新大陆开始的殖民大屠杀一直到第二次世界大战，战火延绵不断。伴随战争升级的是杀害生命的科学技术的不断升级，从常规武器到原子弹，一直到化学武器。

两元对立的战争思维支持下的西方科技创新，不仅存在于战争领域，也普遍存在于西方医学、现代农业科技、生物科技等领域。

现代化农业就是一场人类与植物、昆虫的战争。就像西方殖民者把西方民族以外的人都看成敌人杀害一样，农业领域的科学也同样把粮食作物之外的植物和昆虫看成敌人来杀害。从农药到除草剂，一直到转基因种子，就像从常规武器到原子弹一样，农业领域的科技进步表现为对生命的杀伤效率越高越好。

现代医学是生命世界的一场战争；不断升级的抗生素是人类在病毒世界的战争；以杀死癌细胞为目标的癌症治疗方法是人类在细胞世界的一场战争。西医治疗癌症的科技创新就是生产出能更有效杀死癌细胞的药物。

2. 生命敌对型科技是造成生命危机的根源

人类以付出生命为巨大代价，逐渐认识到，这种敌对型科技在生命世界的战争，是一场没有输赢的战争，是一场将人类自身导向毁灭的战争。现代人类拥有的核武器已经到了可以把地球毁灭多次的程度。农业领域的战争造成的恶果是，化学类食品成为致癌与引发诸多精神病的根源。

在微生物世界杀害病毒的战争也是如此。耐药细菌产生的速度远远快于人类新药的开发速度。世界卫生组织的专家甚至担心：

"新生的、能抵抗所有药物的超级病菌,将把人类带回传染病肆虐的年代。更令人震惊的是,竟出现了以抗生素为食的'超级病菌'。"在细胞领域治疗癌症的战争中,最近30年治疗费增长20倍,但患者生存率几乎没有提高。目前2019新冠病毒的升级变异,就是对这种敌对型科技的警示。

疫情给当代人类的警示是,工业文明时代的生命敌对型科技已经走到尽头,如果我们沿着敌对型科技的路子继续走下去,人类将走向自我毁灭的不归路。

3. 生态农业需要基于新生命观的科技范式革命

两元对立战争思维支持的现代科技,是一种生命敌对型科技。人类要走出生命战争的危机,需要生命友好型科技范式的创新。从生命敌对型科技向生命友好型科技转型,首先需要生命观的转型。

目前基于敌对型科技的生命观,是按照人的意志和需求,以满足人类私欲为目标而形成的征服生命、改造生命、让其他生命成为人类奴隶的生命观。未来的生命友好型科技,是基于万物有灵、生命平等、人类与生命万物互养共存、友好共生的生命观。

敌对型科技给人类带来的最大灾难在农业与医学领域,因此在农业和医学领域推进生命友好型科技的创新迫在眉睫。

4. 方兴未艾的微生物革命,是21世纪生命友好型科技创新的突破口

正在兴起的微生物技术显示出巨大生命力。构成地球生命世界的有动物、植物、微生物等,到目前为止,人类文明通过农耕和游牧两大生产方式实现了对动物和植物资源的利用开发。而构成生命系统基础的庞大的微生物世界还是一个尚未被有效开发的处女地。

微生物技术是一项能够有效修复环境污染、水污染、土地污染的生态科技，也是一项能够在农业领域实现高效有机种植、有机养殖的生命友好型科技，同时它在微生物洗涤、生物养生、生物医疗等领域也有巨大潜力。微生物所具有的低成本、高效率、覆盖面大的特性，将使生物科技成为引领未来的、替代化学科技的科技革命。

5. 生命友好型科技属于人人可以参与的公益性科技

现代的生命敌对型科技，是被科学家所垄断、被商业资本所控制的高成本科技，但生命友好型科技是人人都可参与的科技。例如，在传统农耕社会中形成的广泛应用于食品和生产领域的微生物发酵技术，就是一项人人可以使用的公共科技。而目前正在民间推广使用的微生物酵素，给我们的最大启示是，酵素是化腐朽为神奇、门槛低、人人可以参与、家家可以制作的大自然赐予人类的公益性技术。

我们呼吁各类公益性的民间机构、大学、科学家参与到微生物科技创新中来，我们呼吁世界各国政府制定有关制度和法律，大力推进生命友好型公益性科技的创新发展。

（三）共享化农业：从资本化向义利农业转型

人类之所以会出现粮食危机，是因为粮食生产方式出了问题，而不是因为地球上的耕地不能满足人类对粮食的需要。中国的粮食生产模式就是针对粮食危机最好的解决方案。世界人均耕地面积为4.8亩，中国人均只有1.3亩。中国用全球9%的耕地"养活"了全球21%的人口。如果全世界都能用中国的农业生产模式，就意味着1.3亩可以养活一个人。目前全球有205亿亩耕地，按照中国的标准，全球可以养活约158亿人口，而目前全球的人口仅为70亿左右。

提供生命必需品是农业的第一功能。粮食是自然赐给人类共享的公共产品，粮食主权平等是人权平等的前提。粮食主权与国防主权一样，是一国的政治安全、民生安全、生态安全的根本权利。

什么叫农业？今天的教科书没有把"农业是什么"讲清楚。**农业是自然赐给人类满足生命需求的必需品，而不是满足欲望的消费品。**农业产品和工业产品不一样，你买车，价格从5万元到100万元不等，它给你带来的享受是不一样的。但粮食不同，无论你是有钱还是没有钱，吃一碗米饭就饱，是一样的。一碗大米，没办法把它卖到1万元。人类最基本的平等，是每一个生命都应该平等地获得大自然恩赐给我们的食物的权利。从这个意义上讲，粮食是衡量人类文明进步公正的标杆。可是，一方面是全球还有10亿人吃不饱，而另一方面是跨国公司为了资本获利，为了使产品变成满足人类欲望的消费品，使本来简单的粮食生产与食品加工，变成了像生产汽车一样，成为一种高能耗、高浪费的生产方式。

按照满足利润最大化的逻辑，优胜劣汰的自由市场机制构建起来的世界粮食生产体系，是当代世界陷入粮食危机的制度根源。为此，世界粮食生产需要一次颠覆性的变革。

我们需要从由资本逻辑主导的世界粮食体系，转型为基于粮食公共性和粮食主权公平的逻辑，重建世界粮食新体系，是从根源上解决世界粮食安全的问题。特别是发展中国家，要走出现代化农业的误区，从确保国家粮食主权的独立性高度，重建保证国家安全、民生安全、生态安全的新粮食体系，摆脱后殖民时代按照资本逻辑、国际分工建构的国家粮食体系的束缚，要坚定地建设基于粮食主权安全的、粮食自足的国家粮食体制。

让世界粮食走出跨国公司垄断的束缚，让粮食回归公共性、公益性、公平性,这也是让世界粮食回归生态有机的前提条件。

我们应该按照粮食具有多样化、生态化的要求,大力推进世界粮食公益科技的创新,大力鼓励民间自主农业科技创新。打破目前被跨国公司垄断的育种科技格局,大力推进世界农业自留种、发展公益种业的运动。让世界更多有公益心的企业家、科学家、民间机构参与到这场"保护生命、种业公益化"的事业中来。

让粮食生产回归公共产品的特性,并不意味着排斥资本与生产,而是要按照公共产品的特性,走与资本、市场对接之路。在这方面,中国改革开放 40 多年,建立的中国特色市场经济,就是对这条路有效的探索。

(四) 智慧化农业:从生产农业向教育农业转型

党的十八大以来,政府文件中使用频率比较高的一句话就是"中国智慧中国方案"。中华民族被誉为最有智慧的民族。其实智慧不是属于中华民族,而是属于古代农业文明。目前所讲的智慧农业、智慧城市等,不是古代意义上的智慧,只是利用物联网、大数据的智能技术而已。真正的智慧不是一种技术,而是一种思维方式,这是古代农耕文明时代通用的思维方式。这种思维方式就是古代先民为了农耕生产,仰观天文、俯察地理而形成的思维方式。

近代以来,随着工业文明在西方的兴起,这种古老的思维方式因被认为是封建迷信、愚昧落后、缺乏科学根据的而被淘汰。取而代之的认识世界的思维方式,是以微观角度,从有形实体,根据实验、已知事实,符合逻辑地去认识世界。采用这种思维方式人们形成了近代以来,认识这个世界的数理化知识体系。这个体系被标定为科学,凡是不符合这个标准的,就不是科学。这个思维方式与古代的思维方式恰恰相反,它是基于分析、解构的逻辑思维,是只承认有中生有的线性思维。近代以来,人类正是基于这样的思维范式，形成了认识与把握这个世界的知识与科技体系，然后将知识与科技转化为改变物质世界的工具。

随着时间的推移，西方科学家从微观到宏观、从实体到虚空、从局部到整体、从线性到辩证方向攀登巅峰时，却发现他们苦苦寻找的东西，正是近代以来被抛弃的中国古人的智慧。化解当代人类遇到的各种危机，需要一种能够弥补基于微观、缺乏宏观，关注局部、缺乏系统，面对实体、遗漏空无的新思维，这种新思维就是目前所讲的系统辩证的智慧。

21世纪人类迈向新时代所需要的这种智慧，恰恰来自古老的农耕生产方式。从这个角度看迈向有机生态的第三次农业革命，是一次重新从宏观、系统、辩证角度认识世界的哲学与思维方式的革命。未来农业为我们贡献的不仅有充满生命活力的有机食品，有生命温度与情感的社区，体现人类公平、正义的农业，还有认识世界的新自然观、新哲学、新思维。

未来的有机生态农业也是教育农业，这种教育就是在中国传承了几千年的耕读教育。以天地为师的开慧教育，与工业化时代的知识教育最根本的不同，是未来智慧教育是身心一体、改变人的行为的心法教育。这种教育不是单纯地在教室里就能完成的，而是以天地为教室、以耕读为试验的。2019年教育部印发了《大中小学劳动教育指导纲要（试行）》，明确提出了在大中小学开展劳动教育的要求，充分发挥新时代农业所具有的教育价值。

四、中国将成为第三次农业革命发源地

正在兴起的第三次农业革命，将成为21世纪对人类文明产生重大影响的革命。按照有机生态农业革命的内涵，我们可以肯定，对人类未来具有重大影响的第三次农业革命的发源地就在中国。

（一）中国拥有发展生态农业的成本洼地

虽然从20世纪80年代开始，针对工业化、石化农业的弊端，西方发达国家就已开始发展有机农业，但由于发达国家已经在石化农业道路上走得很远，因此，其走向农业革命的成本很大。正是基于这个原因，西方许多搞有机农业的专家，力劝中国不要走美国式的现代化农业之路。有着五千年农耕文明的中国，还保留着众多乡村的中国，恰恰是中国迈向有机生态农业的优势。五千年古代生态农业的智慧，五千年的乡村文明是我们免费使用的资源。特别是改革开放以来，在农村家庭联产承包责任制的基础上，形成了中国家庭经济与现代市场经济结合的中国特色农业发展模式。此模式被实践证明，是在新的历史条件下解决中国粮食安全问题的有效模式。中国一大批研究现代化的专家学者，以美国的现代化农业为标准，判定中国农业落后发达国家100年。这种判定是错误的，但在目前的中国理论界仍有巨大市场。对于中国农业、农村发展的禀赋优势，需要从第三次农业革命的高度来看，要看中国未来的农业和乡村，制定中国未来农业发展战略。

（二）中国有发展生态农业的内生动力

中国迈向第三次革命，有强大的内生动力，中国所具有的人多地少的劣势，决定了中国不能走美国式的现代化农业之路，否则会把中国农业推进发展陷阱。中国人均耕地面积只有1.3亩，而美国人均耕地面积为10.5亩，约为中国的8倍，加拿大人均耕地面积是我国的18倍，印度是我国的20倍。中国耕读资源勉强能自足。中国是世界粮食压力较大的国家，也是土地污染大国，是多重矛盾汇集的中心。多重压力决定了中国必须走中国特色农业发展道路。

党的十八大提出的中华民族伟大复兴使命和目标，决定了中华民族伟大复兴的逻辑，是必须走乡村复兴、回归生态农业之路。有机生态农业发展的规律，也决定了承载着中国传统文化的乡村，是发展有机农业最需要的社会组织。中华民族伟大复兴—乡村文明复兴—乡村振兴—发展有机生态农业—促进新时代乡村振兴，这样的逻辑在西方发达国家是不存在的，但对于中国来说，是走向新时代的康庄大道。

（三）中国拥有发展生态农业的制度优势

有机生态农业所具有的共享性、社会性等特性，与中国特色社会主义制度高度契合。当今许多发展中国家之所以陷入粮食危机，主要原因之一，就是它们陷入了农业市场化、私有化、资本化与国际化的陷阱，使农业发展的方向脱离了服务生计的目标，失去了粮食自主的主动权，使粮食所具有的共享性、公平性遭到破坏。中国特色社会主义制度，特别是在中国乡村坚定实行的集体发展道路，是发展有机生态农业的制度优势和大前提。

乡村是中华民族伟大复兴之根，也是给中国带来繁荣发展的福地。习近平总书记强调，农业强不强，农村美不美，农民富不富，决定着亿万农民的获得感和幸福感，决定着我国全面建成小康社会的成色和社会主义现代化的质量。如期实现第一个百年奋斗目标，向第二个百年奋斗目标迈进，最艰巨最繁重的任务在农村，最广泛最深厚的基础在农村，最大的潜力和后劲在农村。

党的十八大生态文明导航下的中国特色农业发展之路，将中国原来的"三农"问题，转化为让乡村成为福地的新"三农"——有机农业、智慧农民、文明乡村，这是中国乡村发展的新内容、新目标。

我们坚信，有机生态农业是生态文明时代中国对世界的重要贡献之一。中华民族伟大复兴的目标，不是追赶美国的现代化，而是要为世界提供一个不同于美国、不同于欧洲的全新的文明模式，而中国特色农业、农村发展的新模式是这个新文明模式的基础。中国为世界贡献的不是中国的制造业，今天的中国制造业发展得再好，比欧美国家还差二三十年。但是，当今世界最需要的不是更多的制造业。化解当今人类文明面临的诸多危机，最需要农业革命，需要一种新型农业，需要古老乡村文明的复兴。特别是对于美洲和非洲的发展中国家，更是如此。它们在"二战"之后虽然在政治上获得了独立，但在经济上仍未走出西方殖民的控制。对于非洲、美洲的这些国家来说，它们最需要首先发展的是满足国民生计的农业，而不是工业。但在西方新经济殖民的控制下，它们的农业生产被纳入了国际分工，成为西方经济的附属，成为跨国公司牟利的手段，失去了应有的独立性，使国民生计陷入困境。没有农业的稳定，就没有国家政治稳定的基础。所以，基于中国智慧的中国农业、农村的发展之路，对于发展中国家具有重要参考意义。

（四）走出认识误区，坚定走生态化农业之路

虽然党的二十大提出了走中国式的现代化之路，但由于几十年来，我们一直走在追赶西方现代化的道路上，回到中国式的道路上还需要一个过程，走向中国特色生态农业也需要一个过程。目前国内对生态农业的认识有诸多误区，最大的误区是认为搞有机农业要饿死人。从20世纪70年代美国开始搞有机农业后，美国农业部部长曾发表过这样的言论："谁提议发展有机农业，就叫他先决定一下要饿死美国公民中哪5000万人。"40多年后的今天，有机农业在中国发展也出现过同样的观点。持有这种观点的大都是搞农业科技的专家与分管农业的政府官员。他们之所以持有这种观点，主要是因为他们认为有机农业、生态农业就是一种纯自

然的农业，就是不加人工干预，主要利用自然力进行生产的农业，这种农业确实产量很低。笔者个人也不主张有机农业走这样的路。在中国的民间，经过十多年的时间，一批搞有机农业的先驱，不仅已经走出了一条有机农业可以不减产的创新之路，而且走出的是一条真正的可持续之路。

在各种生态农业试验中，最具说服力的就是中国科学院植物研究所研究员蒋高明带领的团队所进行的"六不用"生态农业的试验。蒋高明研究员于2006年7月18日，在山东省平邑县蒋家庄带领农民成立了弘毅生态农场，充分利用生态学原理，而非单一技术来提升农业生态系统的生产力，创建了"低投入、高产出、零农残"的生态农业模式。这个生态农业模式也被称为"六不用生态农业"。弘毅生态农场从秸秆、害虫、杂草的综合开发利用入手，发展"种、养、加、销、游"产业，实现了"一、二、三"产业融合发展，增加了生物的多样性，实现了元素循环、能量流动的正向循环，确保了纯正有机食品的生产，带动了农民就业，增加了农民收入。

弘毅生态农场用牛粪彻底替代了化肥。农场养牛规模稳定在300头牛左右，年生产优质有机肥2000吨以上。自2011年起，弘毅农场的试验田就达到了"吨粮田"（亩产1000千克有机主粮，玉米、小麦周年产量）。在大田环境下，农场的花生、玉米、小麦、小米、苹果等均超过普通农田产量。粮食产量从最初的每公顷11.43吨，提高到目前的每公顷17.43吨，其中，冬小麦、夏玉米、大豆和花生的产量分别超出山东省平均水平42.6%、60.9%、32.2%和38.1%。

此外，从2013年开始，由中国农业大学胡跃高教授带领的专家团队，在山西省大同市灵丘县进行了全域有机农业试验，提供了在西部干旱地区搞有机农业的新模式。该团队在钱学森系统思维的指导下,走出了一条在西北高原的干旱地区发展有机农业新模式。这个试验同样证明了有机农业可以不减产。自从系统推广有机农业以来,在 2017 年遇到大旱的情况下,山地有机旱作玉米种植亩产仍达到了 400—500 公斤,当地种的有机白萝卜亩产普遍在 13000 斤,有的单个重达 10 斤。这些都不比附近农民种植化学田的产量低。在一批专家教授和学生的帮助下,当地村民认识到有机种植并不是一件很难的事。其实几千年来中国农业一直是这样种植的。

上述这些事实说明,**有机农业不是单一技术的农业,而是一个多样化植物共生、养殖业与种植业互动、专家与农民合作、传统农耕智慧与现代科技相结合的系统模式。**目前主导中国与世界的农业科技发展模式,都是在单一技术的思维模式下进行的,寄希望于用一种技术解决所有问题。而且在技术创新中,很少考虑自然之力的作用,也很少考虑农民作为农业主体的参与作用。农业是一个天、地、人、植物、动物、微生物等多种要素构成的复杂系统,构成生态农业的所有要素都能协同发展,才能实现系统最优。

要让生态农业成为未来的主流模式,目前还面临着一系列的挑战。生态农业需要科技范式的革命,背后是一场哲学思维的革命——需要从目前单级化、提纯化、追求局部最优、短期最优的思维,向中国传承千年的天、地、人一体的太极思维转型。只有这种辩证的太极智慧,才能为未来的生态农业,提供集科技、社会、生态于一体的解决方案。基于天、地、人太极思维的生态农业科技创新,需要农业科研人员从狭隘的实验室、书本中走出来,走向大地,走向与生命共生互动的田间,走向乡村社会,只有科学家才能提供生态农业所需要的科技创新。

第五章
"文化为王"：源自乡村的新文化运动

整个世界都在关注环境污染，其实环境危机的本质是人心的污染。现代人类陷入了物质至上、经济崇拜的迷境，被欲望蒙蔽的人心，是造成环境危机的深层原因。人心污染的问题，是现代技术解决不了的，需要文化与智慧来医治。

鉴于此，笔者认为，从"技术为王"转向"文化为王"是当代人类文明发展的趋势。让生命从物欲蒙蔽中觉醒，让人民从资本控制中解放，让生活从生产奴隶中解脱，这是"文化为王"新时代，人类再度觉醒需要完成的启蒙。而能够为当代人类提供生命觉醒与文化启蒙的主要地方不是城市，而是乡村。

一、现代文明病：文化与科技、物质与精神对立

源于两元对立的西方科技，将当代人类推入文化与科技、物质与精神对立的危机。现代"科技为王"的工业文明已演化为科技排除文化、物质排斥精神的文明。科技创造物质，文化滋养精神，要解决现代工业文明陷入的困境，必须启动文化力量，这正

是 21 世纪人类文明发展的大趋势。

（一）尼采的反思：上帝死了的文明

西方文明兴起是从文艺复兴时期开始的，但最后登上时代舞台的不是文化与艺术，而是科技。这是西方文明演化的悖论，源于艺术的西方文明，最后迈向了排除艺术之路，源于文化的西方文明走向去文化之路。二元对立的西方文化基因不断裂变的结果是，"科技为王"的现代工业文明陷入了自毁的困境。对于这个文明弊端的反思，20 世纪 70 年代在西方形成了后现代哲学。后现代哲学广泛存在于艺术、美学、文学、语言、历史学、政治学、社会学、伦理学、哲学等诸多领域，成为西方主流思想中的一股文化思潮。它以否定、超越西方近现代主流文化的理论基础、思维方式、价值取向为基本特征，对当代西方社会的经济、政治、科学技术进行了全面的解构、批判与反思。其中，思想鲜明、反思深刻的是德国哲学家尼采。

尼采作为后现代哲学的开创者，是西方最早从哲学和艺术的角度，对技术造成的过度物质的世界，对生命造成的挤压，使生命失去价值与意义的批判者。尼采认为，现代过度资本化、物质化的世界，是一个"技术为王"的世界，同时也是上帝死了的世界。

尼采的思想，首先表现在对现代文明的一系列非常尖锐的批判中。尼采在他的第一部学术著作《悲剧的诞生》中，开始了对现代文明的批判。他指出，在资本主义社会里，尽管物质财富日益增多，但人们并没有得到真正的自由和幸福。僵死的机械模式压抑人的个性，使人们失去自由思想的激情和创造文化的冲动。现代文化显得如此颓废，这是现代文明的病症，其根源是生命本能的萎缩。

尼采对现实的资本主义进行批判的同时，也对构成现代经济的科技与社会理性主义进行了猛烈的揭露。尼采是极端的反理性主义者，他对任何理性哲学都进行了最彻底的批判，同时也对基督教伦理约束人的心灵，使人的本能受到压抑的宗教理性予以了批判。他认为，近代以来的工业文明通过宗教改革杀死了作为神的上帝，但科技革命又迎来了资本化身的上帝。几千年来，经哲学家处理的一切都变成了概念木乃伊。理性所起的作用无非是把流动的历史僵化，用一些永恒的概念去框定活生生的现实。结果是扼杀了事物的生灭变化过程，扼杀了生命的活力。

尼采在对资本主义和理性主义进行批判的同时，还构建了自己理想的回归生命的新世界。尼采指出，要医治现代疾病，就必须恢复人的生命本能，并赋予它一个新的灵魂，对人生意义做出新的解释。他从叔本华那里受到启示，也指出世界的本体是生命意志。

虽然尼采对失去生命意义的西方文明进行了强烈批判，但由于其仍然是以西方文化基因中的二元对立哲学来批判这种二元对立哲学构造的问题世界的，因此也决定了尼采无法构建出回归生命的真实世界。比如，尼采对生命世界的态度，仍然没有走出达尔文提出的优胜劣汰的丛林法则。尼采认为人类与自然的生命一样，都有强弱之分，强者总是少数，弱者是多数。历史与文化是少数强者创造的，他们理所当然地统治弱者。

尼采用对立思维批判神性，认为上帝死了，从而来构建他理想的人性世界，把人与神分立开来思考。虽然中世纪对神的极端崇拜，导致了宗教对人性的压制和剥夺，但尼采并没有看到，在古代社会形成的宗教，也是人类精神不可缺少的一部分。宗教信仰是任何人类文明都不可回避的，宗教所回答的关于人类生死和生命价值的问题，是人性最大的问题。我们并不能因为西欧中世纪的基督教，在特定环境下对人性的极端压抑，就否定宗教在人类生命方面的作用。他希望构建一种新的信仰、新的希望、新的宗教，构建一个没有神的世界。很可惜，因未能走出二元对立哲学，所以他的思想使自己与社会发生了分离。尼采的思想只是他个人王国中的思想，这导致他的整个生命充满了痛苦，最后因精神崩溃而离开这个世界。

（二）马克斯·韦伯："去魅"的精神缺失的现代化

为了更直观地认识到"科技为王"的工业文明所导致的科技排除文化是如何发生的，我们可以从承载现代工业文明成果体量最大、最直观、与我们生活最密切的城市建设文化的演化过程，看西方文明是如何一步一步地构建起一个失去生命温度、令人内心难安的现代化城市的。对于现代城市的这个样子，马克斯·韦伯（德国思想家、社会学家）用"去魅"（Disenchantment）这个词来描述。

1919年，马克斯·韦伯在慕尼黑发表了题为"以学术为业"的讲演，第一次使用了"去魅"这个词。他当时的原话是："只要人们想知道，他任何时候都能够知道，从原则上说，再也没有什么神秘莫测、无法计算的力量在起作用，人们可以通过计算掌握一切，而这就意味着为世界去魅。人们不必再像相信这种神秘力量存在的野蛮人一样，为了控制或祈求神灵而求助于魔法。技术和计算在发挥着这样的功效，而这比任何其他事情更明确地意味着理智化。"

马克斯·韦伯用"去魅"这个词，所描述的就是现代科学技术力量，让人们认为的神的世界中所有不可思议的、神秘的东西都不存在了。"去魅"使现代化的过程成为一个去神秘化和去神圣

第五章 "文化为王"：源自乡村的新文化运动

化的过程。

从城市建筑来看，作为文艺复兴的发源地，意大利的城市与今天美国的城市风格完全不一样。意大利是一个人与神共居的城市。文艺复兴运动虽然使人类觉醒，但刚觉醒的人并没有排除神的存在，而是使原本远离人的神，更加具有人性，由此，人借助神的力量，把人性中蕴藏的神性美推到了前所未有的高度。这个时期形成的意大利城市风格将西方艺术推到了极致。

而英国工业革命正式开启了技术为王的时代。源于科学理性的冷静、精确、逻辑、生硬的工业革命的思维特性，也表现在了英国的城市建筑风格上。

19世纪，科学主义思维开始步入艺术的殿堂，成为艺术世界的指导思想。因此，西方的城市设计从古罗马、中世纪讲究富有文化艺术气息的复杂设计风格转向了简约的工业化设计风格，德国的包豪斯设计学院（1919年建立）是典型代表。

德国魏玛包豪斯设计学院，是世界现代设计的发源地。包豪斯设计学院开创的设计理念：一是艺术与技术的新统一，其背后是艺术开始向技术投降；二是设计的目的是设计本身的功能性而不是产品性，这意味着设计需更加突出满足市场的功利需求，而不是艺术家表现自我的产品；三是设计必须遵循自然与客观的法则来进行。

我们可以发现，德国的设计理念与意大利的设计理念已经相差很远。意大利是神性，西班牙是人性，英国是理性，而到了德国则是与科学思维一样，客观、规则。神、人和生命已经开始退场。

到了21世纪，美国的城市建筑已经是一种几乎是没有任何文化符号的、按照几何图形建起来的城市建筑，美国现代化城市在

大国乡村：乡村蕴含中国式未来

将西方科技力量推到极点的同时，其文化含量也跌到谷底。在追赶美国、实现现代化过程中建设起来的中国城市，基本上是美国城市的翻版。令我们感到震惊的是，五千年的中国文化在中国现代化的过程中严重失语。

中美城市比较

上面这四张城市图片中，两张图是中国的，两张图是美国的。我们已经很难辨认出哪一张是中国的，哪一张是美国的。城市建筑是一个地区、一个民族文化最大的载体。但今天城市现代化程度越高，越是千城一面。而且我们发现，工业文明的发展，在城市建筑上的表现，就是技术含量越来越高，文化含量越来越少，这就是马克斯·韦伯所讲的"去魅"。

我们今天的城市设计的思想渊源从哪里来？从下面这两张图片中可以找到这个答案：一张是电脑芯片图，一张是城市建筑图。我们发现，现代城市就是电脑芯片的翻版。芯片的设计不需要文化，满足的就是功能。

2015年12月20日，习近平总书记在中央城市工作会议上明

第五章 "文化为王"：源自乡村的新文化运动

现代城市就是电脑芯片的再现

确提出了："一个民族需要有民族精神，一个城市同样需要有城市精神。城市精神彰显着一个城市的特色风貌。"历史文化遗产是祖先留给我们的，我们一定要完整地交给后人。城市是一个民族文化和情感记忆的载体，历史文化是城市魅力之关键。目前值得我们警觉的，不仅仅是城市西化问题，如果我们对此没有足够重视，还以同样的思维搞乡村建设，那么我们付出的代价将会更大。

（三）精神缺失的文明病

"技术为王"导致的人类文明的去文化趋势，对人类文明的影响最大的还不是城市建筑和艺术领域，而是人类生命本身。失去文化滋养和精神追求的现代文明，使当代人类陷入物质与精神严重失衡的文明危机。物质与精神的失衡，直接的表现就是我们陷入生产与消费的悖论。今天我们面临的不仅仅是生产过剩，在生产的另一端也存在着严重的消费过剩。我们今天的消费已经超出正常需求。被各种媒体广告刺激的满足欲望的消费，不仅腐蚀人的精神世界，而且导致了诸多慢性病。我们今天的许多疾病不是饿出来的，而是吃得过多，消费过剩导致的。

从表面上看，依靠科技进步生产更多产品，我们才能生活得更好，这个逻辑好像没有问题。但从长期看，事实并不是这样的。自"二战"以来，美国全国民意研究会（NORC）每年都会做一次民意测验：十分快乐，还算快乐，不太快乐。20世纪50年代，回答"十分快乐"的人最多，此后比例持续下降。从1979年到1994年下降了5个百分点。英国在1973—2001年GDP增长了66%，但是人们对生活的满意度没有变化。日本在1958—1986年人均收入增加了6倍，但对生活的满意度也没有增加。正是物质财富增长速度与幸福感提升速度之间的差距，促使21世纪以来，美国、英国、荷兰、日本等发达国家都开始研究幸福指数，并创设了不同模式的幸福指数。而最早提出"幸福指数"这一概念的却是人均收入很低的不丹。不丹也被誉为"全球幸福指数最高的国家之一"。"不丹模式"引起了世界的关注。其实不丹幸福度高的原因是，不丹有自己独特的精神生活。在不丹，74.7%的民众信仰佛教（国教），22.6%的民众信仰印度教。佛教倡导低欲望的生活。有信仰的生活能够让民众在精神上少一点世俗烦恼。

目前，缺乏文化与精神滋养而导致的各种精神类疾病，成为全球流行的文明病。大约48%的美国成年人会在人生的某个阶段罹患某种精神障碍，每年大约有30%的人会患某种精神障碍。超过17%的成年人患有严重抑郁，超过15%的人在其人生的某个阶段罹患酒精依赖症。社交恐惧症和特定恐惧症也是常见的疾病，约占13%和11%。[1]

中国自改革开放以来，也经历了同样的过程。中国人整体幸福感大幅度提升是在改革开放以后的20世纪80年代到90年代。

---

[1] ［美］劳伦·阿洛伊等：《变态心理学》（第9版），人民邮电出版社2005年版。

但进入21世纪之后，随着物质财富增长速度的加快，我们的幸福感提升速度却开始减缓。特别是最近10多年来，甚至出现了下降趋势。最近几年，有一个数据的增长速度比经济增长还要快，就是患抑郁症人数的增长速度。最初抑郁症高发群体是在现代考试和就业竞争中胜出的知识精英、文化精英和官员精英，然而，最近几年已经蔓延到中下层群体。更令我们担忧的是，这种精神障碍问题已经蔓延到青少年。

早在2009年，加拿大学者费立鹏就在《柳叶刀》上发表文章，称中国人抑郁症的患病率为6.1%，比全球平均水平高3个百分点，而且近年来呈逐年上升趋势。按照6.1%的发病率算，我国抑郁症患者已达9000万。其研究结果还表明，20至30岁的人群精神压力最高，抑郁症患者越来越年轻化。《2022年中国抑郁症蓝皮书》显示，截至数据发布时间，中国有9500万抑郁症患者。据北大精神卫生研究所研究员王玉凤介绍，我国17岁以下未成年人约3.4亿，保守估计，有各类学习、情绪、行为障碍者约3000万。疫情导致的生命损失是看得见的，甚至是可以依靠科技的力量控制的。而因精神缺失患病的抑郁症所导致的生命损失，未来什么样的先进科技也无法控制。因为造成这个结果的原因，是精神滋养的严重短缺。

总之，究其根源，不是物质本身有问题，而是我们对物质的作用的认识出了问题。长期以来，被整个社会接受的经济学逻辑是，只要有足够物质、挣足够多的钱，幸福生活就是一个自然的结果。其实，物质财富只能满足生命系统中的生理需要，但无法完全满足人的精神需求。当人们的物质财富发展到一定程度后，人的幸福便取决于文化与精神对生命的滋养。

我们不能忘记：作为人，我们不仅仅需要物质财富的滋养，

更需要精神与文化的滋养，这是人和动物最大的区别。 而精神与文化，单纯依靠市场和科技是无法有效生产出来的。物质与精神失衡，是当今中国社会发展面临的最大矛盾。

二、"文化为王"与中华民族伟大复兴的使命

要满足对心灵的滋养，人类最需要的不是物质、知识与科技，而是文化、精神与智慧。而人类最需要的文化、精神与智慧不在西方，在东方。这正是21世纪是东方复兴时代的历史必然。

（一）汤因比的预言：21世纪是东方的世纪

随着西方物质文明的泛滥，基于二元对立的哲学观将人类带入精神与文化的困境，人们越来越认识到古代的东方文化在医治现代文明病中的作用。早在50多年前，英国著名历史学家汤因比与日本史学家池田对话时就指出："*只有中国文明的精髓引导人类文化前进时，世界历史才找到真正的归宿。*"（《展望21世纪》，中国国际文化出版公司1997年版）作为当代最伟大的历史学家，汤因比认为人类的希望在东方，而中国文明将为未来世界转型和21世纪人类社会提供无尽的文化宝藏和思想资源。汤因比也直言不讳地预言：*未来最有资格和最有可能为人类社会开创新文明的是中国，中国文明将一统世界。*而汤因比做出这个判断的时间是20世纪70年代，当时的中国仍在"文革"中徘徊，物质生活相当匮乏。为什么汤因比能够在半个世纪前就做出如此判断与预见？因为作为伟大史学家的汤因比，他不是从物质与技术的角度看人类文明的发展的，而是以其独特的智慧，从文化与哲学的高度发现了西方文明的弊端。

西方文明用"武力+市场"的力量将世界带入一个统一的经济市场，西方在经济上和技术上的领先优势促进了全世界各个文明

学习西方文明而自强。但西方文明无法为世界提供符合人类共同利益的文化与政治。**二元对立的哲学、优胜劣汰的丛林法则可以有效地激活人们对物质与技术的创新和追求，但这种文化基因无法将世界文明整合在一起。**西方在罗马帝国分裂之后，就再也没有形成一个统一完整的国家来统一西方世界。西方不仅无法为世界提供永久和平的整合模式，而且其内部也无法统一。

相反，以天下大同的文明观、天人合一的自然观、万邦共赢共治的思想所构成的中国文化，蕴含着一种巨大的整合力量。这种文化基因恰恰是从古罗马到今天的西方所缺少的。而汤因比所说的未来在中国，人类的出路在中国文明，依据的正是中国文化这些独特的价值。

汤因比半个世纪之前的预言，在21世纪的今天即将成为现实。当今西方主导的世界，依靠信息技术与经济的力量，已经把人类推向地球村和经济全球化的时代，但伴随而来的环境危机、全球发展不均衡危机、地区冲突危机、精神缺失的文化危机等，使世界文明陷入了分崩离析、对抗失序的困境。

如果说，进入21世纪以来，世界陷入对抗失序的危机，从反面证实了汤因比所讲的西方文明中的文化缺陷；而党的十八大以来，以习近平同志为核心的党中央所倡导的新时代外交思想，得到世界的高度认可，则从正面证实了汤因比所预言的中国文明对于21世纪人类的价值。

（二）习近平两个"共同体思想"蕴含的新生命观

党的十八大明确提出，"要倡导人类命运共同体意识，在追求本国利益时兼顾他国合理关切"。可以说这是从哲学的高度，为分崩离析、对抗失序的世界提供了新价值、新思想、新理念。

2020年9月，在联合国生物多样性峰会上，习近平总书记提出了"共建万物和谐的美丽家园"的重大倡议。2021年10月12日，在中国昆明召开的《生物多样性公约》第十五次缔约方大会领导人峰会的主题是"生态文明：共建地球生命共同体"，这也是习近平总书记出席这次会议发表主旨讲话的主题。从"共建万物和谐的美丽家园"到"共建地球生命共同体"，习近平总书记站在推动人类永续发展的高度，所提出的建设全球生命共同体的呼吁，为指导全球生态文明建设提出了一个全新的生命观。这个生命观，就是基于天人和谐自然观的新生命平等观。

要化解当代人类面临的生命与生态危机、生存与发展危机，需要的不是单纯的技术和物质，而是技术与物质背后的生命观。而习近平总书记提出"构建人与自然生命共同体"正是化解地球生态危机、多样性生命被破坏所需要的新生命观。

地球不是人类独占的家园，而是人类与其他生命共生、共享的家园。在西方兴起的文艺复兴、启蒙运动、资产阶级革命，针对中世纪神对人的束缚，提出了人人平等的人本思想，对人的生命和价值的高度张扬和释放，固然是一个巨大的进步，但在人与自然对立的西方哲学观的作用下，这种人人平等的人本观，演化为人与其他生命对立，甚至奴役其他生命的狭隘的平等观。迈向生态文明新时代，需要一种全新的生命观，这种生命观就是习近平总书记提出的，走出狭隘的自我，基于所有生命平等，生物多样性共生、共存的新生命观。

（三）文化兴国正在成为中国治国新方略

"文化为王"新时代的到来，最大的变化就是党的十八大以来，以习近平同志为核心的党中央明确提出了基于文化自信的文化兴国战略。同时，在中华民族伟大复兴、新时代治国方略方面均给了文化很高的地位。

党的十八大报告中明确赋予了文化在全面建成小康社会、实现中华民族伟大复兴过程中的作用。报告讲:"文化是民族的血脉,是人民的精神家园。全面建成小康社会,实现中华民族伟大复兴,必须推动社会主义文化大发展大繁荣,兴起社会主义文化建设新高潮,提高国家文化软实力,发挥文化引领风尚、教育人民、服务社会、推动发展的作用。"

2017年10月18日召开的党的十九大,不仅再度强调了文化兴国与文化强族的重要性,还明确提出了文化实力是国家富强与民族振兴的重要标志。十九大报告提出,"文化兴国运兴,文化强民族强",以增强文化整体实力和竞争力。

2017年1月,中共中央办公厅、国务院办公厅印发了《关于实施中华优秀传统文化传承发展工程的意见》,并发出通知,要求各地区各部门结合实际认真贯彻落实。

2020年10月26日召开的十九届五中全会,把党的十九大提出的"文化兴国"的功能再度升级为"文化强国"。十九届五中全会的公报指出,到2035年基本实现社会主义现代化远景目标,包括教育强国,国家文化软实力显著增强。

为了实现从文化兴国到文化强国的跨越,习近平总书记提出了四个"自信"中的文化自信。文化是民族的血脉,是人民的精神家园。习近平同志曾指出,无论哪一个国家、哪一个民族,如果不珍惜自己的思想文化,丢掉了思想文化这个灵魂,那么这个国家、这个民族是立不起来的。没有文化自信,就没有道路自信、理论自信和制度自信。四个"自信"中,文化自信是更基本、更深沉、更持久的力量。一个民族、一个国家,必须知道自己是谁,是从哪里来的,要到哪里去。中华优秀传统文化,是每一个中国人最基本的文化基因,积淀着中华民族最深沉的精神追求。

随着时间的推移，文化的存在与力量，会像空气一样覆盖到所有领域。关于中国优秀的传统文化与中国特色社会主义的关系，党的十九大报告中明确提出："中国特色社会主义文化，源自于中华民族五千多年文明历史所孕育的中华优秀传统文化，熔铸于党领导人民在革命、建设、改革中创造的革命文化和社会主义先进文化，植根于中国特色社会主义伟大实践。"

2013年9月26日，习近平总书记在会见第四届全国道德模范及提名奖获得者时的讲话中明确指出，中华文明源远流长，孕育了中华民族的宝贵精神品格，培育了中国人民的崇高价值追求。自强不息、厚德载物的思想，支撑着中华民族生生不息、薪火相传，今天依然是我们推进改革开放和社会主义现代化建设的强大精神力量。

习近平总书记还指出，我们决不可以抛弃中华民族的优秀文化传统，恰恰相反，我们要很好地传承和弘扬，因为这是我们民族的"根"和"魂"，丢了这个"根"和"魂"，就没有根基了。

关于中国优秀的传统文化与马克思主义的关系，早在1938年，毛泽东就出于总结抗战以来的经验教训，统一全党的认识和步调的目标，在撰写的《中国共产党在民族战争中的地位》中进行了系统阐述。毛泽东强调："学习我们的历史遗产，用马克思主义的方法给予批判的总结，是我们学习的另一任务。我们这个民族有数千年的历史，有它的特点，有它的许多珍贵品。对于这些，我们还是小学生。今天的中国是历史的中国的一个发展；我们是马克思主义的历史主义者，我们不应当割断历史。从孔夫子到孙中山，我们应当给予总结，承继这一份珍贵遗产。这对于指导当前的伟大的运动，是有重要的帮助的。"

习近平总书记在庆祝中国共产党成立100周年大会上的讲话也

明确强调，坚持把马克思主义基本原理同中国具体实际相结合，同中华优秀传统文化相结合，用马克思主义观察时代、把握时代、引领时代，继续发展当代中国马克思主义、21世纪马克思主义！马克思主义是我们国家意识形态的核心，是我们党的指导思想。中华优秀传统文化是中华民族的命脉，是我们的根和魂，是发展当代中国马克思主义的丰厚滋养。二者互相补充，相得益彰。

总之，随着时间的推移，我们越来越坚信，中华民族的伟大复兴不仅是经济的复兴，而且是文化的复兴。经济决定着中华民族的强度，文化决定着中华民族的高度。21世纪，人类迈向"文化为王"的生态文明新时代，基于天、地、人的生命观、宇宙观、自然观、方法论等中国文化越来越显示出其独特的优势和禀赋。"文化为王"的时代需要中国智慧。

三、乡村是未来新哲学、新文化启蒙之地

（一）乡村的新使命：文化启蒙与生命再觉醒

天人对立的自然观、二元对立的哲学观作用下的工业文明，所造成的当今人类陷入的一系列对立与失衡的关系中，最值得我们反思与矫正的是城市与乡村的对立与失衡。

目前流行的物质至上、经济主义价值观，严重影响了当今社会对乡村社会的文化与智慧之于生态文明建设的重要性的认识，从而严重影响了今天中国乡村振兴的思路与走向。**从生态文明时代看中国千年乡村，修复与传承乡村文化才是乡村振兴的第一要义。**

任何一个新时代的开启，都是从文化与哲学的变革开始的。中国共产党走向新民主主义，是从接受马克思主义思想开始的；40多年前的改革开放，是从实事求是地解放思想开始的；西方进

入工业文明新时代，是从发生在地中海沿岸的文艺复兴开始的。**在习近平生态文明思想的指导下，当代中国迈向生态文明新时代，需要一次文明与文化自信的再觉醒，需要一次回归乡村的新文化、新哲学的启蒙与教育改革。**围绕乡村新文化的启蒙，必然带动围绕生命觉醒、文明觉醒、开慧启蒙的新教育。服务工业文明时代的教育是以城市为中心的教育，而迈向新时代的新教育，将是一种"回归自然，以自然为师；回归乡村，以耕读为师；回归生命，让自我觉醒、智慧开悟"的新人教育。开展迈向新时代的新文化启蒙与让生命觉醒的新生态人教育，是乡村振兴的第一使命。

（二）乡土艺术将成为世界的新潮流

土在中国文化中的地位极高，被古代祖先称为后土神。《淮南子·天文训》称："中央土也，其帝黄帝，其佐后土。"后土被奉为社神，与黄帝同列中央之神。皇天后土向来连用，就是这一观念的体现。

后土的"后"有两层含义：一是其位之尊、之高、之重，如《尔雅》中称"后者，君也"，古时诸侯亦称"后"；二是其功能，相对于天而言，大地具有母亲的威仪和功能，皇天后土，对应的是皇帝和皇后。

《易经》中讲的厚德载物，厚德指的也是大地。在地球上，最厚的就是我们脚下的土地。今天的人一听到"道德"，就有一种庄重、肃穆、收敛和约束的感觉。如果再与近代以来所批判的封建礼教联系在一起，就会认为中国文化是死板、约束人性的文化。其实这是对中国文化的误读。在中华民族敬奉"后"的基础之上形成的乡土文化，是一种活生生的乡土文化艺术。这种文化艺术不同于今天流行的西方风，它蕴含着中华民族源于土德的厚重、

第五章 "文化为王"：源自乡村的新文化运动

浩博、大度而悠扬的文化品质；蕴含着基于道家无中生有的哲学，以及生成的像风一样柔中有刚、无形无我、自由自在的艺术魅力；蕴含着基于对生命的敬重和感悟而形成的像草一样平凡而伟大的大地之母的品格。正是基于这些原因，笔者将中国的乡土文化艺术，用德风艺草来表述。

中国古代艺术按生产对象来分可以分为两类。一类是官方在重大祭祀和庆典活动中所用的艺术，如兴起于西周的打击乐器编钟等，这些艺术表达的是一种至高至尊、肃穆庄严的气势。另一类是民间的乡土艺术。这种艺术具有教化民风、怡情娱乐的德风艺草之气韵。

风是自然中与生产、生活、生命息息相关的存在，风是我们生命须臾不能离开的空气；气动则为风。与农耕文明息息相关的植物是草。草是植物中覆盖面最大、数量最多、生命力最强、最具有多样性的。从原始社会到农业文明革命，人类所培育出的五谷都是从草本植物中筛选出来的。与农耕文明对应的游牧文明，也是以草原为生计资源的。

草不仅是滋养生命的资源，也是中医治病救命的药，所以中医用的药叫草药。中国民间形成的草根艺术，其最大的特色就像草一样，虽然不像树那样高大，但具有生生不息的生命力。中国民间的草根艺术扎根于大地，融于民间生活，从平凡中显示其以柔克刚、以小博大的生命力。例如，民间音乐、民间绘画、民间诗作、民间手工业等，它们的创造者不是职业的艺术家，而只是普通农民。艺术是这些农民生产与生活的一部分，这些民间艺术从一开始，就不是为了表演给别人看的，而是农民生活与生产的副产品，是农民发自内心、表达自我生命的自娱、自乐、自强的艺术。这种艺术给乡土生活带来了精气神。

中国改革开放以来，滋养乡村生活的乡土艺术也遭到了严重破坏。即使保留下来的残缺的乡土艺术，也被现代艺术的市场化、商业化所侵蚀。今天城市的艺术生活，是商品化的艺术，是用钱购买的消费品。但在传统的乡村社会，人人都是艺术家，艺术是生命的必需品。在今天的少数民族，人人都是歌手，每个母亲都是服装的艺术家，每个父亲都是手工艺人，这些艺术是满足生计的一部分，没有这些艺术就无法在这个社会中生活。今天少数民族的生活，就是中国古代传统社会的活化石。

党的十九大提出的乡村振兴，最需要的就是生活化的乡土民间艺术的复兴。民间乡土艺术的复兴，不仅仅是乡村振兴的需求，也是这个时代的需要。今天城市里出现的商品化艺术、流行艺术，不是滋养生命的德风艺草，而是给生命和生活带来副作用、让人得病的邪风，让精神慢性中毒的"鸦片"。特别是今天给青少年带来诱惑、隐含性与暴力元素的游戏，用艺术的名义让人们高消费、盲目消费的商业广告、媒体，用资本的力量策划出来的"明星"效应和庞大的追星市场，使许多青少年成为这个艺术被商品化的时代的牺牲品。

从这个意义上看，修复乡土艺术，不仅是乡村文化复兴的需要，也是 21 世纪发展中国特色社会主义文化艺术的需求。让来自乡村的德风艺草成为未来流行的中国风，是中国乃至世界文化艺术发展的大潮流。

四、"乡土文化+"：文化引领未来新经济革命

"互联网+"被认为是影响 21 世纪最大的一次信息技术革命。除此之外，还有一个正在悄悄兴起的更大的改革，它就是"文化+"革命。"互联网+"是"技术为王"的工业文明贡献给人类的

最后一个礼物,它是现代技术给现代文明体系植入的一个遍布全身的神经系统。而"文化+"则是在"互联网+"的基础上,给现代文明系统植入的一个拥有智慧与灵魂的系统。

目前所讲的基于"互联网+"的智慧城市,并不是真正意义上的智慧城市,"互联网+"给城市提供的只是一个将整个城市联系起来的信息系统,最多算智能系统,其本身并不是什么智慧,只是为未来智慧植入城市创造了条件。目前的"互联网+"虽然带来了全信息化时代,但缺乏文化与精神供给的现代"互联网+"系统,给现代人类带来许多负能量。所以要想让"互联网+"真正为21世纪人类文明健康发展服务,就必须启动"文化+"革命。这种文化是能够抑制现代文明病的新文化,是中华优秀传统文化与中国特色社会主义文化。目前最需要激活与唤醒的是中华民族五千年的传统,更具体地讲,是扎根中国乡村的乡土文化。

"文化+互联网""太阳能+""现代交通+"等一系列真正兴起的新能源革命、新交通改革,将会从根本上改变中国乡村的命运。从蒸汽机到内燃机、发电机的革命,是服务于城市的革命,使城市所具有的积聚、规模效益的优势越来越大。但这一革命给乡村带来的是让乡村与城市的距离拉大。在第二次世界大战之后,第三次科技革命兴起的同时,也让乡村快速消亡,让大城市快速扩张。但是真正兴起的移动互联网、分布式新能源、多样立体化的交通等,恰恰是让乡村更加受惠的技术,是使世界真正成为地球村的科技。这些科技彻底打破了乡村进入新时代文明系统的信息障碍、交通障碍和能源障碍。如薄膜光伏大棚技术,不仅可以使有利于植物生长的红光和红外光通过薄膜进入大棚,又能产生额外的电能。"移动新能源+互联网"技术不仅可以从根本上破解在传统能源技术背景下无法破解的城市与乡村二元对立的困境,使中国走向城市与乡村文明共生的新型城镇化之路，而且为乡村登上现代世界文明的舞台创造条件。

"文化+"与"互联网+"相结合，对未来的最大影响是其将带来新经济与产业变革。"文化+互联网"等现代科技，将使文化成为经济增长的新要素。在传统技术的约束下，支持工业经济增长的要素，主要是土地、劳动力、资本和技术。但"文化+"革命将使文化成为经济增长的第一要素、第一推动力。"文化+"将会孵化出一系列的现代新兴产业。

（一）文化+生态+生命=文化养生产业

让人身心健康的乡土文化与乡村的绿水青山相结合，是滋养生命的最重要的精神与营养。这个组合会衍生出现代化社会最需要的产业——文化生态养生产业。大健康产业正在成为国家大力支持的最具有成长性的产业。但目前许多搞大健康产业的人，过度关注青山绿水对养生的作用，尚未认识到中国几千年的传统文化对生命健康的巨大作用。未来真正具有生命力的养生产业，是在激活乡村传统文化的基础上与生态自然结合的养生产业。

（二）文化+手工+现代需求=新型手工业

古代中国是世界上拥有最大的手工业产业的国家。中国之所以能成为古代丝绸之路的动力源地、生产和贸易源地，就是因为中国拥有当时世界上最发达的手工业。近代以来，在西方工业化产品的冲击下，鼎盛千年的中国手工业逐渐衰微。特别是改革开放以来，中国传统手工艺逐渐消亡。但是从 21 世纪开始，峰回路转，正在消亡的传统手工业开始复兴。随着时间的推移，我们越来越发现，中国传统手工业正在进入全面复兴的时代。

中国传统手工业承载着文化与艺术，是一种富有生命力的产业，传统手工产品不仅可以提供使用价值，也可以提供精神价值。

这种特性是现代工业化产品所不具有的。人们对产品的消费，已不仅仅要求功用与代表身份的价格，而是要求能够满足其物质、文化、个性化、低碳等多方面的需求。传统手工业产品恰恰能满足这些需求。在现代新需求的推动下，将文化与工业品相结合的手工业，将是引领生态文明新时代的新型工业化产业。这个新型手工化的方向，是文化化、手工化、低碳化的产业。可以预测，未来人们的日用消费品将出现手工业品代替工业品的新趋势，未来乡村将重现前店后厂的手工业作坊。

（三）文化+设计=文化创意业

随着文化成为经济增长的新要素，文化要素融入现代生产和生活将成为新趋势。传统的经济增长是只要技术创新就够，技术是产品的主要竞争力。但在"文化+"的新经济时代这已经不够，必须将文化创意与科技创新相结合。给21世纪的文化创意带来资源、灵感的，是坐落在青山绿水中的乡村。正是乡村具有文化创意的未来，因此，已经吸引了一大批艺术家的到来，进行乡村生活的体验与创作。未来的乡村将是新文化创意的基地。

（四）文化+农耕=耕读教育

目前的农业发展，仍局限在西方的科技农业思路上。按照这种思路，农业现代化就是最大限度地机械化、规模化、无人化。这样的现代化农业就是让中国乡村文化消失的现代化。几千年来，中国的农耕文明一直是一种"文化+农耕"的文明。农耕在中国古人的心中，不仅具有生产粮食的功能，而且具有承载天地教化之道的功能。在中国古代，乡村使用频率最高的门联是"耕读传家远，诗书继世长"。"耕读传家"这四个字包含了中国人特有的世界观，蕴含着中国古人关于做人的智慧。中国古人不仅发现天地长久的秘密是天地之德慧、天地之精神，而且发明了将天地长久的密码置入中华文明基因的治国之道——耕读教育。躬耕不仅是与天地对话的过程，而且是接受天地之能量，学习天地之德慧的过程。

"耕"不仅能生产自养的粮食，而且有一个非常重要的功能，就是"修德"与"开慧"。"读"可以知诗书，达礼义，修身养性，以立高德。无论现代科技如何发展，"文化+农耕"的耕读教育，对于如今的中国仍然有重要作用。耕读教育是满足现代人身心健康不可缺少的教育，也是中国文化传承的教育，特别是对于中国青少年和大学生而言更是如此。让中国千年的农耕文明在"文化+农耕"中成为满足新时代的劳动教育，不仅会给传承乡土文化带来自信，也会促使耕读教育成为乡村发展的重要教育模式之一。

（五）文化+生活=吃、喝、穿、住、行都是产业

中华民族是热爱生活、崇尚文化的民族。中国乡土文化最大的特色就是将文化融入吃、穿、住、用、行中。可以说，中国古人生活在一个文化生活、生活文化的环境中。

在中央电视台热播过的《舌尖上的中国》纪录片中，介绍了遍布中国不同地域的各色饮食，充分反映了中国不同地域的文化。西方的饮食文化与中国的饮食文化相比，那就差远了。如果让携带着中国文化的饮食生活产业化，走向世界，将具有巨大的潜力。生产被营养学家定义为"垃圾食品"的麦当劳，做成了跨国公司，遍布全球。如此丰富的舌尖上的中国饮食，同样可以产业化发展。除此之外，中国生活中的茶文化、酒文化也可以进行产业化开发。中国吃、喝、穿、住、用、行的生活文化是一个富矿，是一个尚未开发的巨大的产业。

（六）文化+历史+科技+市场=中华民族特色文化产业

今天值得中国人自豪的是，中国成为世界上最大的制造业大

国，这是中国成功追赶西方现代化的成果。有着五千年文明的中国，还有一个巨大的产业尚未被开发，那就是中国文化+历史+科技+市场所形成的独具中华民族特色的文化产业。从这个意义上讲，文化是当代中国最大的资源，也是中国独具的竞争力优势。

第三篇

行道：
从心开始

引言

迈向中国式新文明时代,是继500年前发生于西方的工业文明之后,当代人类又一次文明形态的大转型。迈向新文明时代,我们面临一次颠倒乾坤的革命性大变革。近代以来,工业文明在西方兴起,首先觉醒与崛起的资产阶级是通过暴风骤雨式的暴力革命,完成了新文明的建构与发展。而21世纪人类迈向新文明时代的革命,将是一次非暴力的柔性革命。虽然也不排除在局部会发生暴力冲突,但在整体上推动新文明重建的主导力量是柔性的。

这并不是笔者的"一厢情愿",而是由不同时代的革命性质决定的。近代西方工业革命是作为社会少数的资产阶级为了自己的利益进行的革命。在创造了新文明的同时,他们为了维护自身的利益,使得国内的阶级对立和冲突,以及国际上的殖民战争,成为近代西方文明社会演化的常态动力。虽然资产阶级革命想要建立的社会是一个以人为本的民主与自由的理想社会,但是支持他们追求这个理想的哲学观是基于天人对立,以造成地球生态环境危机为代价的自然观;他们所追求的人人平等的社会,是基于狭隘的种族主义、优胜劣汰的丛林法则的自由民主观;他们所追求的全球化,是基于自利最大化的霸权主义的全球化。

总之，西方式文明的本质与形态决定了这个文明兴起、成长、走向世界的过程，是一个充满着解构与重建、战争与和平、野蛮与文明、进步与破坏、创新不止与冲突不断的高动荡的革命过程。

而当代中国正在发生的新文明再建的革命，之所以是柔性改革，是因为支撑这个革命的中国智慧是基于天人合一的自然观、众生平等的生命观、重建地球生命共同体的智慧；是因为重建新文明所需要的中国文化，是基于利己达人、追求天下为公、天下大同的重建人类命运共同体的文化；是因为建设新文明的中国思维，是基于系统辨证施治、治根固本的，重建天、地、人和谐、共赢、共建、共享新文明社会的思维；最后，更重要的是，成为这个革命主体的不是社会少数精英，而是社会大众。

总之，这样一种新文明的重建过程，将是一个春风化雨、润物细无声般的渐变过程。当然，不排除在这个过程中，也会有局部的冲突甚至战争，但非暴力柔性改革会占据主导地位。

近代西方革命源自阶级对立，是一部分人战胜另一部分人的改革，这是暴力改革的深层根源。而当代人类迈向的新文明所面临的主要矛盾，已经不是阶级对立矛盾，而是全体人类与地球之间的对立矛盾。当代人类面临的文明危机，不是只有少数人面临的危机，而是危及所有人的生命、生活的人类文明的危机。这种危机的性质决定了迈向未来的革命，不是一部分人战胜另一部分人的革命，而是需要每一个人从自身的改变开始，从心开始的全民参与的自我改革。

正是基于这样的逻辑，我们发现引领未来的柔性改革，将会在四个领域全面展开。首先，按照系统辨证施治的中医思维，要想化解垄断资本生产体系的危机与弊端，我们需要一次生活方式的革命。近代以来，主导人类文明发展方向的是基于技术创新、资本垄断的生产方式的变革,而引领未来新文明引擎的是生活方式的变革。生产领域的变革与创新是只有少数人有条件进入与垄断的领域,而选择什么样的生活方式,是未来每一个人都可以参加的"我的生活我做主"的变革。其次,值得我们关注的第二个领域,是传统手工业的复兴。如果说,近代兴起的工业化产业是一种"脚+脑"的模式,那么未来复兴的产业模式将是"手+心"的模式。这也决定了第三个领域的变革,即未来将会发生全面改变资本主义经济的新经济革命。这个新经济革命的本质是,让经济真正成为为幸福生活服务,为人的全面发展服务,为重建人与自然和谐、人与人和谐、人与自我和谐服务的新经济。最后,所有这些新变革,必然会推动教育领域的改革。教育作为人类文明的母体,一场回归与重建人与人链接、人与社会链接、人与自然链接的"三亲教育"将会成为中国式新文明所需要的新教育模式。

第六章
耕读生活：物质与精神均衡的新生活

党的二十大首次提出中国要走中国式现代化新文明之路。中国式现代化有许多重要的新内容，其中，党的二十大报告提出了"创造美好生活，不断实现人民对美好生活向往"的新目标，而且把建设物质与精神均衡的文明生活，作为中国式现代化的主要内容。实现物质生活的共同富裕和高品质的精神生活、绿色生活，预示着中国未来发展的重大转型与突破。社会主义制度的优越性，不仅表现在能够解决共同富裕问题，而且表现在能实现人民群众物质与精神均衡的需求。

西方式现代化是物质与精神失衡、生产与生活的关系颠倒的现代化。我们需要什么样的生活方式，是 21 世纪人类文明发展面临的共同问题。缺失文化与精神滋养、缺失劳动陪伴、远离自然的现代化生活，已经成为让人类身心健康陷入危机的生活。在这样一种背景下，我们重新发现中华文明是一种贵生命、乐生活、重民生的文明。我们发现，马克思主义的劳动价值论在解决工业化带来的劳动与生命异化方面将再放光彩；我们也发现，中国千年的耕读生活、耕读教育、耕读劳动是能够实现物质与精神、人与自然、生产与生活、城市与乡村协调发展的重要出路。

一、群体迷失：不知道什么是好的生活

（一）误区之一：物质是美好生活之源

现代化给人类的最大贡献，就是解决了满足生活需求的物质短缺问题。然而，当代人类陷入对美好生活认识的困境，也来自物质的束缚。这个困境就是当今社会普遍接受且陷入"物质是美好生活之源"的误区。其实，从物质与精神的关系看，人们的物质生活发展到一定程度之后，精神生活就会成为生活质量提升的重要方向。但是，在现代化资本经济的控制下，我们陷入了另一个误区，就是认为"资本+技术+市场"的现代化经济，也能够为我们提供丰富的精神生活。

经济学的原理告诉我们，市场经济之所以能高效率地为人类提供物质产品，就是因为物质具有可分割性、排他性。物质的这种特性可以通过明晰的产权制度、专业化的分工和交换来提高劳动生产率。然而，人的精神活动是一种整体性、独立性、长期性的需求。这种特性并不符合市场经济的要求，很难通过市场进行有效供给。历史证明，满足人精神需求的有效途径，是家庭陪伴、社会相处与个人的学习和提升等，不需要通过市场交换来获得。但是，现代化经济却巧妙地通过一个途径，实现了精神向物质的转化，貌似成功地完成了精神与文化消费的市场化。这个途径就是将精神消费物质化。

其实，人们所需要的精神与物质具有复杂的生克制衡关系。人作为走出动物界的灵性动物、智慧动物，获得了动物所没有的许多特权。比如动物获得食物后，没有储存的意识，当下饱腹即

可。即使小松鼠之类的动物有储存食物的习惯，但这种储存也是有限的，它们储存的食物只满足当年过冬的需求，不会储存几年甚至更长时间。但人类不一样，人类对各类物质的储存欲望几乎没有边界。

人类拥有如此高能量的欲望，利用单纯的生理机制调节是不够的。要想实现对这种高能量欲望的利用和调节，就需要将欲望升华为精神与文化，为其找到出口。可以说，这是人区别于其他物种的重要特质。**以升华的精神来调节物质欲望，由此形成物质需求与精神需求的相互制衡关系，这也是保证人类健康生活的重要机制。**

在古代农耕时代，不同地区先后形成了各自的宗教信仰和文化传统。我们发现，无论是什么样的宗教信仰，都具有两个相同的基本功能。一是戒。所谓戒，就是调节过度的物质需求。世界上没有一个宗教信仰，是鼓励释放欲望的。二是在恪守戒的前提下，将这种欲望的能量实现转换。宗教信仰所讲的智慧，不是单纯地压抑这种欲望，而是将欲望的能量升华为实现生命更高价值的心灵需求。也就是让这种欲望超越物质，转化到对精神价值的追求上。

但是西方人认为，人类的欲望不需要借助神力来管理，人类的理性和自身意志有足够能力管理自己的欲望，这就是近代从神本文化向人本文化的转换。在古代文明社会中，人类对自身的欲望是警觉的，认为欲望就是希腊神话中的潘多拉盒子。但现代人认为，打开这个盒子也没有关系，人类有能力管理自己。

现代市场经济正是在这种人本主义思想的作用下，走向了与古代传统社会相反的文明之路，将人类的精神需求还原为物质欲望。这就是全世界鼓励消费、刺激消费的经济学。

人类的生理需求是非常有限的，但人的欲望是无限的。现代经济正是利用了人的欲望是无限的这个特性，通过媒体广告，赋予了物质消费以精神内涵，用物质替代精神，来满足当代人的精神需求。比如，汽车本来就是代步工具，但媒体广告告诉我们，汽车可以给我们带来精神的升华和尊贵的名誉；女士用的化妆品，本来就是一种外在的装饰品，但媒体广告告诉女士们，高级化妆品具有让人瞬间高雅的贵族气质的作用等。这就是资本的力量：通过偷梁换柱，赋予物质精神层面的东西，让人们在进行物质消费的过程中，进入精神消费的陷阱。然而，这种被偷梁换柱的消费，使人类本应升华的精神需要，滞留在了物质需求的陷阱中，由此导致了现代人类流行的精神空虚。

人的精神与文化需求，不能完全市场化（那些以物质为载体的文化是可以市场化的）。文化与精神是一种非物质形态的无形的信息态，是一种通过心理感受的能量态，同时也是一种即时消费、即时存在的东西，不能像储存物质那样储存。文化传承最重要的载体是人与社会。针对文化与精神的即时性特点，人类发明了文字与书作为载体来保存与传承文化。可以说，古代将文化与精神商业化的一个主要渠道就是印刷。即使如此，其商业化也是有限的，因为能够以书本为载体的文化只是极小的一部分，大量文化与精神是不能商业化的。比如，维系家庭的孝悌仁爱，是生命之间的情感感应，是人们的一种情感交流。

虽然许多文化与精神可以以物质为载体进行传播、保存，但真正有深度的、高级的精神需求与物质无关。能够商业化的文化与精神，所指的商业化也只是指所借用的载体的物质化和商业化，而不是文化和精神本身。

（二）误区之二：不劳动的生活是美好的生活

2022年劳动节那天，微信群里相互祝贺劳动节快乐的信息，引发了笔者的一个思考：今天的我们不仅对劳动感到陌生，今天的文化与科技及许多做法甚至是以劳动为敌的。因为我们一直认为，不劳动的生活才是美好的生活。

农业文明时代创造财富主要依靠繁重的体力劳动。近代工业化对人类文明的最大贡献，就是把人类从繁重的体力劳动中解放出来。由此，全社会渐渐形成了一种共识：不劳动的生活是美好的生活。随着时间的推移，我们发现，有繁重劳动的生活是不快乐的，但是，没有劳动的生活也不是美好的。因为缺乏起码的劳动，给我们的生命质量、身心健康和生活幸福带来许多意想不到的副作用。

特别是轰轰烈烈进行着的以智能技术、快递物流、智慧城市、现代化农业等为主要内容的新科技革命、新产业革命，背后都有一个趋势，就是让劳作彻底离开人类。工业革命初期替代的只是人的体力劳动，今天的信息和智能科技革命将替代人的脑力劳动和家务劳动。当大量媒体对去劳动化的科技与产业进行赞美时，我们更需要反思，没有劳动的人类生命和生活将会怎样。

在信息化时代，我们的生活真的越来越美好吗？今天的我们坐在屋里，只要有一个手机，就可以得到自己想要的"美好生活"。但这种笼养鸡式的生活真的更幸福、更健康吗？答案是否定的。现代化技术为笼养鸡提供好的生活环境，并不是为了让它们幸福，而是为了让它们快速生长，为资本增值服务，它们仅仅是产品而已，而不是生命。

所有的科技创新与商业宣传，都在讲让我们的生活更美好，其实他们的动机与笼养鸡厂商一样，真正关心的是我们的消费力。现代经济利用媒体的力量，给我们塑造了一个美好的生活模式，这个模式背后的着力点是消费至上、释放欲望的消费文化。现在我们正在为这样一种生活模式付出巨大的代价。

这样一种以手机为伴侣的生活，使我们远离亲情，让我们生活在一个没有温度的精神孤岛上，这是各类精神类疾病大规模暴发的原因。我们远离劳动生活的同时，退化成为消费而消费的生物，生命越来越陷入懒惰、失去活力、娱乐至死、慢性中毒、温水煮青蛙的困境。而且，远离劳动的生活，使正在成长的青少年，就像温室的植物一样，他们没有经历过风雨，缺乏劳动锤炼之苦，身心都出现了诸多问题，又如何担负起祖国的未来？

不可否认，现代化经济确实改变了我们的世界，为我们的生活创造了大量物质财富。但在今天，这种财富生产与资本增值，正在以我们的生命为代价。去劳动的现代经济，导致人类生命质量下降，大量慢性病蔓延。反过来又刺激了医疗与各类健康产业的发展。目前基于西医的治标不治本的医疗体系，已经转化为日常化的药物消费。在这样去劳动化的恶性循环中，吃药与吃饭成为常态化生活。

要对峙这种去劳动化资本，需要人类的一次觉醒，这就是"我的生活我做主"的生活方式革命。而这个改革需要从为劳动平反开始。

（三）误区之三：城市让生活更美好

如果说，城市让生活更美好，是我们对生活认识的误区，可能大多数人并不接受，因为大部分中国人刚过上城市化的生活。不可否认，城市是现代工业化的载体，我们在城市中可以充分享受现代化给生活带来的诸多好处，但我们不能忘记，这些享受都是有代价的。把城市生活与乡村生活比较，笔者则发现，城市有让生活好的一面，也有让生活不好的一面，而其不好一面的影响会越来越大。相反，正在被我们遗忘的乡村生活，相较于城市而言，却有其独特优势，而且随着时间的推移，乡村生活的吸引力会越来越大。

城市是一个高效率生产的地方，也是生活成本更高的地方。从传统经济学角度看，高成本、高消费的生活一定是高品质、美好幸福的生活，或者说高消费的生活也是高收益的生活。但是，随着时间的推移，我们发现，事实并不是这样的。特别是用21世纪兴起的关于幸福生活的指标来衡量，城市高成本、高消费的生活正在成为一种低收益、低福利的生活，而且越是大城市越是如此。虽然目前城市人均收入比农村人均收入高三倍以上，但不见得城市生活的品质和幸福感比乡村高三倍。例如，北京挣钱的机会多，但北京的生活成本也很高，房租和房价是县城的数倍。除此之外，空气污染、噪声、上下班时间、精神孤岛效应等给生活带来的成本和负面效应也越来越大。

从生活成本和福利收益来看，相较于城市生活，乡村生活有三个方面的优势值得我们关注。

一是乡村的生产与生活边界没有那么清晰。特别是以家庭为生产单位的乡村，生产与生活几乎融为一体。这是乡村的最大特色。

在大城市上班，通勤消耗的时间有的高达数小时，而乡村生产劳动则没有这种耗时。虽然乡村的收入比城市低，但乡村人享受生活的时间要比城市长。比如，在北方的冬季，乡村人有较多的农闲时间，地方乡土戏曲等乡土艺术便是来自农闲季节的产物。生产是为了生活得更幸福，如果从生活闲暇时间这个角度来评价生活质量，那么可以说小城镇、乡村的生活时间要比城市平均长很多。

二是与城市劳动相比，农耕劳作给人的身心带来的愉悦感更

高。由于工业化给人类创造了巨大的财富，因此，社会对工业岗位和工业劳动予以了更高的赞美和评价，以体力劳动为主的农民则被认为是比工人更痛苦、更低级的职业。如果不考虑不同劳动带来的收入高低因素，我们会发现，乡村农耕劳动比城市工人的劳动所带来的健康和内心喜悦方面的收益要高得多。

可以说，乡村的农耕劳动能比城市劳动带来更多健康收益。目前，中国存在大量的高血压、糖尿病、肥胖症等慢性病患者的根源，就是缺乏足够的劳动。最近几年，这些慢性病也开始向农村蔓延，其根源不是农民劳动造成的，恰恰是今天的农民没有足够的时间参加农耕劳动。

通过观察我们可以发现，农村越是长寿的老人，越是爱劳动的人。中国寺院还把躬耕看成禅修非常重要的一部分，一日不作，一日不食。因为人可以在躬耕劳作中感悟与天地之间的联系，感悟宇宙的真谛。

城市白领的劳动，大多是动脑不动身的劳动，城市工程、工地劳动是简单的强体力劳动，而农业劳动则是身、脑、心都能参加的劳动。乡村劳动只要不超出身体负荷，不仅有益身体健康，增长智慧，而且可以让心灵与自然对话。

三是乡村高质量的生态环境、低成本的生活压力更易为人们带来幸福感。从劳动带来的收入、创新度和获得的成就感来看，城市的劳动远大于农村劳动。这也正是城市的吸引力所在。但就不同年龄段而言，城市劳动带来的高收入、高成就感的吸引力也不是绝对的。城市劳动和生活所具有的开放性、多元化、创新性等特性，对年轻人具有很大的吸引力，但对于儿童和老人而言并非如此。生活的经验告诉我们，乡村生活对儿童和老人有更大吸引力。

城市化和工业化快速发展以来，乡村因不能承载高效率的工业经济，而导致地位快速下降。随着乡村地位的下降，乡村劳动的价值和乡村生活的价值也被严重低估。随着物质主义、金钱主义的盛行，我们生活好与坏、幸福与不幸福的评价标准，都是挣钱多少、是否有利于经济增长，因此形成了今天这种把城市美好的一面过度夸大，对乡村美好的一面予以否定的情况。但是，随着时间的推移，我们对城市生活逐渐产生审美疲劳，同时，城市生活给我们带来诸多疾病、雾霾天气、高成本生活压力等，乡村特有的生活价值越来越被社会重新认可。

我们发现，其实城市与乡村各有优势。城市具有高效率创造财富的优势，但乡村具有低成本快乐生活的优势。

二、时代之问：我们需要什么样的生活

（一）幸福指数：当今世界好的生活标准是什么

进入 21 世纪以来，围绕我们需要什么样的幸福生活的问题，世界上兴起了对幸福指数的研究。联合国于 2012 年首次发布了《全球幸福指数报告》，时间跨度从 2005 年至 2011 年，比较了全球 156 个国家和地区人民的幸福程度。

《全球幸福指数报告》从 2012 年起发布，每年一期，在全世界范围内得到了政府、机构组织、社会团体的认可。这份报告基于人均国内生产总值（GDP）、健康预期寿命、生活水平、国民内心幸福感、人生抉择自由、社会清廉程度及慷慨程度等多方面因素进行研究并得出结果。2022 年报告的评估结果出炉，芬兰连续 5 年蝉联第一，紧随其后的是丹麦、冰岛、瑞士和荷兰。

经济合作与发展组织（简称经合组织）2011 年 5 月 24 日在巴黎发布了一项名为"幸福指数"的在线测试工具，普通民众可以根据个人关注度对有关物质条件和生活质量的 11 个因素的重要性

进行排序，得出的指数可以用来衡量民众对生活的满意度，并在经合组织 34 个成员国之间进行比较。"幸福指数"涉及的 11 个因素分别为：收入、就业、住房、教育、环境、卫生、健康、社区生活、机构管理、安全、工作与家庭关系及对生活条件的整体满意度。

《全球幸福指数报告》的出现，说明全球开始关注生活问题了。但是，这个幸福指数是否能够真实反映各个国家的情况，还值得讨论。首先，这个幸福指数的评价标准，仍然未能走出经济决定幸福的束缚。报告显示，富裕的国家国民幸福感比较高。与此同时，因富裕而被认为幸福感较高的北欧国家，自杀率也较高。

在此并不是简单否定联合国的这个幸福指数报告，而是我们发现，当今人类的幸福问题，不是一个指数就能评估的。**幸福出了问题，不是单纯的生活问题，是整个工业文明系统出了问题。** 缺乏幸福感受是个世界问题，即使被认为幸福指数较高的北欧，也不是想象的那么幸福。

（二）诗意栖居：现代人的理想生活

现代化带来的生命与生活的异化，促生了一批想走出现代化异化束缚、寻找属于自己幸福生活的探索者。

早在 19 世纪末，英国社会活动家霍华德就针对英国城市化的弊端，提出了他理想中的城市是田园化的城市。所谓田园化的城市，就是要让田园乡村要素进入城市，成为城市生活的一部分。霍华德在他的著作《明日，一条通向真正改革的和平道路》中指出，应该建设兼有城市和乡村优点的理想城市，他称之为"田园城市"。

18 世纪，英国是世界上最早进入工业化、城市化的国家，也许正是因为如此，英国也成为西方世界中最早感受到乡愁的国家。18 世纪，田园生活成为一批英国文人、作家、画家更钟情的生活。

18世纪的浪漫主义作家们不遗余力地歌颂大自然，例如，简·奥斯汀在小说中细腻地描绘了田园生活的细节，艾米莉在《呼啸山庄》里刻画了英国孤寂的荒原。《乡村生活》杂志时任主编马克·赫奇认为，对乡村的热爱与向往是深藏在英国人DNA中的。英国作家哈罗德·马辛厄姆曾说："从内心而言，我们都是根植于乡村而不是城市的人。"

19世纪，德国浪漫派诗人荷尔德林创作了一首诗《人，诗意地栖居》，后现代哲学家海德格尔将其阐发为"诗意地栖居在大地上"的生活，这几乎成为所有人共同的向往。荷尔德林是以一个诗人的直觉，意识到随着科学的发展，工业文明将使人日渐异化。而为了避免被异化，他呼唤人们寻找回家之路。

21世纪以来，寻求诗意栖居地变成了一种行动，这就是西方发达国家出现的再造自足生活、有机生活、互助生活的新乡村运动、新生态运动。

诗意栖居的生活只能是现代人对理想的美好生活的追求和向往，这种生活很难成为主流出现在当今社会中，它是可望而不可即的生活。然而，早在3000多年前，这种生活在中国是一种常态。《诗经》中所描述的生活，可以说就是那个时代诗意栖居的生活写照。虽然那个时代的生活离我们很远，无法考证，但至少我们能从古人留下的诗中窥得一斑。如果没有诗意的生活，就不可能留下这些诗，因为诗词与文章不同，诗词是源于真情流露的生活，而且必须进入很高的意境才能流露出来。特别是《诗经》中"风"的部分更是如此，里面的诗篇并不是专职的诗人所写，而是诗作者为表达自己的生活感受而作。无论是中国进入春秋战国时期的混乱，还是进入平均300年一次的朝代更替，中国古人对诗意栖居生活的追求从未中断过。更准确地讲，不仅仅是追求，中国古人大部分时间就生活在诗意栖居的生活中。从汉赋、唐诗到宋词，为什么中国古代有那么多诗人？就是因为有诗意栖居的生活做基础。这种生活并不仅仅属于这些诗人，真正享受这种生活的是乡村农夫。有功名的文人远离乡村到城市，从而使他们更加羡慕乡村的生活，因此才有了陶渊明的田园诗。

从这个意义上讲，乡村振兴所要打造的21世纪诗意栖居的乡村生活，不仅仅是中国人的需要，更是陷入欲望都市的世界上多数人的需要。我们坚信，从诗意栖居的乡村所起的中国风，将成为引领世界的新潮流之风。

(三) 五福生活：中国古人的理想生活

笔者个人认为，今天我们对幸福生活的判断，并没有超过中国古人的标准。例如，中国人过年时常用的一句祝福语，就是"五福临门"。而"五福"最早出自2600多年前的《尚书·洪范》，这**"五福"分别是长寿、富贵、康宁、好德、善终**。

长寿是幸福的第一标准，一个短暂的生命无法承载足够的幸福。古人把人的寿命分成上寿、中寿、下寿三种，三种寿命的年龄说法不一。《庄子·盗跖》篇中说："人上寿百岁，中寿八十，下寿六十。"

富贵就是今天我们所说的经济收入，但中国古人讲的富与贵是两件事，并且是联系在一起的。富是指经济收入，贵是对待财富的一种态度、价值观和精神境界。关于如何认识富与贵的关系，《论语》中孔子与子贡之间的一段对话给出了很好的解释。"子贡曰：'贫而无谄，富而无骄，何如？'""子曰：'可也。未若贫而乐，富而好礼者也。'"孔子认为富有的人不骄横也是可以的，但不如富而好礼更有境界。这里的"礼"不是今天我们所理解的礼仪形式，而是指人与天连接、人与人仁爱、相互敬重的规范。富而好礼是指，不能因富而忘乎所以，忘记对天地的敬畏、对人的仁爱之心，这是富而贵的标准。

康宁是指日常生命与生活的质量。这个要求包含两个方面：身体要健康，生活要安宁。其实安宁是一个很高的生活标准。什么是安宁？宋代的慧开禅师有一首诗：

春有百花秋有月，夏有凉风冬有雪。
莫将闲事挂心头，便是人间好时节。

诗中讲的是安宁的生命所能达到的境界，即不为物质多寡所干扰，遇事不被好恶情绪所左右。

好德是指精神生活的品质与高度。这个德与好相结合，好指的是让有仁德的生活成为一种生活习惯。

毛主席曾讲过，一个人做一件好事并不难，难的是一辈子做好事，不做坏事。这是好德的标准，是一种要求很高的精神生活，也是长寿养命的重要内容。《论语·雍也》中讲："子曰：'知者乐水，仁者乐山；知者动，仁者静；知者乐，仁者寿。'"在目前这个伦理价值被弱化的社会，人们更相信物质、好的医疗条件等对生命的作用。其实对于仁寿，2000多年前的《黄帝内经》中就明确论述了人的情志对生命、疾病的影响。**对生命具有良性滋养的肯定不是恶，而是仁善。几千年来，大德必得其寿，是中国人相信且恪守的生命伦理。**

善终的内涵有两个方面。一是尽享天年，《黄帝内经》中讲，人的天年应该是120岁。虽然大部分人不能达到这个标准，但善终一定不是短命的。按照古代的礼节，活到80岁以上为寿终正寝，送礼不用白布，而是用红色的挽联和红色的帐子，称为喜丧，把丧事当作喜事办。二是走的时候就像睡觉一样，没有痛苦地安详而去，也叫无疾而终。今天许多老人寿终时，是在医院浑身插着管子走的，走得很不安详。

总之，2100多年前的"五福"是标准很高的生活。这个"五福"与今天国际上流行的幸福指数相比，主要有以下区别。

一是中国的"五福"聚焦生命的本身，福的本质是让生命有尊严、有价值、有质量，是"五福"生活的最高目标。寿是古人衡量生命质量的一个重要标准。"五福"是从长寿开始到善终，中间的三个"福"都是满足从长寿到寿终的条件与原因。富贵是满足寿的物质保证，康宁是满足寿的日常生活要求，好德是满足寿的精神要求。

二是古人认为，要实现高质量的生活，关键是从自我开始，由自己决定如何做。这五个方面都是需要通过自我修行达到的目标。

三是中国古人认为这个目标，是物质生活与精神生活均衡的生活。但物质与精神上，中国古人更注重道德精神对生命的价值。

今天国际上流行的判断幸福的指数，不论是经合组织的11个指标，还是其他指标，都主要集中在生活本身，尚未深入生命质量的高度。另外，影响幸福生活的主要因素中，外在的物质、经济、社会等因素还是被看得很重要，而对精神因素、自我内修重视不够。

（四）贵生命、乐生活、重民生的中华文明

为什么中国古人早在2700多年前，就有如此高的生活标准？重要原因是中华文明的模式与现代西方文明的模式不一样。源自农耕经济的中华文明，是一种能在特定空间内实现生计自足、精神自主的生活方式。只要没有外来侵扰，在这样一种相对封闭的社会中，当财富发展到一定程度时，人们就有足够的时间和智慧用于提高自身生命和生活质量。从尧、舜、禹到周朝的2000多年

的时间中，中国古代先民占据着上天赐给的黄河、长江流域优越的耕作条件，能够长期过着稳定、安宁的可持续的生活，大量的时间生活在太平盛世中。夏朝大约471年，商朝大约554年、周朝大约791年，秦始皇统一中国后的汉、唐、宋、元、明、清，平均每个王朝存续约280年。战争与动乱主要发生在朝代更替时期，历代长寿的王朝，均使中华民族长期处在长治久安之中。正是这样的历史条件，才使得中华民族有足够的时间与精神，成为贵生命、乐生活、重民生的民族。特别是在秦汉大一统的集权制度出现之前，中国先民并不以做官为福，"大富大贵"的叫法是后来的事，"福寿双全"才是上古时期中国人的追求。

相反，西方文明崛起的代价是两次世界大战。从游牧生活到古希腊、古罗马建立，再到近代西方崛起，虽然西方人创造物质财富的能力一直在提高，但是战争与动荡从未停下过。可以说，西方文明是一种高度外向型、不确定的、动荡的文明模式。长期生活在这样的文明社会中，人们的生活价值观不可能像中国那样追求生命和生活的持续性。他们追求的是及时行乐、短期幸福的生活。在这样充满竞争、博弈、战争的文明社会中，人们也不可能将精力用到生命的自我提升上，探索生命的深远价值，而是用在了外部竞争所需要的领域，即与生产、战争相关的科技创新、工具创新。

中华民族伟大复兴，对21世纪的人类文明的一个重要贡献，就是中华民族贵生命、乐生活、重民生的生命观。这是中华民族爱好和平的重要标志。

三、柔性革命：改变未来从生活方式的变革开始

（一）柔性革命：源自生命觉醒的生活方式革命

1867年9月，《资本论》第一卷在德国汉堡正式出版。150多

第六章　耕读生活：物质与精神均衡的新生活

年前，马克思以劳动价值论为理论基石，解密了资本剥削工人的秘密，据此提出了对抗资本主义世界的出路，就是全世界无产阶级联合起来。然而，150多年后的今天，由资本决定的现代化生产方式的进化升级，已经不仅仅是对工人阶级的剥削与异化，而是演化为对人类共同生活的地球的掠夺与剥削，对包括资本家在内的人类生命的异化与剥削。

在这样一种时代背景下，按照中医辨证论治的智慧，化解西方式现代化给人类带来的一系列的危机，新思路就是以精神对峙物质、以生活对峙生产、以文化对峙科技、以乡村对峙城市。

如果说，100多年前，要对峙资本对工人的剥削，需要全世界无产阶级联合起来，那么，迈向21世纪的人类，要对峙资本给全人类的生活、生命、生态带来的危机，就需要全人类觉醒并联合起来推动一次新的革命，这个革命就是人人都能参与的生活方式革命。习近平总书记提出的构建人类命运共同体，就是呼吁全人类走出狭隘的个人主义、种族主义、人类中心主义的束缚，从共建人类命运共同体出发，建设一种全人类共生、共建、共享、共赢的新文明。

为什么生活方式的革命是人人可以参与的革命？如果我们直接以生产的力量来对峙资本主义经济，就会发现，搞工业经济需要土地、劳动力、资本，不是谁都能进入生产领域的。但是生活是"我的生活我做主"，人人都可以参加，参与的前提不是物质条件，而是生命的觉醒。所以，要对峙庞大的资本制度体系，就需要启动全球人都可以参与的变革。这是一个成本最低、群众参与度最高的柔性变革。

如果我们每个人都能回归到低碳、健康、幸福的生活中来，那么，未来的中国不需要以单一的美国人均年收入四万美元为标准，忙于追赶美国。有了这样的生活方式，中国迈向碳中和的生态文明自然就找到了新路径。如果全世界人都能够像中国一样过上这种低碳、健康、幸福的生活，那么人类化解环境危机自然也就找到了新出路。

低碳、健康、幸福的新生活方式在乡村，这里的生活成本最低，质量最高。回归这样的生活，最需要的不是经济革命、科技革命，而是自我觉醒的思维方式的革命，是一场世界观与价值观的变革。

（二）劳动革命：马克思劳动价值论重放光彩

我们需要什么样的生活方式，是当代人类必须回答的问题。150多年前，马克思的回答是劳动。150年前的马克思不仅从劳动入手解密了资本剥削工人的秘密，而且通过对劳动异化的研究，提出了推动人类最终走向全面发展的仍然是劳动。

要迈向生活方式的革命，就必须为劳动平反，需要重新认识马克思的劳动价值论。劳动价值论是马克思科学社会主义理论大厦的基石，也是破解资本增值秘密的钥匙。劳动创造了人，劳动是人类赖以生存、发展的决定力量，这就是马克思主义最基本的劳动观。恩格斯在1876年所写的《劳动在从猿到人转变过程中的作用》中，明确提出并全面论证了劳动创造人的原理。他指出："劳动是整个人类生活的第一个基本条件，而且达到这样的程度，以致我们在某种意义上不得不说：劳动创造了人本身。"

马克思早在《1844年经济学哲学手稿》中就对工业化时代高度分工下的劳动异化进行了深入分析。大机器化导致的精细的劳动分工，使劳动者在生产过程中变成了机器的一部分，成为机器的奴隶。100多年过去了，历史证明，马克思关于劳动异化的分析是正确的。特别是进入21世纪以来，随着体力劳动被现代化机器所替代，似乎马克思所讲的劳动异化问题不存在了。其实并非如此，**在资本已经进化为知识资本、信息资本、文化资本的当今，其对人的异化已经直接变成了对人的精神的异化。**就是将人类所需要的精神消费转化为物质消费，或者将人类独立的精神活动变成依附式、喂养式的中毒性的消费。

特别是现代智能科技的发展，正在引发有史以来最深刻的一次劳动革命。我们不否认，随着智能机器人的发展，工业化时代的许多劳动将被机器人所替代。但由于我们对此缺乏正确认识，因此对于即将发生的劳动替代革命充满了恐慌和不确定性。其实，当我们以马克思的劳动思想看未来的机器人革命就会发现，智能机器人所替代的恰恰是工业化时代对人性和生命有副作用、有异化的劳动，但对人类生命有价值的农耕劳动不仅不会被替代，反而会更加凸显自身的价值。从这个意义上讲，未来不是人类成为智能机器人奴隶的时代，而是人类从异化的劳动中解放出来的时代。从异化的劳动中解放出来，不是消灭劳动，而是找到新的劳动。

马克思、恩格斯讲，劳动创造了人，人正是因为劳动才使自己与其他动物区别开来。21世纪人类劳动革命的意义，是让劳动承担起实现人类生命崇高、使人类与机器人区别开来的使命，让人类从劳动满足物质需求中解放出来，使劳动所具有的满足人类的生命健康、生命价值升华的作用充分释放出来。

四、中国式现代化生活：从回归耕读开始

（一）提升生活品质：中国式现代化的新目标、新内容

党的二十大将提高人民生活品质作为中国式现代化的目标之一，这是一个重大转型，即从追赶西方式现代化，通过发展经济

实现中华民族的富强，开始转向通过全面发展提升人民的生活品质，实现中华民族的伟大复兴。

近代中国沦为半殖民地国家以来，一代又一代的中国人为民族独立和强大奋斗着。特别是1949年之前，从鸦片战争开始，一代又一代的革命先烈，以牺牲生命为代价为建立独立的中国而奋斗。新中国成立之后，我们本以为可以安心过上好日子，但又遇到了朝鲜战争、中苏关系恶化带来的巨额负债，我们再度陷入艰难的生活。

真正让我们享受到生活的美好的，是20世纪80—90年代，改革开放带来思想解放、精神自由、文化复兴、物质富裕的新生活。这个时期也是农村人幸福感最强的时期。因为农民不仅成为改革开放之后，最早获得自由的群体，特别是土地家庭承包制带来的粮食增产，使农民自足感大大提升。

然而，进入21世纪之后，轰轰烈烈的城市化开始快速推进，市场经济在中国全面展开，竞争机制从经济方面逐渐渗透到生活的各个方面，买房、高考、工作等压力随之而来。特别是在农村，八九十年代的好日子，被离乡背井、拆点并校、拆点并村所替代。

随着经济增长速度的加快，再加上全面对外开放，我们生活的成本越来越大，生活的不确定性也提高了。中国的大城市给许多人带来的只是迷茫。乡村人希望成为市民，过上与城市人一样的美好生活；但城市的精英们向往西方的城市生活，在他们的心目中，让生活更美好的地方不在中国，在西方。

在这样的背景下，中国人最大的困惑已经不是如何提高生产，而是如何生活。为此，以习近平同志为核心的党中央，顺应时代发展的需要，早在党的十九大时就明确提出，中国特色社会主义进入到新时代，我国社会主要矛盾已经转化为人民日益增长的美好生活需要和不平衡、不充分发展之间的矛盾。党的二十大更是将实现人民美好生活纳入中国式现代化的目标之中。

(二) 美好的生活，从耕读的做人教育开始

提高人民的生命质量与生活品质，是一个庞大的工程，为此我们需要做的事与探讨的理论很多。物质与精神失衡是影响生命质量与生活品质提升的主要原因，而精神缺失的根源是我们的教育出了问题。

中国教育最大的弊端，就是在追赶西方现代化的过程中，使教育越来越走向急功近利的"做事教育"，而"做人教育"的供给严重不足。 做人教育的严重缺失，使我们把人当成了实现财富和GDP增长的工具，而最能滋养人的精神和文化的教育严重被挤压。我们发现，21世纪能够满足马克思所憧憬的成为人的第一需要的劳动方式就是耕读。"五福"是中国古人追求的个人幸福生活的目标，而传承几千年的耕读生活，则是让整个中华民族过上物质与精神均衡的幸福生活的伟大创举。我们还发现，能够以最低成本有效满足党的二十大提出的建设物质与精神均衡的新生活的方式也是耕读。如果从满足现代化做事的教育看，中国千年的耕读教育是没有价值的；但如果从探索新时代最有效的做人教育看，中国千年的耕读教育恰恰是现代最需要借鉴的。

迈向美好生活从做人教育开始，而系统解决物质与精神均衡、做人教育与做事教育同步的教育，就是耕读教育。为此笔者提出以下建议。

第一，将耕读教育作为大、中、小学生劳动教育的必修课，纳入国民教育体系。

远离耕读教育的中华民族处在文化传承断流、做人教育无根的困境中，此现状已经引起中央的高度重视。2020年教育部印发

大国乡村：乡村蕴含中国式未来

耕读渔樵（佚名，木版画，19世纪清版复刻）

了《大中小学劳动教育指导纲要（试行）》。这充分说明，劳动教育是做人教育、素质教育的重要途径，正在成为社会共识。耕读教育所具有的修德、开慧、学艺的功能，应成为大、中、小学生的做人教育的必修课，因为耕读教育既是最全面的传承中国传统文化的教育，也是要做一个合格的中国人所必须接受的教育。

第二，耕读教育应作为中国农业类大学改革的突破口。

2021年教育部关于印发《加强和改进涉农高校耕读教育工作方案》的通知，是中国涉农高效改革的重要突破口。目前的农业类大学教育不接地气、不承传统，中国五千年农耕智慧在大学教育中严重缺位。耕与读的教育严重脱节，培养的大学生与土地、乡村没有感情，无法为乡村振兴输送回乡人才。全国每年培养出的农业类专业的大学生约为30万人，但真正能回到乡村的学生非常少。

将耕读教育纳入农业类大学的改革迫在眉睫。全国农业类大学改革要从"农业大学"办学思维，向全面为乡村振兴服务的"乡村大学"思维转变。田地就是教室，乡村就是课堂，农民就是老师，让其成为中国农业类大学独特的教育方式。凡是考入农业类大学的学生，必须过耕读教育关。特别是刚入学的大学一年级学生，至少要在乡村完成一年的耕读教育，争取让农业类大学真正成为热爱乡村和热爱土地的莘莘学子的乐园。乡村是中国人共同的精神故乡，是中国革命的摇篮，对大学生开展耕读教育，也是最好的不忘本的传统教育和爱国教育。

第三，树立新时代的劳动观，让耕读教育成为全民参与的通识教育。

耕读教育作为中华优秀传统文化传承最重要的教育，作为中华民族生生不息的长寿密码，如何承担起传承中国传统文化，实现中华民族伟大复兴的使命，是当代中国迈向新时代的重大课题。从这个意义上讲，耕读不仅要成为从儿童到大学生做人教育的必修课，也应该成为如何做中国人的必修课。

（三）以耕读思维重新定位现代化农业和乡村振兴

笔者的建议如下。

第一，以耕读思维认识农业，农业不仅为人们提供了满足生计的粮食，而且有助于人们的身心健康。充分发挥农业劳动的耕读功能，应该成为中国特色现代化农业的重要目标。目前各地正在进行的现代化农业建设，仍然是基于追求单一粮食增产的农业产业发展。为此，建议中国农业部门，把回归与复兴中国传统的耕读模式，纳入中国现代化农业发展规划，出台相关制度与政策，鼓励各地大力发展耕读农业，让农业成为中华民族的健康农业，成为提高生命质量的生命农业。

第二，从新劳动观出发，建议国家出台相关制度与政策，鼓励城市人到农村从事耕读生活、体验农耕劳动。特别是城市郊区，要成为市民体验耕读生活的新都市农耕区。国家对农业发展方向的引导，要从单一化农业转移到多样化农耕农业上来。要调整目前的单纯为提高粮食产量、搞规模农业的农业补贴政策。

第三，建议国家出台制度与政策，鼓励乡村家庭农业的发展，并将耕读传家作为家庭农业发展的内容。

第四，建议以马克思的劳动价值论，重新研究农业劳动的价值。以马克思的异化劳动理论、人的全面发展理论为指导，进行农业劳动价值论的理论创新，为中国式现代化农业中的耕读行动提供理论指导，为全社会重新认识农耕劳动的价值提供理论指导。农业劳动与工业劳动创造的价值有根本性的不同：农耕劳动不仅能创造出满足生计的物质财富，而且能创造出满足生命健康的非物质财富。中国特色农业，要想成为最大限度实现物质财富与精神财富同步增长的农业，就必须发展耕读农业。

第五，建议把耕读传家作为中华优秀传统文化的重要内容来对待，要把耕读内容纳入家庭教育的重要内容，形成家家有田种，人人做农夫的新风尚。在这样一种耕读文化的推动下，中国未来的农业发展，谁来种地的问题自然就解决了。这是解决中国粮食安全的新思维、新思路、新战略。西方式现代化是排斥劳动农业的，必然会走向机械化、工业化、化学化的农业。让耕读劳动成为生活的一部分、成为生命的必需品，进而形成"我的粮食我做主，我的生命我负责"的耕读文化，这样一来，必然会走向生态化农业、艺术化农业、多样化农业。这样的农业发展必然会使大量乡村复兴，使田园生活复兴。

第六，以耕读生活重新认识乡村振兴新使命。尽管中央提出并大力推进乡村振兴战略，但目前整个社会对乡村价值的认识仍严重不足，对乡村价值的信心也明显不强。而耕读教育是我们迈向新时代，重新发现乡村价值的重要教育。乡村振兴的时代意义，不是单纯的资本下乡，而是实现中国古老乡村文明与新时代的嫁接，实现过去与未来对话、城市与乡村互补共生、物质与精神统一的使命。

随着在全国开展耕读教育，中国人不仅可以通过耕读教育找到回家的路，也可以为乡村振兴带来人气与人才，带来资源与市场，带来自信与文化，使古老的乡村在耕读教育中走向伟大复兴。

第七章
"手工+心"的时代：未来的生命化产业

中国传统手工业是手与心相通，以物载道，赋予物品以生命性、艺术性的产业。正是出于这个原因，中国古代手工业产品会成为有生命价值的古董。古代中国曾是世界经济大国、工业大国，也是世界贸易中心，不过中国古代的工业化，是手工业化的工业。21世纪将是手工业复兴的时代、丝绸之路再度兴起的时代，也是智能机器人与智慧人、手工业与现代化工业共存的时代。手工业再度复兴，将成为未来乡村振兴最具有生命力的大产业。

一、"脚+脑"：西方工业化模式

从人类文明与人的关系看，中华文明的发展与人的手有密切关系，而西方文明的发展则与人的脚有密切关系。西方文明是典型的游牧文明。无论是历史记载还是考古发现，能够从事农耕的地方一直是游牧民族向往的"流着奶和蜜"的肥沃之地。横布在欧亚大陆西北方的游牧部族对欧亚大陆南部的农耕文明周期性的侵扰，成为古代文明世界相互碰撞、重组、融合的主要力量。最初在爱琴海领域定居的游牧民族，并没有重复中国式的农耕文明，而是充分发挥游牧民族特有的流动、开放、冒险的禀赋，走上以城市工商业为主导的生计方式，建构起了不同于东方的新文明形态。直到公元5世纪，西罗马文明被日耳曼民族灭亡后，重新开启的西欧文明仍然保留了游牧民族诸多的文化特质和生活方式，如追求个人自由，好斗、善武，喜欢迁徙流动的行为方式等。

高度流动的游牧生产方式，使得人们对脚的使用远大于手。由于游牧相较于农耕，是低效率的生产方式，必须拥有足够的牧场才能养育不断增加的人口，因此他们必须不断寻找新的牧场。如果原有的牧场饱和，就通过对农耕区进行掠夺来解决牧场不足的问题。总之，提高脚的使用效率成为游牧文明发展的主要方向。古代游牧区也有手工业，但这些手工业也是围绕如何发挥脚的作用而进行的。

从15世纪地中海的最早复兴，到西班牙发现新大陆，支撑西方文明从西欧走向世界的最早的技术创新就是航海技术的创新。哪个地区的航海技术越先进，越能走在时代的前面。当年哥伦布发现新大陆所带来的一个革命性变化，就是善于流动的西方文明在辽阔的海洋世界找到了他们的发展出路。

追求速度更快的交通工具，成为近代以来西方工业化与科技创新的方向。从以蒸汽机发明为标志的第一次科技革命，到以发电机、内燃机的发明为标志的第二次科技革命，从火车到汽车、飞机、航天器等，交通工具的发展都是沿着替代与放大脚的功能而进行的。现代工业经济给当代人类带来快速变化的同时，其所包含的局限性与弊端也快速显现。特别是随着支撑工业化的资本，从商业资本、产业资本、金融资本、技术资本进化到目前的知识资本、文化资本，工业化给人类带来的弊端与危害已经开始超过其给人类带来的福利。在危机的倒逼下，一场新经济革命正在悄悄进行，传统手工业复兴将会成为这场革命的主角登上时代舞台。

出于工业化的反思与批判，欧洲在18世纪也出现了企图与工业化抗衡的手工艺复兴运动。早在古希腊和古罗马时代，欧洲就已有深厚的手工艺传统。18世纪，法国的狄德罗曾说过，一切日用必需品都离不开手工艺。到19世纪以后，欧洲掀起了一股审视和批判工业文明、挽救传统的社会思潮，认为历史悠久的手工艺是人类智慧的结晶，是宝贵的文化遗产。由于机器生产和工业文明带来诸多问题，因此，手工艺不仅不应被消灭，而且应该发扬光大。以英国为主的手工艺复兴运动（Craft Revival Movement）由此而生，该运动又称为"艺术与手工艺运动"（Arts & Crafts Movement）。其持续的时间大约从1850年至1910年。[1]

二、"手+心"：中国古代手工业模式

（一）手对农耕文明的重大贡献

农耕文明对手的使用程度更高，而游牧文明对脚的使用程度更高。从这个意义上讲，中华文明属于手主导的文明，而源于游牧生产方式的西方文明则是由脚主导的文明。

由于农耕生产相对于游牧生产，属于静态的生产方式，人类从站立起来之后，自身的运动就交给了腿，而从事高难度的劳动任务则交给了手。相对稳定的农耕经济，对手的需求大于对脚的需求。在古代的家庭经济中，形成的男耕女织的分工模式，也是手与脚的分工，不过，农耕生产对脚的使用，远不能达到游牧生产对脚的使用程度。

农耕文明时代是人类的双手贡献最大的时代。不仅在古希腊、

---

[1] 李晓岑：《中国手工艺走向复兴？》，《自然辩证法通讯》2013年第6期。

古罗马、中世纪的欧洲曾有过发达的手工业，古印度和中国更是将手工业发展到极致。所以，我们要认识五千年中华文明，不仅要重新认识中国古代发达的农业，还要认识中国古代优秀的手工业。

而认识中国古代手工业，应该从认识手开始。手和现代的机器不一样，机器是人造的，而手是人天生就有的。按照中国古代的生命全息思想，人就是一个小宇宙。

按照《黄帝内经》理论，人的身体有三个部位是身体全息的集中区，这就是手、脚和耳朵，即透过这三个部位可以体现人的整个身体状况。人的耳朵上倒立着一个"人"，手上站立着一个"人"，脚上躺着一个"人"。这种对应关系也是很有意味的：手上站立的"人"，确实符合人类的手的解放是从脚站立之后开始的；脚上躺着一个"人"，现代化科技发展对脚和脑的替代，使得现代人躺平了；耳朵上倒立的"人"，因满足耳朵需要的不是物质与味道，人类所有接受的文化、知识都主要是农民听闻而来，真是知识与文化力量，让人类不断实现生命的超越。古人讲逆着成仙，顺着成人，倒立的人是否也包含着这样的寓意？

这里重点讲手上站立的"人"。手上站立的"人"主要是指，将手掌立起，指尖处为眼，沿手指向下依次反映出口腔、鼻腔、喉头、气管等器官的健康状况；掌心部位聚集着对应心、肝、肺、脾、肾等五脏的穴位；继续向下直到接近掌根部，可反映生殖器的健康情况。中医认为，手部经络穴位丰富，既有手三阳经、手三阴经及其穴位的循行与分布，又有十四经的沟通联系、众多经外奇穴的分布，因而刺激手穴能治疗全身疾病。

手对于我们的生命、人生，对于我们的生产和生活是非常重要的。围绕手，古代还形成了许多与手有关的词语、谚语，以下是一些大众耳熟能详的例子。

与手有关的词语、谚语

1. 手拉手——心连心	12. 台上握手,台下使绊子
2. 巴掌生毛——老手	13. 伸手派——乞丐
3. 眼疾手快——变戏法	14. 十个指头有长短——参差不齐
4. 十个指头捡田螺——十拿九稳	15. 坐山观虎斗——袖手旁观
5. 扒手——窃贼	16. 百发百中——神枪手
6. 眼看手莫动——小心触电	17. 携手并肩——团结一致
7. 手莫伸——伸手必被捉	18. 百步穿杨——神箭手
8. 药到病除——妙手回春	19. 路见不平一声吼——该出手时就出手
9. 十个指头弹钢琴——互相协调	20. 大海航行——靠舵手
10. 扎在指头上——痛在心里	21. 无处下手——棘手
11. 十指连着心——肉疼归心	22. 手闲长指甲,人闲长头发

(二) 重新认识古代手工业的时代价值

目前,我们对中国古代社会的认识,有许多误解。比如,我们一直认为,工业经济是近代以来才有的,古代农耕文明中没有工业经济。其实中国曾经创造了古代世界最发达的工业经济体系,与现代化西方工业经济所不同的是,西方是依靠技术创新推动的机械化工业,而古代中国是依靠工匠技艺推动的具有很高艺术价值的手工业。

无工不富,无农不稳。手工业是中国古代财富创造的来源。中国古代手工业发展达到了非常高的程度,曾经繁荣长达千年之久的丝绸之路,就是以中国古代手工业产品为主的世界贸易。夏、商、西周时期的手工业,全部由官府垄断("工商食官");进入春秋战国之后,官府垄断的手工业被打破,自给自足的家庭手工业开始发展起来。此时，男耕女织逐步成为社会的基本经济结构。在这种背景下，人们开始将剩余手工业品进行交换，这为未来大规模的手工业发展奠定了基础。

从夏、商、西周的手工业官府垄断到春秋战国时期民间手工业兴起，中国手工业发展出现重要转折，在此之后，不仅制陶、漆器、织锦、木器等越来越多的手工业部门开始从农业中分离出来，而且在制盐、冶铁等行业中，出现了较大规模的民营作坊。战国至秦汉，是中国民间手工业发展较快的阶段。进入南北朝以后，各政权所辖境内，手工业生产虽然也有所发展，但发展程度始终不及汉代。直到隋唐时期，私人手工业才又有显著的发展。

唐宋两代是中国民间手工业发展的又一个兴盛时期。在唐代的瓷器、铜器、制茶、造纸等行业中，各地形成了享有盛誉的特产，冶矿业分布较为普遍，纺织业成为当时的主要手工业部门，印染方法也有新的发明。另外，手工业行业组织也开始出现。至宋代，独立手工业者的数量较前代增多；冶矿、丝织等业的发展十分显著。其中，冶矿业中煤炭的开采量增加，并用于冶铁，人们还改进了铁的冶铸技术和质量。江南的丝织业从北宋时起逐渐超过北方，丝织物品种丰富，制作技术也有所提高，某些产品已达到极其精致的程度。烧制瓷器的窑户遍布全国各地，所造瓷器风格各异。制瓷业在当时手工业中占有突出地位。此外，造纸、雕版印刷及造船业也很发达。

据西方经济史大家麦迪森的研究，中国的 GDP 在西汉末年占世界 GDP 总量的 26.2%，在北宋仁宗（1023—1063 年在位）时，中国的 GDP 高达 2000 亿美元，并创造了历史最高纪录，占到了全球总量的 50% 以上。当时中国的 GDP 中，手工业贡献率已经占到 20%，这个占比在古代文明中是很高的。从财富总量看，当今世界

大国乡村：乡村蕴含中国式未来

造缸（明·宋应星《天工开物》）

第七章 "手工+心"的时代：未来的生命化产业

头号经济强国美国，巅峰时期的 GDP 也只占到全球的 30% 左右。有"日不落"之称的大英帝国，在 19 世纪中叶最为强盛之时，其 GDP 占全球的比例也未曾超过 40%。

元代前期，官府手工业畸形发展，严重打击了民间手工业，有所发展的主要是棉纺织业和丝织业。元明以后，由于官府手工业的衰落和手工业者地位的改变，民间手工业发展较快。明代产铁地区达一百余处。丝、棉纺织业中，生产工具较以前大有改进，织出的成品更是花色日新。除两京外，当时还形成其他手工业的重要产区，如松江的棉纺织业、苏杭的丝织业、芜湖的浆染业、铅山的造纸业和景德镇的制瓷业。工商业城镇也开始出现。

入清以后，不仅作为农村副业的棉麻纺织、养蚕缫丝得到推广，而且全国各大小城市和市镇之中，大都存在磨坊、油坊、机坊、纸坊、酱坊、弹棉花坊、糖坊，木作、铜作、漆作、铁作等手工作坊。特别是清代对元明以来匠籍制度的废除，在客观上更有利于民间手工业的发展。鸦片战争之前，民间手工业的生产水平已超过明代，劳动生产率也相对提高，产量和品种更加丰富。尤其是制盐、采矿、冶金等行业得到了很大程度的发展，商业资本也开始流向产业部门，民间手工业达到了鼎盛时期。即使在鸦片战争时期，中国 GDP 占全球经济总量的比重仍有 20%。经历近代 100 年的衰败，到 1949 年之时，中国的 GDP 占全球的总量降为 5% 左右。近代中国经济衰落的一个根本原因，是中国传统手工业受到了来自机械化大生产工业的冲击，而新兴的工业尚未形成。

中国古代手工业是艺术与技术融合的发展产业，手工业发展的高度，是艺术与技术相互作用的高度。如果说源于脚的西方科技的创新聚焦在速度和力量上，那么源于手的中国手工业的创新则是聚焦在产品艺术性和文化的高度上。在中国几千年的手工业发展的过程中，没有出现现代工业经济时代出现的技术排斥文化与艺术的问题。

三、手工业重新兴起的时代必然性

为什么进入 21 世纪以来，被现代化工业淘汰的传统手工业又出现了复兴的趋势？深层原因是人们不仅发现了现代化工业的诸多弊端，而且发现现代化工业短缺的东西恰恰蕴藏在传统手工业中。特别是对低碳、健康的美好生活的需求，更促使人们发现了手工业的时代价值。

现在的问题是，随着现代工业文明机械化的推进，我们的手与我们工作和生活的联系越来越弱，手的作用越来越小。**近代以来，从古代农耕文明向工业文明转型的过程中，最具有革命性的变化，就是从手工化向现代机器化的转型。但无论现代工业技术如何发展，对于人自身而言，手功能的严重退化是一种巨大的退步。**手的作用越来越弱的这个过程，不仅仅关乎手本身，从手与心的关系看，手的作用越来越弱的同时，我们的心灵也会越来越迟钝。当今人类大量的精神类疾病蔓延，这不仅是脑的问题，而是与现代人的手与心灵的联系越来越弱有关系。今天，人类的大脑越来越复杂，然而我们的心灵却越来越有问题。为了医治现代人类的诸多精神疾病，即使花费很多钱，效果也不明显。在这样一个背景下，迈向新时代的人类，需要重新认识手的价值。

（一）手工业复兴成为世界新潮流

20 世纪，国际手工艺运动得到了世界各国的响应，逐渐发展为一种世界潮流。对手工艺运动最具影响力和推动力的当属 1979 年成立的联合国教科文民间艺术国际组织（以下简称教科文组织）。民间手工艺传统文化是全人类文化遗产的主要元素，保护、挖掘并发扬民间传统手工艺文化是教科文组织的目标和主要任务。传统手工艺不仅可以反映各民族人民的智慧、创造力和想象力，而且可以赋予人类文明持续性。教科文组织每年都要在世界各地举办不同的民族传统工艺展览，以及各种国际民俗文化节、艺术节，以帮助世界各国和不同民族申请和争取保护、挖掘本民族传统文化的机会。同时，教科文组织还致力于对各国民间文化和文化遗产进行保护和挖掘，包括舞蹈、歌曲、乐器、传统服饰、自然科学和社会调查、民族志、民俗、民间工艺品、民间艺术节日，以及民间建筑学、医学、童话、传奇、文学、诗歌，等等。

从文化的角度，对传统手工业的复兴与保护，最具有推动力和影响力的当属教科文组织第32届大会上通过的《保护非物质文化遗产公约》（以下简称《公约》）。日后按照此《公约》在全球开展了非物质文化遗产保护运动。

中国是一个多民族的国家，悠久的历史和灿烂的古文明为中华民族留下了极其丰富的文化遗产。中国于2004年加入《公约》。截至2021年12月，中国被列入联合国教科文组织非物质文化遗产名录（名册）的项目共计42项，总数位居世界第一。其中，人类非物质文化遗产代表作34项（包含昆曲、古琴艺术、新疆维吾尔木卡姆艺术和蒙古族长调民歌等），亟须保护的非物质文化遗产7项，优秀实践名册1项。42个项目的入选，体现了中国日益提高的履约能力和对非物质文化遗产的保护水平，对于增强社区、群体和个人的认同感和自豪感，激发人们传承和保护非物质文化遗产的自觉性和积极性，在国际层面宣传和弘扬博大精深的中华文化、中国精神和中国智慧，都具有重要意义。

（二）从生产到生活：内求自足的艺术生活需要手工业

现代化经济是在外部力量推动下产生的生产方式，而传统手工业的动力源自满足自己的生活需求，这是一种内生需求。为什么千年不衰的丝绸之路上交换量最大、最精美的是中国产品陶瓷和丝绸，而不是汽车、枪炮？这是因为传统的农耕生活是低流动性的定居生活，最需要的不是提高交通速度的汽车。在低流动性的生活中，中国古人把智慧与精力主要用在了满足生活需要的陶瓷、丝绸的生产上。这两种物品是日常生活中使用频率很高的产品。

近代西方兴起的工业化，是通过技术创新不断提高产品的品质，而在古代中国的手工业发展中，手工业产品的创新沿着不断提高其艺术价值这条路径，甚至达到了无以复加的地步。中国古人穿的衣服就是一件件精美的艺术品，中国55个少数民族的服装就是最好的佐证。再如，在如今各种各样的拍卖会上，不断爆出高价的陶瓷，也反映了中国古代人民的生活用品所具有的艺术价值。

手工业在一定程度上也是一种艺术生活，为什么这么说呢？从原理上看，艺术创作的主体是生命。地球上的所有生命都有追求美的内在需求，与此相对应，机器是创造不了美的。中国古代手工业与近代西方兴起的机器化大生产工业，有一个根本的区别，就是机械化生产可以高效率创造使用物品的同时，缺失了因人工参与而创造的美。可以说，工业化是物质生产与艺术生产分离的生产方式。现代化的高度分工、机械化的生产是让人性异化的生产。在生产的一端，劳动成为隶属于机械的单一的肢体劳动，或者是单一的脑力劳动；在消费的一端，消费者成为单纯的消费者。**而传统的手工业与现代工业相比，虽然生产效率低，但它更符合人性、更能滋养生命。**手工劳动的过程就是一个将生产者自己的艺术审美与提高物品使用效用融为一体的过程，是劳动者充分运用心力与体力全面参与的过程，也是劳动者享受生活艺术的过程。

劳动充满着美的创造，这是手工劳动的魅力所在，正是基于这种内在的精神需求，从20世纪80年代以来，在世界范围内出现了回归手工业的新潮流。未来的社会，人们将会从生命和生活需要出发，重新回到手工业。特别是那些具有很高艺术价值的手工业，将会重新回到社会生产生活中。

当然，按照现代西方工业文明的标准，中国古代的生活是封闭的、落后的。我们也确实发现，虽然中国古代社会吃、穿、住、用、行方面的物品制作得都非常精美，但中国古人的交通工具在几千年中几乎没有变化。这确实是古代农耕文明的缺陷，也恰恰是现代工业文明的优势。但这种看似封闭的生活，却具有现代社会没有的价值，就是基于手工方式的古代生活，是一种高品质的充满艺术审美的生活，是一种内求自足平安的生活。

在中国古人的生活价值观中，美好的生活不需要到外部世界去寻找，美好的生活不在远方，就在脚下的大地上，由此才有了陶渊明所追求的远离尘世的世外桃源般的生活，以及老子所讲的，老死不相往来的"小国寡民"生活。

（三）从物质到精神：回归信仰的生活需要手工业

如果我们从精神层面看中国古代手工业与现代化工业的区别，可以发现，中国手工业产品不仅承载着中华民族崇高的审美追求，也承载着中华民族的信仰和治国之道。

祭祀用品是手工业的重要产品之一。如果说，用于生活的手工业品，承载的是艺术和文化，那么用于祭祀的手工业品，承载的则是信仰和治国之道。祭祀物品属于典型的载道之器。

以鼎为例，鼎在古代被视为立国重器，是国家和权力的象征。传说夏禹铸造九鼎，代表九州，作为国家权力的象征。夏、商、周三代以九鼎为传国重器，为得天下者所据有。夏朝经历了约470年，到公元前1600年，夏桀无道亡国，九鼎为成汤所得，成汤据此建立了商朝。商朝经历550多年，到公元前1046年，纣王暴虐亡国，九鼎为姬发所得，姬发据此建立了周朝。到公元前606年，楚庄王想取周而代之，就借朝拜天子的名义，到周王室问九鼎的大小轻重，结果在周大臣王孙满那里碰了一个软钉子。王孙满说："统治天下在乎德而不在乎鼎。"庄王很不服气地说："你不要倚仗九鼎，我楚国有的是铜，我们只要折断戈戟的刃尖，就足够做九鼎了。"这就是流传几千年之久问鼎中原的故事。

直到现在，中国人仍然有对鼎崇拜的意识，"鼎"字也被赋予"显赫""尊贵""盛大"等引申意义。

古代手工业品的生产，不仅是单纯的物质生产，而且是内在生命价值的再现。对于许多手工匠人来说，生产倾注的是他们的真情实感，他们把产品生产的过程看成自己生命的再现，许多工匠的诚意之作，无论出多少钱都不卖，流传下来成为传家宝。这正是中国古代能够留下如此之多价值连城的古董的原因所在。

我们今天看到的琳琅满目的现代工业产品，许多源于战争，然后在和平环境下成为交换的市场产品。战争与交换可以说是西方市场经济发展的两大动力。比如，我们今天吃的工业化食品罐头就来源于战争。1800年，拿破仑·波拿巴让人贴出一则布告，宣称如果有人能够发明长期保鲜的技术，便可以获得1.2万法郎。1805年，法国食品商尼古拉·阿佩尔经过反复试验，终于成功地发明出了世界上第一个罐头。

中国四大发明之一的指南针的发明，起初并不是为了战争，而是应用于祭祀、礼仪、占卜与看风水时确定方位。磁罗盘在中国起初是用于堪舆。而这项技术进入西方之后，直接被用于对外扩张的航海。火药也是如此,火药在中国是用于制作烘托节日喜庆气氛的烟火,在西方则变成了战争的武器。直到今天,风靡全球的信息技术最初的研发与创新动力也是来自战争。

(四) 从高能耗到低碳消费:手工业的优势

古代手工业与现代化工业相比的另一个禀赋,就是古代手工业是一种低碳的有机工业。

首先,古代手工业是使用可再生的有机材料进行生产的可循环产业。现代化工业所使用的很多原材料是不可再生的矿物和化学材料,这些资源不仅是有限的,而且许多无法完成自身循环,是污染的重要来源。而传统手工业所使用的材料是以自然为基础的,一部分来自植物的根、茎、叶,或者是农作物副产品的再利用,如麦秸秆、玉米皮、稻草等,还有的来自动物的皮毛等。陶瓷与石雕等工业品的材料虽然来自不可再生的矿物质,但由于古代手工业加工方式与现代不同,是一个慢生产过程,耗费的材料很少,与现代机械化开发加工的量相比,简直是小巫见大巫。

其次,古代手工业的生产过程与现代化工业相比,污染程度是很低的。因为古代手工业主要是借助人力和自然力,产品的生产是低排放的过程。

最后,古代手工业消费不像现代工业品那样,很多是一次性的,基于有机材料和充满工匠精神的古代手工业产品,是有生命的产品,它的生命伴随着使用而延续。而且许多古代手工业品的生命周期,比人的生命还要长。许多现代工业品的使用周期很短,一般不超过 10 年。

四、未来的新型工业化发展趋势

尽管目前手工业尚未形成大气候,但笔者坚信,随着乡村振兴的推进，手工业将成为乡村发展的支柱产业，进入一个大规模的发展时期。

（一）未来的新型工业化："手工业+智能化工业"

迈向生态文明新时代，人类将面临一次全新的工业革命，但这个革命不是目前许多人站在现代工业化角度所看到的新经济革命。目前被社会认可的智能化工业并不是代表未来新科技革命的唯一方向，准确地讲，智能化是西方工业化时代走向顶峰的产业革命，而智能化对人脑的替代带来的副作用，所推动的手工业复兴才是未来的新经济革命的潮流。

支撑生态文明新时代的哲学观，是两元契合、多样化共生的哲学观。所以未来手工业的复兴，不会简单地排斥现代化工业，而是会根据人类的新需求，实现手工业与现代智能工业的整合。这个新时代的高度既超越工业文明，也不简单回归农业文明时代，而是螺旋式上升回归。具体来讲，未来的新型工业化就是"手工业+智能化工业"。

按照人类新需求大趋势，凡是满足人类生命的必需品，将趋向手工业化，如吃的物品将回归手工业化、有机化。大量实践证明，同样的食材，用机器加工出的食品和人工加工出的食物，差异很大。直觉告诉我们，人工加工的食品，用的是有温度、有情感的人力。人的情感和温度是生命释放出的一种独有的能量，这种能量机器不能替代。即使今天的机器人能够炒出菜、做出馒头来，但机器就是机器，它仍然没有人的情感与温度。其他手工业品也是同样的道理。匠人做的一个手工制品与机器生产的产品，最大的不同是，手工制品注入了匠人的生命能量。基于此，未来与吃、穿、用相关的日常用品，将会越来越趋向于使用手工业制品。

（二）手工业产品是未来的高端消费品、新奢侈品

在中国改革开放之初，一个家庭拥有的电器产品越多，说明越富裕。进入21世纪以来，奢侈品成为中国富有阶层消费的标志。奢侈品在国际上被定义为"超出人们生存与发展需要范围的，具有独特、稀缺、珍奇等特点的消费品"。统计数据显示，中国消费者早在2012年就已成为全球最大的奢侈品消费群体，占全球购买量的25%。欧洲人降至第二位，占24%；美国人占20%，日本人占14%。目前，中国富有阶层的奢侈品消费，主要是国际产品。财富品质研究院根据品牌库中2万多个品牌的营业收入估算，2015年中国消费者消费全球奢侈品达到1168亿美元，全年中国人买走全球46%的奢侈品。其中，910亿美元在国外发生，约占到总额的78%。也就是说，中国人近八成的奢侈品消费是"海外淘货"。

今天中国虽然是世界上最大的奢侈品消费市场，但并不是世界上最大的奢侈品生产国。中国的奢侈品消费具有洋品化、物质化、品位低的特点。与此同时，随着时间的推移，一个新奢侈品消费市场正在兴起。与洋品化、物质化、低品位的奢侈品消费市场相反，是具有中国风特质的乡土化、手工化、文化化、高品位的新奢侈品消费市场。按照奢侈品的定义——超出人们生存与发展需要范围的，具有独特、稀缺、珍奇等特点的消费品，中国千年的手工业产品恰恰是最符合奢侈品定义的产品。

从奢侈消费品来看，中国曾经是古代奢侈消费品最流行的国家。而这种奢侈消费品属于高品位的文化与艺术消费品。陈寅恪先生曾说："华夏民族之文化，历数千载之演进，造极于赵宋之世。"宋代文化曾达到了中国古代社会文化的高峰，宋代也是中国传统文化的一大转折点。宋代奢侈消费品分为两类，一类是显贵和富人消费的奢侈品，主要用于满足感官享乐，如私家园林、古

董、精致食品、服饰、高档酒茶等；另一类是宋代文人雅趣生活的奢侈消费品，主要是插花、焚香、茶艺、写真（那个时候的写真，就是自己家里挂的自己的画像）、家具和书画。

最近几年，高档实木家具、高档手工艺产品、字画、高档茶品等开始成为奢侈品，进入富人消费领域。从手工业看中国未来的奢侈品消费，可以预见，彰显中国文化的中国式新奢侈消费产业将会兴起，而它的主导方向就是手工业的复兴。

我们希望，中国奢侈品消费市场，将不再是给国际奢侈品产业作贡献的市场，而是中国未来手工业崛起的市场。目前急需国家层面出台有关政策，支持与鼓励中国高端手工业产业的发展，来改变中国为国外奢侈品产业作贡献的情况。同时，随着中国在世界上地位的提高与世界上接受中国文化的人的增多，中国高端手工业产品不仅要满足国内市场，而且要走向世界，让世界流行中国风。

（三）手工业是未来乡村振兴的支柱产业

在落实中央提出的乡村振兴战略的过程中，产业兴旺受到各地政府的高度重视，但目前许多地方发展乡村产业的思路，仍局限在之前的做法上。特别是能够成为未来乡村新型支柱产业的乡村手工业，尚未引起足够的重视。目前在中国乡村兴起的农家乐、民宿等，是迈向新时代乡村振兴的新型服务业，但未来给乡村带来生机的还有乡村手工业。手工业是乡村未来的支柱产业，也是乡村脱贫致富的重要产业。

化隆县的拉面经济，就是一个依靠手工业实现全县经济发展的典型。地处青藏高原东部的化隆回族自治县是一个以回族为主的多民族聚居的国家扶贫开发重点县。全县19个乡镇，369个行政村，人口23.53万人。其中有276个贫困村、贫困人口15.5万人。全县农民基本上处于"靠天吃饭、望天增收"的境况。从20世纪80年代开始，化隆县农民带着家乡特有的拉面手艺，开始在厦门、上海等地开清真牛肉拉面馆。经过几十年的发展，在县委县政府的扶持下，拉面经济已经成为化隆县富民的主导产业，形成了以拉面经济为主的劳务输出经济。截至2020年，化隆县共有近11万人，占全县劳动力的60%，在全国270多个大中城市创办了拉面店1.5万家，实现年总产值近100亿元。拉面经济已成为农民群众的"脱贫经济"和"致富经济"，在累计脱贫的12万人中，7万人是通过拉面经济实现脱贫的。

全国与化隆拉面经济类似而成为县域经济支柱产业的地方特色手工业有很多。如全国四大杞柳产区之一的安徽阜南县，2022年全县共有376家柳木文化企业，年产值78亿元，进出口额4.52亿美元，产品畅销海内外。阜南县2001年就被国家林业局命名为"中国杞柳之乡"，2009年被国家工艺品美术协会命名为"中国柳编之乡"，2014年被中国工艺美术协会授予"中国柳编之都"荣誉称号。

（四）关于振兴中国乡村手工业的若干建议

第一，建议把民间手工业纳入国家新兴产业振兴计划中，作为战略性产业来对待。建议有关部门在调研的基础上，制定振兴中国民间手工业发展计划。不要小看民间手工业，这是一个以小博大的战略性产业，更是一个富民、利民的民生产业，是一个可以带动县域经济与乡镇经济发展的主导产业。建议把发展民间手工业作为鼓励农民创业、鼓励农民工返乡创业、乡村振兴的新兴产业来对待。目前，中国农村的许多手工艺技术面临失传的危险，在农村从事手工业的主要是留守村庄的老人和妇女。由于受社会主流观念与工业化的冲击，许多年轻人宁愿坐着没事干，也不愿意从事传统产业。发展民间手工业，需要政府从舆论、政策、职业教育上予以支持，鼓励农村年轻人参与到手工业创业活动中来。特别是针对那些返乡农民工，要把他们接受的市场观念、创新观念与传统手工业结合起来，这对于推动民间手工业发展具有重大意义。

第二，建议把民间手工业作为西部大开发与中部崛起的主要产业来对待。中国的西部与中部是中国民间手工业密集地区，发展潜力很大。西部是中国少数民族集聚的地区，也是中国原生态民间艺术与民间手工业资源最丰富的地区。要把发展民间手工业作为振兴中西部的主要产业，纳入西部振兴计划。

第三，建议国家出台鼓励民间手工业发展的配套政策，将其纳入国家产业规划与管理的视野。民间手工业因为属于低税源产业，所以很难进入地方政府产业发展规划的视野。建议财政部出台针对县一级政府发展民间手工业的激励政策。对于积极发展民间手工业的地方政府，在财政转移支付上给予激励性倾斜。此外，要研究并出台支持民间手工业发展的小额贷款优惠政策、税收优惠政策，鼓励民间手工业出口的退税政策等。

第四，建议把发展民间手工业上升到保护与振兴中国传统文化的战略地位。中国民间手工业承载着中国乡村独特的历史，是宝贵的中华文化遗产，是一种可以慰藉工业时代人们的心灵，给人以真善美享受的文化产品。承载如此多内涵的中国民间手工业产品，不仅不会消失，而且会借助中国文化的复兴，走向市场、走向社会、走向世界。

建议从中央到地方的文化管理部门，配合民间手工业的发展，出台保护与振兴中国民间文化与艺术的相关政策。把保护与振兴中国民间文化与艺术，作为繁荣中国文化事业的重要内容。

第七章 "手工+心"的时代：未来的生命化产业

第五，不要以搞工业的思维搞传统手工业。

手工业"文化+艺术+技术"的特性，决定了国家不能按照搞工业的思维搞手工业。

首先，不要按照工业的人才培训方法培养手工艺人才。可以载道的手工业品，是手与心共同完成的产品。由此决定了中国手工业传承不是单纯的技术传承，还包括源于心法的道的传承。中国古代手工业的传承不是通过现代大学这种形式进行大规模培训，而是师徒传承制。中国古代社会未能出现西方式的大学教育，并不是因为中国人不懂得这种教育，而是个性化的、以心传心的手工艺决定了师徒传承是有效传承。为适应手工业传承的特性，建议国家出台相关政策，认可师徒传承的人才培养方式。

其次，不要按照工业产品的管理思维去管理手工业。如果用目前已形成的一整套管理工业的思路、方法和标准来管理手工业，手工业将无法发展。以家庭作坊为单位、以表达个人独特的艺术审美为特点的手工业生产，是完全不同于工业化生产的。为适应手工业的发展，建议政府出台一套适用于手工业发展的制度和政策。

最后，手工业品既是满足自足需求的产品，也是可以进入市场的交换产品。但不能按照经营工业品市场的方法来经营手工业市场。手工业市场的竞争不是做大做强的竞争，而是像艺术品市场一样，在尊重与保护个性化、独特性、多样化的前提下，追求更美、更巧、更雅。手工业是有限发展、自足发展、多样化发展的产业。如果用销售传统工业品的方法来做手工业产品，就会把手工业搞乱。若非要将高端、小众的手工业产品，通过营销手段做大做强，结果只能是把一个高端产品变成没有价值的地摊产品。

第八章
乡土经济学：颠覆主流经济学的革命

党的十九大提出乡村振兴战略之后，乡村产业发展受到高度重视，出现了资本下乡的热潮。目前对于投资乡村的资本而言，需要注意：乡村产业有风险，投资需谨慎。不是说乡村不能投资，而是说在读懂乡村之前，不要盲目投资乡村经济。可以肯定，乡村是未来中国新经济发展的沃土，但进入乡村之前，我们必须对一些问题有足够的认识：乡村不是城市，不要以搞城市经济的思维搞乡村产业；乡村生产的对象是生命物，是与生命世界打交道，是人与自然共生，多样化生命共生互养的新经济；乡村是一个有自己规律的新经济世界，用当今的主流经济理论很难解读乡村经济。

中国乡村正在发生的新经济革命，是对传统工业经济颠覆性的变革，急需经济学理论的创新来指导正向兴起的乡村新经济发展。目前西方经济学理论，正在对中国乡村经济的发展产生误导。如何构建中国特色的乡村经济学，是中国乡村振兴的一项重大的理论创新工程。本书在这里抛砖引玉，提出供大家讨论的问题。

第八章　乡土经济学：颠覆主流经济学的革命

一、新经济革命：从物本经济向命本经济转型

2008年世界金融危机爆发之后，以兴起的新能源革命为标志，新经济革命帷幕就已在不知不觉中拉开。到目前为止，新经济革命的最重要特征已越来越明显，那就是：革命中心不在西方，在中国；发源地不是在城市，在乡村。

对兴起的新经济革命，目前理论界有各种讨论和阐述。西方学者普遍认为这是第四次工业革命，也有学者认为这是属于生态文明时代的新经济革命。从需求是推动经济革命的动力来看，威胁当代人类文明的最大危机，是生命健康危机，如蔓延全球的新冠疫情，是危及人类生命的危机。除此之外，对当代人类文明造成严重威胁的还有生态环境危机。2016年，第二届联合国环境大会发布的报告显示，全球1/4的死亡人数与环境污染有关，每年死亡的人数在1000万左右。生态环境污染危害的不仅仅是人类的生命，还严重危害到了地球的整个生命系统。2019年联合国报告，受人类影响，地球上100万个物种面临灭绝。全球物种灭绝的速度已经比过去1000万年平均高出几十到几百倍。为此科学家发出了警告：人类正处在第六次物种大灭绝的危机之中。

环境危机带来的全球生命危机，从来不仅仅是一个孤立的环境问题，更是一个需要我们反思的经济问题。从生命的角度来看现代经济增长，我们已陷入内卷的恶性循环。一方面，随着现代科技和制度的创新，经济和产品的质量越来越高；而另一方面，我们为此付出的代价是生命。面对全球性生命危机，我们急需一种新经济增长观，一种新的经济质量观，即把追求生命安全和高质量生命体验纳入经济增长的总目标，实现让生命安全和质量与经济质量同步提高的新经济增长。

在一个人与自然和谐共存的生态环境中、人与人和谐相处的社会中，物质与精神均衡发展的高品质生活中，实现让生命崇高与健康的新经济，是当代人类的共同需求。以环境污染、两极分化、生命异化为代价的现代工业化经济，本质上是一种物本经济。所谓物本经济，就是以追求物质财富增长为最高目标的经济。在工业化的初期，现代工业化经济给人类带来的收益最大；在工业化的中期，虽然其弊端与成本加大，但其给社会带来的收益仍大于成本；但是进入21世纪以来，这种经济已成为成本大于收益的赤字经济。

党的二十大报告对当今世界发展大势，提出了"四个赤字"的研判。报告指出："*和平赤字、发展赤字、安全赤字、治理赤字加重，人类社会面临前所未有的挑战。*"除此之外，当今世界还面临经济发展的赤字。当代人类为资本主义的现代化经济增长，付出的最大的赤字代价，是人类的生命危机。现代化经济赤字问题，不是局部的变革与修改可以解决的，而是需要一次从调整经济发展目标开始的全方位的经济革命。这个新经济革命的本质就是从由资本控制的、追求单一物质财富增长的经济，向由人民主导的、追求生命崇高和健康的新经济转型。

为生命崇高与健康服务的新经济增长，一定是对环境友好的经济增长。因为好的环境是生命健康的必需品，同时也是实现高品质生活的必需品。

总之，以生命为本的经济是一种比物本经济更复杂、更协调、更可持续发展的经济。从满足生命健康的新经济的诸多要素来看，乡村经济发展将发挥重要的作用。因为乡村具有满足生命健康的诸多优势。良好的自然环境、悠久深厚的乡土文化、熟人社会亲情互助的社会关系、生态有机农业产出的健康食物，等等，这些都决定了乡村经济的发展模式，是关系到一国国民生命健康的大事。以满足生命健康为目标的乡村经济，既是发挥乡村优势的新经济，也是乡村经济发展的新目标。以生命经济的新思维，规划乡村经济的发展，是目前乡村振兴急需研究与面对的新问题。

二、新财富经济：自然资本+文化资本+社会资本

乡村经济是滋养生命的新经济，这是乡村具有的资源禀赋决定的。自然、文化与社会是滋养生命的三大要素。中国古代的生命观是：物质滋养身体，文化滋养人的智慧，社会滋养人性，自然滋养人心。城市作为现代化经济的载体，利用土地、劳动力、资本、技术等要素，创造了满足人们生理需求的多样化产品，但城市并不能生产出满足人们心灵健康需求的新财富。而离天地最近、直接镶嵌在自然中的乡村，拥有城市没有的高质量的自然资源。自然资源不仅能提供满足人类生计的物质，作为人类生命的母体，自然还是人类智慧的老师、心灵的家园。

乡村所拥有的自然资本、文化资本、社会资本是未来乡村迈向生命经济的独特优势。依托这三大资本的乡村新财富经济，为社会带来的是生命健康、环境美化、社会和谐。面对目前较为严重的生命健康问题，国内大健康产业受到社会关注，大量企业开始投入大健康产业。我们不能忘记，真正能够给生命带来健康的大健康产业发展的广阔天地在乡村。

依托"自然资本+文化资本+社会资本"的乡村新财富经济，与现代互联网、新能源、微生物等生态化技术相结合，将形成乡村特有的新产业体系。乡村新产业体系主要包括十类产业：生态有机农业、乡村手工业、乡村休闲农业、乡村农副产品加工业、乡村新能源产业、乡村养老服务业、乡村文化创意产业、乡村总

部会展经济、乡村"互联网+"经济、乡村教育产业等。

三、义利经济人：从自利经济人到义利经济人

当今统治世界的西方经济学大厦，是建立在亚当·斯密提出的自利经济人假设基础上的。自古以来，自私自利一直被认为是让人类文明分崩离析、失序衰败的罪魁祸首。而亚当·斯密的重大贡献，就是发现了西方市场经济中，自利经济人的所作所为，不仅不会使社会秩序混乱、文明道德下滑，还是重新构建新文明秩序的逻辑起点。亚当·斯密在《国富论》中这样阐述"经济人假设"："我们每天所需要的食物和饮料，不是出自屠户、酿酒家和面包师的恩惠，而是出于他们自利的打算。但是他们为追求自身收益最大化的结果，是增加了社会收益"。亚当·斯密的经济人假设理论，为被人诟病的自利行为找到了存在的理由。正是自利经济人假设，构建起了从法律上保护私有制神圣不可侵犯，按照私有产权设计的现代化市场经济制度。

然而，当我们把视野拓展到当今正在兴起的乡村经济，我们发现，中国乡村社会几千年以来一直遵循着另一种经济人伦理，就是义利经济人。源自中国乡村的义利经济人伦理，也是当代中国特色社会主义市场经济应遵循的逻辑。但在改革开放后的几十年中，我们在学习与引入西方现代化经济理论的过程中，也接受了西方自利经济人理论。在主流经济学界，甚至固化地认为，自利经济人假说是符合人性的唯一选择。其实不然。无论是亚当·斯密的人性理论还是中国古代的人性理论，从来没有锁定自利是人的唯一本性。

自利经济人假设并不是亚当·斯密的杜撰，而是亚当·斯密根据对西方社会特性的洞察而提出的。亚当·斯密为后世留下的

第八章 乡土经济学：颠覆主流经济学的革命

两本经典著作分别是《道德情操论》和《国富论》。从理论体系看，这两本著作的观点是相对立的。在《道德情操论》中，他从人具有的同情心出发，论述了利他主义的伦理观。然而在《国富论》中，他从利己的本性出发，论述了利己主义的利益观。这两部著作充分说明亚当·斯密认识到了人性有两面性：既有动物的一面，即利己；又有天使的一面，即利他。尽管作为道德哲学教授的斯密对自己的《道德情操论》的重视和评价远远高于《国富论》，但被后世认可与广为流传的是《国富论》。这充分说明，整个现代西方文化体系所接受的伦理是利己主义。

与此相对应，中国文明体系所遵循的人性假设，是"人之初，性本善"。人性到底是善还是恶，一直是伦理学讨论的问题。其实善恶都存在于人性中。亚当·斯密的两部著作，恰恰是其对人性两面的洞察。对此，王阳明心学中有四句话更深刻地阐述了善恶与人性的关系："无善无恶心之体，有善有恶意之动。知善知恶是良知，为善去恶是格物。"

人性中有善有恶，为什么西方偏向人性本恶，而中国偏向人性本善？追根溯源，这是由两种不同的文明发展模式决定的。西方文明根源于生人社会的城市文明，中华文明根源于熟人社会的乡村文明。乡村作为小规模社会，是一个以血缘关系为纽带的熟人社会。在乡村，一个人生老病死的整个人生过程中都伴随着一套礼仪活动，这些活动的一个重要功能，就是增进全村人之间的联系。这些礼仪活动告诉我们，乡村熟人社会是一个你中有我、我中有你的社会。所以，这样的社会文化自然会走向人性本善。

然而，在一个开放的、流动性较高的生人社会，不能以乡村教育的方式来教育城市的孩子。我们给孩子的教育是，不要吃陌生人给的东西，不要跟陌生人说话，以免出现问题和危险。这样的教育对不对？当然是对的。因为城市是生人社会，必须以人性本恶的逻辑出发来教育孩子。由此就可以理解，奥古斯丁、霍布斯等一批西方哲学家，都认为人在胚胎时期就有罪恶，人的一切行为都是为了个人私利，人的本性是自私与恶的。从这个角度看，我们就容易理解亚当·斯密以自利经济人为逻辑起点构建古典经济学是有社会基础的。

基于生人社会与熟人社会，形成了两种不同的社会治理模式。在假定人性本恶的社会中，私人信息不透明，为了自我保护，选择了法治来维系社会秩序，通过契约文化让每个人都接受这种公共规则。当然，西方法治社会中也有德治，但德治处在附属地位。熟人社会的治理模式恰恰相反，每个人接受的是你中有我、我中有你的亲情关系，主要的管理方法是德治教化，辅之以法治。中国与西方的社会与经济差异如下表所示。

中国与西方的社会与经济差异

	社会关系	遵循的伦理	治理方式	经济人理论
城市（西方）	生人社会	人性本恶	契约关系与法治	自利经济人
乡村（中国）	熟人社会	人性本善	亲情关系与德治	义利经济人

基于生人社会和人性本恶的逻辑，形成的西方式民主与法治模式，也非常契合达尔文的丛林竞争法则。在一个弱肉强食的竞争社会中，要将人性本恶的社会改造成趋善的有序社会，必须诉诸外在的、基于公平与正义的法律。构建这样一个公平正义的有序社会，对每个人的私人权利的保护，就成为西方人权思想的核心，即每个人都有属于自己的平等的权利。这就是亚当·斯密创立自利经济人的社会基础。

几千年来，中国传统经济活动遵循的义在先、利在后的观念，也根源于中国熟人社会的基础。乡村作为熟人社会，是义利经济人的文化基础。此外，乡村经济是让生命健康、生态美好、社会和谐的新经济方向，决定了未来乡村经济的经济学大厦，必定是一个建立在义利经济人基础上的经济理论体系，这是中国特色乡村经济理论的最本质特征。

四、新公共经济：从市场化到有限市场

作为乡村经济发展的生产资料，不论是农业生产耕种的土地还是当代可利用的绿水青山，它们不仅是一个活的生命系统，而且是具有公共产品特性的共享资源。

根据公共经济学理论，社会产品分为公共产品和私人产品两大类。公共产品或劳务与私人产品或劳务具有三个显著不同的特征：一是效用的不可分割性，二是消费的非排他性，三是受益的非排他性。单纯从土地的使用来看，土地具有私人产品的特性，即可分割性、消费上的排他性和受益的排他性。但从耕地的特性看，耕地与矿物不一样：矿物是孤立的，对矿物进行加工的机器和工具是私有的；但土地生产粮食的过程，主要是自然力作用的过程，农业劳动与工具只是辅助粮食生长。植物生产所需要的自然之力，如阳光雨露、风和四季循环之力，不仅不可分割，也无法独有。

同样，要完成利用自然之力的重大工程特别是水利工程，就需要运用公共之力。中国古代大型水利工程，大都是举国家之力修建的公共工程，凭一家一户的私人之力是无法完成的。

总之，由于土地同时具有私人产品特性与土地生产过程中的公共特性，因此，虽然可以按照私人产品特性对土地进行私有化分配，但这种私有性的土地分配必须在公平的大前提下进行。也

就是说，土地资源的分配，不能完全交给市场进行，而是要按照公共产品的特性，利用国家的力量进行公平分配。土地生产的粮食也可以进入市场进行交换，但这种交换必须满足是在每个人的温饱都可以解决的前提下进行。由此可以理解，为什么中国农村的土地，农民拥有承包权，但没有随意处置土地的最终产权。土地生产出粮食，不能与工业品一样，完全交给市场调节，中国的粮食市场是在国家一系列调控政策下的有限市场。

用于其他用途的绿水青山与土地的特性一样。个人可以承包经营山林，但山林是自然给所有人的公共产品，绿水青山除了可以满足旅游等外，它提供的新鲜空气、森林植被，与粮食一样，是生命的必需品。所以，乡村经济发展使用的耕地与绿水青山所具有的公共性，决定了其生产所遵循的伦理，不能是自利经济人，而应是义利经济人。粮食生产必须先公后私，义在先、利在后。绿水青山要变成金山银山，也必须遵循这个原则，也就是先保护，使其保持公共产品的特性，才能再开发利用。

由此就可以理解，为什么乡村经济发展必须走集体富裕、合作发展之路。这不是纯粹的意识形态的安排，而是尊重乡村经济发展规律的制度安排。这种制度安排是由乡村生产资源的特性决定的。从这个意义上看，乡村经济走集体发展之路，是因为乡村需要社会主义。同样，社会主义发展也需要乡村走集体与合作发展之路。因为乡村经济发展所提供的公共产品，是供整个国家与社会共享的产品。从这个意义看，乡村是国民生命的安全保障，也是国家经济与社会、政治安全的保障。

五、生活经济学：从利润最大化到幸福最大化

近代兴起的工业文明，对人类最大的贡献就是创造了一种高

第八章 乡土经济学：颠覆主流经济学的革命

效率的物质财富的生产方式。现代经济学体系，也是围绕如何以更高的效率、更高的技术产出更多物质财富而建立起来的。现代经济学体系中也有消费经济学理论，但它仍然是围绕生产最大化服务的。

关于如何过上更经济的幸福生活，就是如何以最低能耗和消费，实现幸福最大化的生活的经济学，这在现代经济学体系中严重缺位。这种缺位也与现代经济学的一个假定前提有关，即物质增长必然包含幸福增长。不可否认，在工业化初期，也就是物质供给短缺的时期，这个假定是可以成立的，GDP指数就是幸福指数。最有说服力的例证，就是20世纪80年代到90年代，中国人幸福感增长最快。

但是，按照边际效用递减的规律，人们对物质消费的满足感，并不是随着物质消费数量的增加而同比例增加的。经济学家发现，在一定时间内，在其他商品消费数量保持不变的条件下，一个人连续消费某种物品时，随着所消费该物品的数量的增加，其边际效用先递增后递减。同理，人们的幸福感随着物质消费的增加，不是一直都在同步增加，而是在到达一定程度后会出现递减趋势。

特别是在工业化发展的后期，人们的幸福感不仅会随着物质财富的增长而递减，而且形成了高消费的生活方式，从而带来一系列对身体健康和精神健康的负面影响。仓廪实而知礼节，衣食足而知荣辱。在物质足够丰富后，人的更高层次的精神需求会越来越多。由资本主导的工业化系统，无法为社会提供健康的精神与文化消费。在物质与精神消费失衡的生活方式中，经济学理论所假定的物质财富的增长必然包含幸福的增长这个前提便失灵了。

2018年，联合国发布的全球幸福指数报告显示，中国排在第86位，与GDP世界第2位的地位极不对称。中国陷入了"全民焦虑"，出现了幸福感边际效用递减的情况。

畅销书《情商》的作者戈尔曼指出，在20世纪，每一代人的心理压力指数都高过他们父母那一辈。不光是指沮丧，还有其他症状，诸如无精打采、颓废、自怨自艾及强烈的绝望感。弗兰克尔在《活出生命的意义》一书中称，20世纪一个常见的现象就是"存在虚无"，25%的欧洲学生及60%的美国学生感到自己就活在这种"存在虚无"中。

这种流行的虚无感，今天在中国也开始流行。北京大学某届大一新生接受心理调查，结果显示，这一届大一新生中有30%的孩子讨厌学习，或者认为学习没有用，还有40%的学生认为活着没有意义，北大心理学教授徐凯文将其称为"空心病"。

总之，精神问题已成为现代文明的流行病，这种病是在物质财富发展到一定阶段之后才会产生的。我们做进一步的思考就可以发现，关于幸福感的问题不是单纯的心理学问题。因为幸福感缺失的背后，是人类生活方式出现了问题。而造成这种不健康的生活方式的根源，在于资本主义工业化的经济模式。从经济学理论研究创新来看，人类需要一种新的生活经济学。工业文明时代解决了生产最优的问题，但未能解决生活最优的问题。

以现代追求生产最优的经济理论来看，封闭自足的乡村社会，因不能承载高效率的现代化经济而被认为是愚昧的、落后的。但从当下人类需要的健康的生活方式来看，传统的乡土生活恰恰是我们所需要的生活方式。

从经济学角度来看，乡村具有城市不具备的四大禀赋资源：乡土文化、清洁能源、自然资本与社会资本。如果将这四类资源整合在一起出售，就会产生具有竞争力的稀缺产品，这个产品就是乡村生活方式。这是一种有文化、低碳健康、有情感、有温度的文明生活方式。

首先，基于自给自足的低能耗、低成本的消费恰恰符合生态文明价值观的新文明生活方式。其次，贴近自然、与自然和谐相处的乡村生活，使农民拥有了城市人很难获得的有利身心健康、怡情养性的生态财富。最后，乡村特有的熟人文化环境、利他互助的社会伦理，是医治现代"空心病"最好的解药。

既然乡村生活是城市所缺少的，也是医治城市文明病所需要的，那么乡村生活就具有让城市人购买的财富价值。从这个角度看，未来的乡村生活将成为乡村产业发展中最具有魅力和竞争力的产业。但乡村生活这种产品不是直接被卖到城市，而是让城市人下乡来购买。

乡村生活就像大地上生长的植物一样，一方水土的物质、一方水土的风俗、一方水土的文化，养育了高度多元化的乡村生活。今天的城市是按照工业化标准，像生产产品一样生产出来的，世界上的城市千城一面。但古老的乡村不一样，一百个乡村有一百种不同的生活样式，如诗意乡村生活、部落乡村生活、公社乡村生活、禅修乡村生活、游牧乡村生活、渔歌乡村生活、桃园乡村生活、国际乡村生活、候鸟乡村生活、历史乡村生活、武术乡村生活，等等。

21世纪人类理想的生活，就是在生态文明的导航下，利用工业文明创造的物质财富，加上中国五千年文明创造的乡土文化，使自己生活在物质与精神的均衡中、传统与现代的结合中，创造出迈向新时代的新乡村生活。

六、分布式经济：颠覆规模经济学的小而优经济

（一）小规模、分布式：乡村异于城市的重要特质

乡村社会与城市最大的区别是，乡村是小规模、分布式社会。

乡村的这个特质，决定了乡村不能容纳城市所容纳的高度分工、规模化、单体最大的经济。分布式、多样化、小微化是乡村经济的特有形态。用英国经济学家舒马赫（1911—1977）的话讲，这是一种小而美的经济。

自从党的十九大提出乡村振兴战略以来，产业兴旺受到各地政府的高度重视，也使一大批企业开始进入乡村经济领域。但随着时间的推移，大家越来越发现，乡村的钱不是那么好挣的。最早进入农业领域的一批企业，现在陷入进退两难的困境。曾经风行一时的田园综合体，在经过短期的热闹之后，陡然沉静下来。许多专家估计，要不了多久，百分之七八十的田园综合体项目必死。无论是国家的扶持资金还是民间的私人资本，都会渗透到大地里消失得无影无踪。

许多企业家在投入乡村产业后陷入迷茫，为什么搞了几十年投资，甚至上亿元的大项目都成功了，却在乡村这个小天地里翻了船。

其实并不是乡村不适合发展经济，而是乡村不具备承载大体量、做大做强产业的条件。首先可以肯定，乡村是未来新经济的沃土。但到乡村发展，需要换一个思维看乡村，未来乡村所承载的经济业态，是满足新消费、引领未来新潮流的新经济业态，是分布式、小而多样化、小而美、小而优的产业。

对于乡村分布式的小规模经济的研究，除了上述讨论的问题之外，目前争议最大的，就是如何看待中国的小农经济。尽管中央文件已经明确以家庭为单位的小农经济在乡村经济发展中的地位，但多年形成的刻板思维，导致否认小农经济作用的看法仍占据着主导地位。

小农经济被否定的原因，其理论层面来自规模经济理论。规模经济理论是现代西方经济学的基本理论之一,也是现代企业理论研究的重要范畴。规模经济理论是指在一特定时期内,企业产品绝对量增加时,其单位成本下降,即扩大经营规模可以降低平均成本,从而提高利润水平。在这个理论的指导下,做大做强成为现代经济发展通用且必须遵循的规律。残酷的市场竞争也一再证明规模经济理论的正确性。做大做强也是在按照丛林法则发展起来的现代市场经济中胜出的唯一出路,否则将被淘汰。所以,在西方经济学理论中,规模经济理论是普及度最高的铁律,甚至到了统领整个现代经济的程度。

在这样一种强大理论的作用下,小农经济被否定可想而知。而且小农经济被否定,不仅有理论层面的原因,而且有事实层面的原因。公认的农业现代化的成功代表美国,在世界农业领域占据竞争优势,依靠的便是大规模农业。按照规模经济理论,只有建立在高度分工基础上的大规模农业,才能使用现代化机械与技术。按照亚当·斯密的分工理论,分工不仅可以提高工人的劳动技巧和熟练程度,节约由变换工作而浪费的时间,而且有利于机器的发明和应用。以美国农业来看,事实也确实如此。

在这样一种背景下,为小农经济辩护看似是不明智的,但无论是理论还是事实,都有足够理由来为中国的小农经济辩护。

(二) 区分规模农业对劳动效率和土地效率的不同影响

大规模农业确实能够提高劳动效率,降低单位产量的成本、增加利润,但这不等于能提高土地亩产量。这是农业与工业最大的不同。无论农业机械化程度有多高,影响粮食产量的决定性因素是土地总量。在土地数量没有增加的前提下,农业的规模化与机械化经营,提高的是人均生产率,而不是真正意义上的土地粮食的产出率。

粮食生产与汽车生产不一样，汽车百分之百是机器生产出来的，而粮食不是。**无论今天的农业技术发展到何种程度，自然都是粮食生产的第一生产力，这个事实不会改变**。所以，无论农业科技如何进步，受自然之力的约束，粮食生产的天花板无法突破。

无论是中国农业的实践，还是美国农业经济学的研究，都发现小规模农业的亩产量普遍高于大规模农业。也就是说，大规模农业在提高土地产量方面，没有显示出其规模效益，甚至是负效应。原因很简单，小规模农业可以实行精耕细作、多样化种植，即可以充分提高土地的利用效率。

单纯从农业的劳动效率看，许多专家学者认为中国的农业落后美国 100 年。中国科学院中国现代化研究中心发布《中国现代化报告 2012》称，中国农业经济水平比美国约落后 100 年。该报告显示，2008 年中国谷物单产、水稻和小麦单产达到了发达国家水平，但中国农业劳动生产率约为世界平均值的 47%，约为高收入国家平均值的 2%。这个事实说明，**土地产出效率的提高，与规模化农业没有相关性。中国比发达国家落后 100 年，是指劳动效率落后**。

正是基于中国农业劳动效率的过低，我们才把提高劳动效率，作为中国农业现代化的发展目标。由于提高劳动效率的出路就是搞规模经济，因此，农业规模化就成了中国现代化农业的发展目标。而规模化又需要提高农业资本投入，但没有利益便无法吸引资本进入，由此，推动中国农业规模化、资本化、市场化就成了中国农业现代化的发展目标。但经济学家发现，大量存在的追求自足、缺乏逐利意识的小农经济，是中国农业现代化的障碍，于是在大力推进中国农业现代化的背景下，如何改革小农经济被推到了重要的位置。

（三）中国绝不能走美国式现代化农业之路

需要注意的是，这个农业现代化的目标定位，就是典型的美国版的现代化农业。对此，笔者认为至少有四大理由决定了中国绝对不能走美国式现代化农业之路。

第一，中国农业发展的第一要务是单位土地产出最大化，保证中国粮食的安全性，不能简单学习美国追求劳动效率最大化的农业发展之路。中国作为世界人口大国，用占世界9%的耕地养活了世界近20%的人口。美国3亿多人，耕地面积有28亿亩左右，排名世界第一。土地资源决定了美国农业不用考虑本国粮食安全，通过提供劳动效率，降低粮食价格，以提高美国粮食出口的竞争力，是美国农业发展的战略。美国具有的粮食出口竞争优势，中国没有。中国粮食生产的战略目标，不是参与国际市场，与美国比高低，而是必须确保粮食的国内自足、自主。

一些学者用亚当·斯密的比较优势理论进行分析，提出中国可以利用美国粮食出口的优势，来弥补中国的劣势。如果这样，中国农业发展便会陷入美国对外粮食安全政策的圈套。在美国称霸与控制世界的过程中，粮食一直是美国使用的一种武器。美国有1/3的土地处于休耕状态，只要美国愿意，它可以轻而易举地在短期内提高30%—50%的粮食产量。由此可见，以美国农业的体量和能力，它完全具备摧毁当今世界绝大多数国家农业体系的能力。农业为百业之本，农业被摧毁，国家和民族的生存将毫无保障，更谈不上发展。

中国要掌握粮食自主权，就要在确保中国粮食亩产量最大化的前提下，兼顾劳动生产率的提高。按照这个战略，中国农业发展必须保护小农经济的立场就不再是一个单纯的经济问题，而是一个关系国计民生的政治问题。

第二，自然条件决定了中国不能走美国式的大规模农业发展之路。中国18亿亩耕地，2/3是丘陵山地，无法搞大规模机械化耕种。中国的农业机械化必须走中国特色之路，探索适合中国地形的机械化之路。

第三，中国乡村振兴的使命决定了中国不能走消灭农民、消灭乡村的美国现代化农业之路。许多中国专家学者非常羡慕美国以2%从事农业生产的农民，耕种了超过28亿亩的耕地，养育了3亿多城市人。美国这种消灭乡村的做法中国不能学。中华文明是由乡村主导的农耕文明，乡村是中华文明的根，民族要复兴，乡村必振兴。中国乡村的振兴一定是有农民、有家庭、有乡土社会、有文化与历史传承的乡村。

小农经济不仅是中国粮食安全的主体，也是中国乡村文明传承的经济基础。如果中国搞美国式消灭农民的现代化农业，就意味着中华民族伟大复兴之根——乡村，面临消亡的危机。如果依靠这样的现代化农业来搞乡村振兴，就是一个悖论，是消灭乡村的乡村振兴。

第四，迈向生态文明新时代的中国农业，决定了中国不能走美国式工业化老路。党的十八大提出的迈向生态文明新时代，决定了中国农业现代化的方向，不是追赶美国工业化式的现代农业，而是要走由生态文明导航的生态化农业发展之路。**从生态文明来看，小农经济恰恰是生态农业发展最需要的经济形式。**20世纪80年代以来，欧美国家出现的逆现代化农业而行的有机农业，是回归家庭农业、社区农业、多样化农业。而这种欧美需要花费很大力量才能发展的农业形式，在中国已经存在几千年。美国许多从事有机农业的专家，非常羡慕中国传统的小农经济，还告诫我们不要走美国农业现代化之路。

(四）真正理解有机农业和小农

有机农业不是一个单纯的经济概念，与有机农业相配套的是小规模农业。追求单体产量最大化的大规模农业，必然导致病虫害发生，从而导致土地肥力递减，下一步就是农药与化肥的施用。在一块土地上，多样化种植、多样化养殖的小规模农业，会形成多个家庭共同生活的社区，这种社区在西方就是新乡村，在中国就是已经存在千年之久的村庄。

对小农经济的肯定，并不是排斥现代化生产，也不是排斥现代化科技。小农户如何与现代市场对接，如何利用现代化的技术？中国农民已经因地制宜地创造了各种各样的小农户+合作社+公司等方式。笔者通过长期的下乡调研发现，中国的小农户经济，没有想过要做多大、做多强。在乡村的小规模社会中，在乡村知足者常乐的生活哲学的作用下，他们想的是，稳定持续地发展比做大做强更重要。在乡村的熟人社会，他们从来没有想过，通过兼并其他农户让自己壮大，因为在乡土文化中那是不道德的事。政府和专家学者对从事小农产业的农民，总是以批评的口气讲，不要满足现状，要做大做强。建议搞农家乐的农户，要搞乡村酒店、搞连锁店；对于农业做得很好的小农户，建议他们引入资本，搞规模生产。其实这些都不适合小农。

现在许多有土地的农民，每年用几十天的时间就完成了自己所承包的土地的耕种和收获，并不影响外出打工，每年回家几天就种完了。家庭有块地，在外地心就安稳。但是现在有些专家盲目地劝农民把土地流转出去，交给搞规模化农业的公司，从而得到一笔流转费，自己也不用再牵挂种地了，甚至还可以回来当农业工人。但这种模式也存在一定的风险。农民也并非土地流转最大的受益者。

上述种种建议的提出，并不是站在乡村文明需要传承、国家政治安全看小农户经济，并不是站在农民需要有块安心田的角度看小农经济的，而是站在工业化、城市化、资本化、规模化的角度看乡村和农民的。按照这种思路搞土地流转，搞规模化农业，是一条充满风险之路。

第九章
回归生命：从乡村起航的新教育

民族要复兴，乡村必振兴；乡村要振兴，文化是灵魂；文化要复兴，教育必先行。

自从十多年前，笔者开始关注乡村教育以来，就发现乡村教育的问题需要放在时代的大背景下求解。

当今世界主流的教育模式，是源自西方的为工业文明服务的教育。这种教育模式有三大特征：一是知识化教育，为工业化提供知识与创新源泉；二是做事的教育，为工业化培养能高效率做事的人；三是城市中心教育，即为城市化服务。总之，这个教育模式决定了乡村教育无位与出局的命运。由此可以回答，在实施乡村振兴战略的过程中，教育振兴缺位就是因为我们尚未走出工业化时代留下的阴影。

然而，无论是迈向生态文明新时代，还是中华民族伟大复兴，时代需要新教育模式，需要回归智慧、回归做人、回归乡村的教育。当我们用新教育观解读中华文明与历史时，就会发现，中国不仅是世界文明大国，而且是世界教育大国。几千年来，中国走的是一条教育治国、智慧育人之道，而这条道的起点在乡村。21世纪中华民族伟大复兴、迈向生态文明新教育之路，将再度从乡村起航。

一、中国与西方：两种不同的教育模式

（一）古希腊"七艺"教育模式：求知做事的教育

如果说不同的文化携带不同的文明基因，那么教育则承担着传承这个文化基因的功能。从这个意义上讲，教育模式影响着文明模式。目前流行的教育模式，是为工业文明服务的教育模式，而这个教育模式在古希腊、古罗马时期就基本形成了。

古希腊流行的教育被称为七艺教育，这七艺课程分别是逻辑、语法、修辞、数学、几何、天文、音乐。同一时期中国的西周，也有自己的教育模式，这种教育被称为六艺教育。六艺是指礼、乐、射、御、书、数。后期还有孔子的六艺，指的是《诗》《书》《礼》《易》《乐》《春秋》。

从整体上看，中西方最初都是把教育看成一门艺术，而不是单纯的技术。艺术是滋养生命的，技术主要作用于物质工具。此外，古希腊与中国古代的教育都是通才教育。从表面上看，中西方的教育差别不大，但站在21世纪的高度，回看西方的七艺与中国的六艺教育模式，会发现它们的差别很大。

古希腊的七艺教育蕴含着西方教育模式的雏形。这个教育模式包括三部分，即知识教育、做事教育、左脑思维教育。古希腊的七艺教育有两大功能，一是提升获取知识的能力和技能，二是掌握基本母体知识，即知识的知识，也可称为原知识。如现代数学、物理、化学就是现代知识的原知识。

古希腊的七艺可分为三个部分，第一部分是获取知识能力的

第九章 回归生命：从乡村起航的新教育

三艺，即逻辑、语法与修辞。这三艺是一个人进行辩论必须掌握的三种能力或素质，同时也是一种有效的工具，它能够提高人的表达能力、辩论能力和理性思维。在古希腊的民主社会中，民主政治与社会交往活动中最盛行的就是演说和辩论。通常，有知识的人在演说与辩论中获胜的概率也大。

为什么古希腊人如此重视这三艺的学习？因为这三艺是知识创新工具。在古希腊，被社会公认的知识，必须是经辩论之后被大家接受的思想和观点。从这里我们可以发现，从古希腊开始，标志着这个文明进步的知识，也像商品一样，是经过市场竞争产生的。为了保证市场运行的有效性，就必须制定制度和竞争规则。古希腊的知识创新也是如此。

剩余四艺是数学、几何、天文、音乐。这四艺是要学习四种具体知识。这四种知识，除了音乐是与人的生命有关系的，其余三艺都是人类面对外在客观世界时所需要的知识。古希腊作为一个工商业经济主导的社会，商业交往最需要的就是计算问题。数学是一种高度抽象的逻辑思维产生的知识，基于理性的逻辑思维，古希腊高度重视这种思维方式，数学也被认为是产生知识的母体思维方式。所谓理性思维，就是把人的喜怒哀乐的情感压缩到最低程度，用人的理性去客观地面对世界。这种理性思维恰恰是一个基于生人、追求利益交往的商业社会最需要的思维方式。

我们发现，古希腊的四艺，所求的知识主要是认识客观世界的知识；古希腊的"三艺"所述知识，满足有效辩论的三种能力，也是外向性。这个外向的世界，就是古希腊哲学家心中独立于人而存在的自然。正是这样一种思维方式，促生了西方天人分离的哲学思想。以理性思维面对的客观化、可计量化的自然世界，最匹配的不是生命世界，而是非生命的物质世界，正是对这个世界的认识，形成了近代西方自然科学体系。

古希腊的七艺教育模式，其中有六艺是关于客观世界的知识教育，而与认识人本身相关的教育很弱。这七艺中与滋养生命相关的教育只有音乐，还是排在最后的。由此可见，古希腊的七艺教育是一个以学习知识为主、围绕如何做事展开的教育模式。

（二）中国"六艺"教育模式：做人的开慧教育

《周礼·保氏》中写道："养国子以道，乃教之六艺：一曰五礼，二曰六乐，三曰五射，四曰五御，五曰六书，六曰九数。"古希腊的七艺中乐教排在最后，而中国的六艺教育，排在前两位的是礼和乐。中国教育最大的特点是什么？就是礼乐教化。礼乐作用的对象不是外在的客观世界，而是人。西周的礼分为吉礼、凶礼、宾礼、军礼、嘉礼，这五礼的作用就是调节与规范社会生活与国家治理中遇到的各种关系。如果说礼是从外部约束人的行为，那么乐则是从内部教化人心，让人自觉尊重礼仪制度。

西周的乐，是指用于祭天的《云门》、祭地的《大咸》、祭四望的《大韶》、祭山川的《大夏》、享先妣的《大濩》、享先祖的《大武》。如果说礼调节的是人世间的各种关系，那么用于祭祀活动的乐，则是要完成与天地、祖先的联系。夫妻、父子、兄弟、君臣等关系是看得见、感受得到的现实存在的关系，而乐所要解决的人与天、地、祖先、各类神之间的种种关系，则是无形的关系。要建立这种无形的关系，必须用无形的媒介，最有效的媒介就是音乐。无论是礼仪还是音乐，其最终调适的对象是人心。

由此可见，中国古代是把如何做人的教育放在了第一位。满足做人教育的礼乐教化，要的不是由逻辑推理出的知识，而是通过礼乐去感悟人与人、人与自然的链接。这种链接所需要的不是理性思维，而是悟性思维。礼乐教育要解决的核心不是"知道"，而是要"信",这个信就是信仰的教育。心里信才是真正的信。而这种信所需要的感悟能力就是智慧。古希腊的七艺教育是为了获得智慧,而中国六艺教育是为了打开智慧。

春秋时期孔子开私学也授六艺,此六艺即儒学六经,分别是《易》《书》《诗》《礼》《乐》《春秋》。孔子的六经教育更加导向做人的开慧教育,但同时也增加了知识教育,即在西周的悟性思维基础上,增加了理性思维。**西周的六艺加上孔子的六经,中国古代教育基本定型。**中国古代的教育模式中也有教如何做事的,如射、御、数。但这些知识教育是日常生活所需要的,与古希腊的数学、几何、天文差别很大。古希腊的知识教育带人进入的是一个以数学为王的自然世界,而中国的射、御、书、数带人进入的是一个人文与生活的世界。

(三)现代化之源:中世纪西欧的大学教育

通过比较我们发现,中西方的教育模式从一开始就是朝着两个不同的方向发展的。古希腊的七艺教育模式中缺乏进入人心的信仰教育。正是因为这个教育的缺位,公元5世纪之后,古罗马接受了来自犹太人创立的基督教,以弥补这个缺位。进入中世纪后,基督教文化在欧洲逐渐占据统治地位。一直到15世纪,随着文艺复兴的深入开展,西欧人才开始觉醒,发现基督教的神本文化不是他们本来的文化,他们本来的文化是源自古希腊的人本文化。从神本再度回到人本,成为近代西方文明兴起的起点。

与古希腊的教育模式相比,中国古代的教育模式在知识化、工具化的做事教育方面不足,这或许是近代工业文明未能在中国兴起的重要原因之一。中国在追赶西方现代化的过程中,教育模式开始从做人教育向做事教育大转型。

教育是任何一个新时代开启的先导。如果说城市是工业文明的母体，那么12世纪在西欧兴起的现代大学教育，就是新文明模式的胚胎，也给现代文明带来了第一道光。公元5世纪，西罗马帝国灭亡后，西欧在文化教育方面一片空白，只有基督教、修道院和教会学校。源自古希腊、古罗马的七艺虽然流传了下来，但被基督教接受后，是被作为世俗学问来对待的。

修道院的七德和七礼教育，与中国礼乐教育高度相似。它与中国六艺的内容不同，教育模式与古希腊的七艺也有根本性不同。七德和七礼都是一种内修的教育，提升核心在心，聚焦的目标就是对神的信仰。其实，不仅中世纪的教育与中国相似，在西方工业文明兴起之前，农业文明时代各个地区与各民族的教育，都是为信仰服务的礼与德的教化模式。

但中国教育模式中关于"信"的教育，比中世纪更理性、更丰富。在中国古代教育模式中，人与神不是对立关系，神是圣人，是每个人都可以达到的目标。而中世纪的信仰教育中，人与神是对立关系，人性灵光被神之光所覆盖，这也正是西欧发生人本革命的原因。而中国的人性光辉与神之灵光是遥相辉映的，所以中国古代的教育，特别是被孔子总结提炼之后的六艺教育，被汉朝确立为治国教育之后，给中华文明带来了千年辉煌。

正是在这样的背景下，一种新型教育模式在中世纪的城市中兴起，这就是现代大学教育的起源。1088年，意大利建立了世界上第一所正规大学——博洛尼亚大学，它是欧洲最著名的罗马法研究中心之一。随后，欧洲各地相继出现了大学。1200年，由巴黎圣母院附属学校演变而来的巴黎大学诞生。同年，法国国王承认巴黎大学的学者具有合法的牧师资格，有司法豁免权。1215年，教皇特使为巴黎大学制定了第一个章程，取消了圣母院主事对巴黎大学的控制权。1268年，巴黎大学的学者们来英国创办了牛津大学。真正的现代大学（启蒙运动以后，经过理性主义改造）开始于19世纪初，一般认为，1810年德国柏林大学的创立标志着现代意义上的大学诞生。

中世纪末兴起的大学教育之所以是现代教育的起源，原因有三：一是脱离了修道院的管制；二是源自古希腊的七艺成为教育的主要内容，神学成为辅助教育内容；三是走向了专业教育。

中世纪大学兴起是一个重大事件，在黑暗的中世纪给欧洲带来第一道曙光。正是这个管理自治、学术与思想自由再度回归的古希腊、古罗马的人本教育，成为携带着新文明基因的胚胎。这个胚胎经历漫长的孕育，到文艺复兴时期最终诞生。

一谈到工业文明，大家首先会想到英国的工业革命。其实，英国工业革命已经是工业文明这棵大树结出的硕果。这棵大树的种子，正是中世纪的大学教育，文艺复兴则是这粒种子扎根发芽之后出土的小苗。经历宗教改革、资产阶级革命、启蒙运动等一系列变革，一直到18世纪，这棵携带着新文明基因的大树开花结果，第一颗硕果便是发生在英国的工业革命。

无论自英国工业革命之后，又经历了一次又一次怎样的科技革命，给当代人类文明带来了多大的变化，我们都不要忘记，这个文明之源、为这个文明提供知识营养的是教育。无论中世纪兴起的大学在之后发生怎样的变化，但是现代教育的基本功能与特性没有变。

二、被忽视的隐性危机：现代教育的困境与生命危机

当代人类面临的危机是什么？人们的答案多数是环境危机、疫情危机、经济危机、世界冲突危机等。以追根溯源的思维看，当代人类面临的最大危机不是以上那些显而易见的危机，而是隐

藏在那些危机背后的被人们忽略的文化危机、生命危机、人心危机和教育危机。

诞生于中世纪的新教育模式开启了神本教育转向人本教育的新时代，这个教育模式也因为释放的巨大力量，成为工业文明的功臣。然而，工业文明陷入总危机的今天，我们发现，危机的源头同样是这个教育模式，化解现代工业文明的危机亟须从创立新教育模式开始。

（一）反思现代教育模式：从人本走向反生命资本化教育

世界上从来没有普世永存的文明，同样也没有普世永存的教育模式。西欧的大学教育模式，已经走向它的反面。

一是从解放人的人本教育，走向了反生命的物本教育。虽然与中国的教育模式是不同的方向，但古希腊、古罗马时期的哲人们最初提出人本主义教育思想，还是站在了尊重生命的高度。他们都不约而同地主张对人进行全面教育。柏拉图、苏格拉底、亚里士多德等哲人，从理性主义出发，认为人之所以为人，基本特征在于人具有理性，唯有充分运用和发展理性才能真正实现自我。而教育的目标就是要让人的身体、道德与智慧得到全面、和谐的发展。柏拉图认为，教育不单单是知识的灌输，更是为了培养全面发展的创新型人才。但是要达到柏拉图所述的理想的教育目标，前提就是要有一个理性国。柏拉图在《理想国》中认为，一个国家要成为有序和谐、人民幸福的正义国度，关键在于统治者得是"真正关心国家利益"，具有"护卫国家的智慧和能力"的哲学家。

然而，回到今天的现实，为什么西方的教育最终走向了以做事教育为主流的结局？古希腊、古罗马哲学家所期望的理想的人本之所以没有出现，一个重要的原因就是，实现这个教育的前提——理想国家没有出现。因为现代工业文明的真正统治者，不是柏拉图希望的哲学家，而是资本家。

哲学关注的是人的智慧和思想，而资本家关注的是资本增值。这是现代教育从人本嬗变为物本的根源所在。古希腊、古罗马的哲学家，以及近现代以来的思想家，都认为一个完整的人是身、心、灵一体的人。要满足全面发展，就需要物质滋养身体，文化与艺术滋养人心，信仰滋养灵性。然而，资本当家的现代工业文明，虽然提供了满足人的生理需要的物质，但未能有效提供满足人心理、灵性需要的文化艺术与信仰，还将当代人类滞留在这个物质化的世界不能自拔。

也许有人认为，资本也为现代人提供了多样化的文化与精神层面的消费。其实精神与资本的关系是一个悖论，资本追求物质化，而文化与精神的本质恰恰是非物质化的。如果资本能够有效提供文化与精神，那么资本就必须实现对物质的超越。可如果资本能实现这个超越，那么资本就不是资本了。

也许有人会讲，我们完全可以通过资本满足我们的物质需求，在没有功利的大学教育中，来满足我们的精神与文化需求。不可否认，名义上，今天的教育仍承担着这样的功能，但事实并非如此。特别是第二次世界大战之后，伴随着第三次科技革命的发生，产学研一体模式的兴起，大学教育就逐渐变成了现代产业流程中一个知识与人才生产的大车间。长期以来，与资本经济、功利社会有一定距离、有自己独立精神的大学已经不复存在。特别是在20世纪70年代兴起的知识经济大潮的推动下，大学与社会的防火墙被彻底破除，为人本服务的教育逐渐变成直接为资本服务的教育。

"在全球化的今天，高等教育完全进入市场，工具理性成为主流理性，**知识的合法性转向了效用原则，何种知识更有价值不完

全取决于它是否能推进人们对外界或自身的了解，而在于是否更有用，更有效，尤其在进入大众化阶段之后，高等教育成为社会生活的核心，效用原则使知识和经济利益产生联系，工具理性成为大学发展的支配逻辑，学生是高等教育的消费者，学习的内容更加强调职业导向"。① 大学教育的产业化、市场化的结果是，在追求短期最好、结果导向的竞争机制的作用下，大学之间的竞争更加剧了大学教育从人本向资本转型的速度。自从知识经济、信息化时代带来眼花缭乱的消费产品，整个社会都在为知识经济时代到来而赞美的同时，全球性的物质化、去精神化的教育，使整个人类文明世界陷入物质与精神失衡的困境中。这种全球资本化的教育带来的毒性与导致的恶果，使缺乏精神滋养的人的生命空心化。被我们赞美的教育资本化的恶果是，当今人类的生命出现危机。

二是从造福人类的知识教育，走向让人成为知识奴隶的教育。从古希腊、古罗马开始，以逻辑学为思维之母、以数学知识为王的教育模式定位，促使近代西方开启了一个让知识创新为人类服务的工业化时代。以理性人的逻辑思维，形成的数理化知识体系，构建的是一个非生命的原子世界、化合物世界。沿着这个方向走到今天，西方教育已经走进死胡同，"学会数理化，走遍天下都不怕"的神话正在失灵。特别是在 20 世纪 60 年代兴起的知识经济的背景下，大学的知识教育越来越工具化、功利化、市场化，现代大学教育逐渐变成了机器化的教育，变成了一个没有温度、漠视生命、让生命服务非生命的教育体系。在这一教育体系中，物

---

① 刘广宇：《全球化与知识经济背景下的高等教育》，基金项目：国家社会科学基金"十一五"规划（教育学科）国家青年基金课题"全球化背景下的高等教育政策变迁：发展中国家的视野"（CIA060074）。

质的价值远大于生命的价值。在大学教育中，即使是滋养生命的文化、哲学与艺术，也变成了和自然科学理论一样的缺乏人性关怀、没有生命温度的知识。

三是从造福人类的科技创新走向了反生命的黑色科技教育。无论我们对现代工业文明的弊端进行怎样的批判，都无济于事，因为被资本控制的工业文明的大机器根本无法停下来。走向极点的工业文明，已经成为金融资本与科技资本合谋控制的人类文明。与资本合谋的现代科学技术，已经不是我们所想象的那样，是中性的东西。为资本服务的现代科技，已经把人当成了奴隶，失去了对生命的敬畏与关怀，仅把人当成牟利的对象来对待。被资本控制的非生命科学异化的结果是，物质化的科技进步正在走向替代人、奴役人、排斥人、祸害人的反人类科技，包括给当代人类造成生命危机的原子弹科技，农业转基因科技、化学化农业和食品、无处不在的游戏产品……正在成为危害人类生命的黑色科技，而为这些科技创新服务的就是所谓的现代化教育。

（二）自然缺失症：儿童是现代教育的最大受害者

现代教育所造成的生命危机，伤害最大的是儿童，这是最令我们痛心的。对儿童的伤害，意味着伤害的是整个人类的未来。这才是值得当今人类需要关注的大问题。

最早提出环境危机，引起社会关注的是《寂静的春天》这本书。作家蕾切尔·卡逊以生动而严肃的笔触，描写了人类过度使用化学药品和肥料，导致了严重的环境污染、生态破坏，最终给人类带来了不堪承受的灾难。她阐述了农药对环境的污染，用生态学的原理分析了化学杀虫剂对人类赖以生存的生态系统的危害，指出了人类用自己制造的毒药来提高农业产量，无异于饮鸩止渴。人类应该走"另外的路"。

卡逊写这本书的时间是 20 世纪 60 年代。经过半个多世纪的治理之后，环境似乎又回到了鸟语花香的春天。但是我们发现，春天的树林里虽然鸟儿回来了，但欢声笑语的儿童没有回来。我们的儿童在干什么？他们像笼养鸡一样待在家里，成了患有自然缺失症的儿童。首先发现这个问题的是美国专栏作家理查德·洛夫。他写于 2005 年的《林间最后的小孩——拯救自然缺失症儿童》讲的就是当代儿童的事。

人与自然对立的工业文明，对我们的伤害已经从环境蔓延到了我们的生命，受到伤害最大的是我们的儿童。《林间最后的小孩——拯救自然缺失症儿童》揭示的就是这个问题。我们在为信息技术的进步而高唱凯歌时，消费这些产品正在将儿童变成现代科技产品的小奴隶。人是自然的产物，大自然是人类生命、生产和生活的母亲。但现代人不这样认为。现代科技提供各种服务，使我们的孩子过上了脱离自然的生活。现代人类渐渐远离了山川、森林、溪流和原野，成为穴居在钢筋水泥丛林中的动物。这意味着现代儿童成为缺失自然母亲养育的"克隆儿童"。

该书引用了很多事例，均用于论证没有与自然的接触，没有在自然中学习、探索、体验的经历，孩子的感觉和知觉都会受到很大影响，孩子容易变得孤独、焦躁、易怒，也对儿童的道德、审美、情感、智力等多方面的成长产生重要影响。

以下一系列调研数据可以充分说明这个问题的严重性。1998 年，卡内基·梅隆大学调查发现，上网的人比不上网的人更加抑郁和孤独。2000 年，美国"疾病控制中心"的数据显示，1989 年至 1999 年间，2—5 岁儿童中超重人口数增加了 36%。研究同时表明，儿童肥胖与看电视的时数呈正相关。2004 年，西雅图儿童医院认为，学龄前儿童每天看 1 小时的电视会使 7 岁前出现多动症的概率增加 10%。

在"科技为王"的工业文明时代,儿童的自然缺失症,不是到医院花钱就能看好的。医治这个病的唯一出路就是改革我们的教育和环境,让儿童重新回到大自然母亲的怀抱中。

理查德·洛夫在书中讲:

> 另外,正如我之前所提到的,"自然缺失症"并不是医学诊断。我只是借用这个词与家长和教育工作者讨论我们都了解的一种现象,即人类因疏远自然而产生的各种表现,如感觉迟钝、注意力不集中、生理和心理疾病高发。这样的病症在个人、家庭和社区中均可发现。自然缺失症甚至会改变城市人的行为及思维模式。长期以来的研究表明,公园及露天场所的缺少与高犯罪率、抑郁及其他城市疾病具有相关性。①

如果说半个多世纪前的《寂静的春天》发现了有毒的环境,那么半个世纪后《林间最后的小孩——拯救自然缺失症儿童》则发现了心灵中毒的儿童。**这两部书说明,环境变好了,我们的生命质量并没有变好。**这正好佐证了笔者讲的一个观点,环境污染不是现代文明危机的根源,危机的根源是人心被污染。人心污染带来的危机是人类生命质量下降甚至死亡。再追溯下去,生命危机的背后是服务工业文明的教育出了问题。

(三)"塑料儿童":作家三毛痛心的儿童教育危机

"去自然化"的生活导致的儿童自然缺失症,已经成为全球化时代人类共同的现代病。已故著名作家三毛,在文章《塑料儿童》中同样讲述了孩子的自然缺失症。不过三毛用了一个非常形象的

---

① [美]理查德·洛夫:《林间最后的小孩——拯救自然缺失症儿童》,自然之友、王西敏译,中国发展出版社 2014 版,第 23—24 页。

语言，叫作"塑料儿童"。在这篇散文的结尾，三毛非常感慨："什么时候，我的时代已经悄悄地过去了，我竟然到现在方才察觉。"三毛与荷西都有一个幸福的童年，而这个幸福童年的一个共同特点，都是在自然中，在萤火虫、麻雀、青蛙等小动物的陪伴中度过的。正是基于这样的感受，他们误认为现在的儿童也和他们儿时一样，对自然如此着迷。但有一次，三毛特意带她的侄女、侄儿出去旅游看海、看夜晚中的月亮时，她发现在几天的旅途中，孩子们对自然根本不感兴趣。他们感兴趣的是现代工业文明提供给他们的电视、口香糖、工业食品等。三毛发现"他们不知道什么是萤火虫，分不清树的种类，认不得虫，没碰过草地，也没有看过银河星系"。

"那他们的童年在忙什么？"荷西问。

"忙做功课，忙挤校车，忙补习，仅有的一点空闲，看看电视和漫画书也就不够用了。"

当三毛把这个事讲给荷西时，她认为这是中国儿童的问题，国外会好些。当时荷西也误认为"我们西班牙的孩子可能还没那么紧张"。然而，有一次，三毛、荷西与他姐姐家的几个孩子去度假时，竟然发现西班牙的儿童与中国儿童一样，他们对眼前的大海没有感情和兴趣。和他们一起去旅游的5个孩子，提出的强烈要求是："今天下午三点有电视长片，我们不想错过。"他们发现西班牙的孩子也是一群"塑料儿童"。三毛再次感慨：我这一生岂没有看过海吗？我跟荷西的家，窗外就是大海。但是回国来了，眼巴巴地坐了飞机带了大群未来的主人翁来花莲，只想请他们也欣赏一下大自然的美景，而他们却是漠不关心的。

荷西讲："我家十二岁的两个外甥女，已经都戴上了眼镜。她们做完了繁重的功课之后，唯一的消遣就是看电视。除了这些之外，生活可以说一片空白。将来要回忆这一段日子，想来不过是轻描淡写的一句就带过了吧。"

对于三毛所讲的这种感受，笔者也有同感。笔者在北京工作，每年夏天都会回到老家的小山村。笔者在老家的生活就是每天早上和下午都要上山：早晨到东山看日出，下午到西山看日落。很长一段时间，笔者认为村里的儿童一定和我一样对老家的自然很熟悉。一次偶然的机会，村里邻居的孩子跟着笔者上山玩，笔者竟然发现，村里种的许多农作物她都认不出。她已经12岁了，竟然没有爬过村里的山。笔者猛然间才发现，他们的父母从来没有教孩子认识自然，他们的父母只忙着挣钱，然后把孩子送到县城上学。

三、近代中国教育大变局：从做人教育转向做事教育

近代发生了一系列改变中国的大事件，如鸦片战争、戊戌变法、洋务运动、五四运动等。除此之外，还有一个容易被人们忽略的大事件，就是1905年清朝正式废除科举制度，开启了新学教育改革。废除科举制度，从表面上看是教育制度的改革，但对中国而言，却是触及民族文化和灵魂深处的一次改革，是在来自西方现代化的巨大压力下，对中国文化的重大调整。

如果用最简单的语言来描述这个划时代的教育改革，它的本质就是开启了从做人教育向做事教育的重大改革。这个改革给近代以来的中国带来了一系列改变，它的影响直到现在还有。

（一）新民主主义革命时期的新做人教育

1905年废除科举制之后，做人教育向做事教育的重大改革，经历了一个漫长的过程。特别是在新民主主义革命时期，形成了两条不同的改革路线。

一条是由从清末政府到国民政府主导的教育改革，是一条按照西方现代教育改革中国教育的道路。另一条是中国共产党领导的在根据地开展的革命教育。由于内战、抗日战争、解放战争中断了洋务运动开启的中国追赶西方现代化建设的进程，民族独立成为中国当时面临的主要任务。在这样一个背景下，中国共产党领导的新民主主义革命，以在根据地开创的革命教育，创造性地传承了中国古代的做人教育。

被誉为"中国农民运动的黄埔军校"的农民运动讲习所，是中国共产党在大革命时期创办的最早教育。农民运动讲习所秉承的教育理念，是政治教育与军事训练并重、课堂教学与社会实践相结合，与目前流行的局限在教室里的知识灌输教育完全不同，是一种基于知行统一的，从行为上唤醒革命觉悟、激发革命精神的教育。

1926年5月到9月，毛泽东同志曾主办第6届农民运动讲习所，并亲自担任所长兼教员。周恩来、彭湃、李立三、萧楚女和恽代英等一批中国共产党早期的领导人也在此任教。在广州举办农民运动讲习所的两年间，共产党共计培养出800多名优秀的农民运动骨干。据相关资料统计，在前5届农民运动讲习所的毕业学员中，约1/4的学生在后来的革命斗争中献出了宝贵的生命，其中就包括韦拔群、毛泽民、黄学增和谭作舟等人。其他学员大都成为中国革命的中坚力量。

在井冈山斗争时期形成的红军教育，更加系统与丰富。当时红军教育的形式主要有两种：一是对全体官兵进行政治教育、文化教育和军事技术教育，以提高红军的军事政治素质和文化素质；二是发展军事院校教育，大力培养红军自己的政治工作干部和军事指挥员。

当时的教育方式也生动活泼、不拘一格。如红军政治教育主要采取上政治课，开政治讨论会，个别谈话，举行各种集会（如纪念会、追悼会）等方式，形式多样。在红军的每个连队都有文化教员，文化教员由连队文书担任。红军中的士兵委员会，把进行文化教育工作列入自己重要的议事日程。士兵委员会专门有识字组。这是一种非常符合《学记》所讲的教学相长的教育方法。当时的教育是官教兵，兵教官，识字多的教识字少的，官兵互教互学，共同提高。

在1928年冬到1929年年初，红四军军委还在井冈山茨坪的黄竹坳创办了井冈山红军学校。由此可知，即使在井冈山如此艰难的时期，我党对红军的教育仍然高度重视。

延安革命时期，是中国革命时期的教育走向更加系统成熟的时期。围绕这个时期中国革命的需要和目标，党中央确立了"培养革命的先锋队"的办学目标，构建了"七分政治、三分军事"的课程体系。根据当时特殊的历史背景，在中央机构设置上还专门成立了干部教育部，由毛泽东亲自领导。

当时，仅仅在延安如此有限的空间，共产党竟然开办了20多所各种类型的院校；在抗日战争时期，又先后在延安创办了中央党校、抗日军政大学、马列学院、陕北公学、鲁迅艺术学院、延安大学、延安自然科学院、中国女子大学、行政学院等干部学校。如作为中国人民大学前身的陕北公学就是一所充满活力的新型学校。依据理论联系实际、教学内容少而精、教与学一致的原则，开设了社会科学、政治经济学、中国问题、战略战术、炮兵、测绘、地形、修筑阵地、射击、救护、群众工作等课程，实施政治教育、民众运动、政府工作教育、军事教育及劳动教育，形成了独特的思想政治教育体系，正如成仿吾所言："我们的政治教育从教学内容到教学方法都和旧学校有根本不同,我们在教学实践中逐步形成了一整套革命的教育制度和教学方法,这在中国教育史上是一个创举。"①

据统计,延安时期的20多所院校,共培养造就了数十万名干部和各类专门技才,仅输送到八路军、新四军和各抗日根据地的干部就有4万多名。延安不仅成为革命的中心,也成为干部教育和培养的中心。有外国记者对陕甘宁边区进行深入采访后,感叹道:"边区好像一所大学校。"

在毛泽东创立的中国特色马克思主义思想的指导下,中国五千年的教育治国中的智慧和精神,在共产党所创立的革命教育中得到了新生。从表面上看,五四运动打倒了"孔家店",中国共产党对中国传统文化采取了彻底批判的态度。其实,无论是从马克思的唯物辩证法历史观来看,还是从毛泽东的思想来看,共产党对中国五千年文明中所包含的中国智慧与中国精神都采取了古为今用、去粗取精、去伪存真的汲取传承。

中国共产党所创立的革命教育,不仅为中国智慧与中国精神在新时代再生实现了对接,还使被现代教育渐渐忘记的古老乡村,实现了与革命教育的对接。毛主席所开创的农村包围城市的革命道路,不仅在古老的乡村找到了实现民族再生与独立的原动力,也使古代社会的做人教育以革命教育的方式复活。

在新民主主义革命时期,除了毛泽东领导的在乡村开展的革命教育,还有梁漱溟、晏阳初、陶行知等一批忧国忧民之士所进行的乡村教育试验。这些试验都是在探索不同于西方的、让古老乡村恢复生命活力的教育改革之路。

---

① 成仿吾:《战火中的大学 从陕北公学到人民大学的回顾》,人民教育出版社1982年版,第34页。

新中国成立，标志着党的目标从解放新中国向建设新中国转型。围绕这个重大转型，也出现了教育的转型，这个转型就是从做人的教育向做事的教育转型。从新中国成立到"文化大革命"，这个教育转型主要经历了两个时期：第一个时期（1949—1956年），是以俄为师，改造旧教育、学习苏联的阶段；第二个时期（1957—1965年），是独立自主，尝试探索中国教育发展道路。在这两个时期，改革目标基本没有变，就是把现代分科的自然科学教育置入中小学教育。如1952年10月，教育部颁发了新中国成立以来第一个五年一贯制小学的《小学教学计划》，规定小学教育要设置语文、算术、自然、历史、地理、体育、图画、音乐等8门课程。从设置课程来看，这是中国教育从古代以做人为主的六艺教育模式，向西方的以学习知识、学习做事为主的七艺教育模式转变的开始。

（二）新中国成立后的教育大转型：从做人教育转向做事教育

当代中国教育模式，始于近代的革命教育，定型于改革开放40多年。这个教育模式的最大特点，就是将教育资源聚集在了做事教育上。使整个社会陷入从儿童开始，就瞄着考最好的大学、找最好的工作这样的目标，做人教育严重被挤压。

改革开放以来，在追赶西方现代化中形成的教育体系，是一次彻底的从做人教育向做事教育的大转变。不可否认，正是这样的教育模式，为中国的改革开放作出了重大贡献，但做人教育严重缺失，我们正在为此付出巨大的代价。

学习与引入西方教育是中国改革开放的重要内容之一。这个时期的西方教育，恰恰是大学教育进入市场化、资本化、产业化的时期。这样的教育模式，一方面为中国实现追赶西方现代化提供助力；另一方面，使中国成为这种教育模式副作用的受害者。

特别是进入 21 世纪以来，随着国内无底线的全面开放，中国教育也进入了全面与快速的西化时期。2022 年引发全民讨论的人教版"毒教材事件"，其实只是中国教育西方化的冰山一角。教育思想、教育方法、教材的西方化，不仅仅是在大学，而是从儿童教育开始就已西方化。就像著名作家三毛发现"塑料儿童"，惊叹"什么时候，我的时代已经悄悄地过去了，我竟然到现在方才察觉"。几十年来，不知不觉中导致民族自信、文化自信缺失的西化教育付出代价才刚刚开始，我们才开始察觉。

进入 21 世纪以来，随着大规模城市化的推进，中国几千年形成的乡村教育遭遇了致命性的、毁灭性的破坏。在轰轰烈烈的城市化中，乡村不仅承受着社会资源向城市流动而逐渐萧条的痛苦，还承受着教育从乡村撤走的伤害。资源流失伤害了乡村的骨肉，而撤点并校伤害了乡村的心和魂。

纵观人类文明史，教育永远是人类文明转型的第一推动力，教育改革也是迈向新时代的重要标志。开启中国古代历史的尧、舜、禹三王，都是中国古代建国君民、教学为先的开创者。他们以身作则、上行下效，成为后代教育治国的楷模。《学记》中所记载的"**古之教，家有塾，党有庠，术有序，国有学**"的教育体系，反映了周朝的教育治国已经达到了较为完善的程度。如果说秦始皇为中华民族构建了保证民族统一的国家制度，那么孔子就为这个民族文化与精神的传承设计了教育治国的制度。近代以来，中国告别古代文明，走向现代文明之路，也是从 1905 年废除科举制度开始的。邓小平领导的改革开放，是从 1977 年恢复高考制度开始的。

迈向新时代的当代中国，急需一次重大的教育改革。随着时间的推移，我们越来越发现，这个改革目标就是要再度从做事教育向做人教育转型。因为改革开放以来，所建构的追赶西方现代化做事教育的历史使命已经完成。

四、古代教育再认识：教育治国、智慧化人

按照现代治理理论，中国古代被定义为人治国家，西方被定义为法治国家。其实这是对中国古代治国模式的误读。中国古代的治国之道，不能单纯归于人治，不能说没有法治，而是典型的教育治国之道。教育治国理论的开创者，就是孔子。孔子不仅是中国伟大的教育家，而且是教育治国理论的奠基人。孔子的伟大在于，"知其不可而为之"。他毕生所做的一件事就是对教育治国理想的追求。

（一）孔子"知其不可而为之"：教育治国的理想追求

孔子开创有教无类的平民教育，培养了弟子三千，贤者七十二人，应该说这是成功的教育，但这并不是孔子的伟大之处。孔子"知其不可而为之"，是为了实现自己的政治理想：复兴以三代圣王（尧、舜、禹）与文武（周文王、周武王）、周公的时代为代表的理想社会，即上古文明社会。

三王时期实行的就是遵循天道的礼仪治国之道，而传承这种礼仪之道的重要途径就是教育。但进入春秋战国之后，华夏文明礼崩乐坏。孔子希望通过克己复礼，重建仁德治国的文明社会。但是他周游列国 14 年，宣讲他治国的政治理想，并未能得到任何国家的接受。而且在周游列国的过程中，孔子经历了各种各样的磨难，几次遭人迫害，险些丧命，但孔子对待这些磨难都是一种超然的态度。

是什么力量支撑着孔子"知其不可而为之"？难道是孔子的愚拙吗？不是，知其不可而为之，是世人对孔子所做之事的评价，

在孔子自己心目中，应该是"知其道，而为之"。比如，孔子前往陈地时，途经匡城。匡人误把孔子认成了鲁国的阳虎。阳虎在孔子入匡之前刚刚洗劫了匡，而孔子的样子与阳虎有点像。因此，孔子被拘禁5天5夜，几乎丧命。孔子的感慨是："文王既没，文不在兹乎？天之将丧斯文也，后死者不得与于斯文也。天之未丧斯文也，匡人其如予何？"（《论语·子罕》大意是，文王死了以后，周代礼乐文化传承的发扬重任就都在我身上了。如果上天想要灭亡这种文化，那我又怎会学会呢?）

有一次，楚国聘请孔子，孔子准备前往拜见，却被陈、蔡大夫围困于野，并被断绝了粮食。但孔子仍讲习诵读、演奏歌唱，毫不间断。他知道弟子们心中有气，便先后召子路、子贡与颜回三弟子，问他们："《诗》云'匪兕匪虎，率彼旷野'。吾道非邪？吾何为于此？"（《诗》云，不是犀牛也不是老虎，却疲劳地奔命在空旷的原野，我为什么要这样，这样做到底为了什么?）子路与子贡的回答不能令他满意。颜回曰："夫子之道至大，故天下莫能容。虽然，夫子推而行之，不容何病，不容然后见君子！夫道之不修也，是吾丑也。夫道既已大修而不用，是有国者之丑也。不容何病，不容然后见君子！"（《史记·孔子世家》）（颜回的回答是，老师追求的是至高无上的大道，不被当下社会所接受，我们有何忧虑。如果我们不追求这种道，恰恰是需要我们忧虑的。我们行道而社会不接受，恰恰显示了老师崇高的追求和君子气度。）孔子听后，欣然而笑，认为颜回读懂了他内心那个"知其不可而为之"的理想和所追求的道。

我们发现，在人类文明史上，正是圣哲们"知其不可而为之"的精神，造就了伟大的事业。中国共产党在新民主主义革命时期，从井冈山到长征、从延安到建立新中国，如果没有这种"知其不可而为之"的精神，是很难从国民党的百万追兵中一次又一次绝处逢生，走向胜利的。

（二）中国的教育治国理念是道法自然的天道

孔子所要传承的治国理念，是上古道法自然的天道。"述而不作，信而好古"，并不是孔子不创新，而是孔子发现上古中国的治国理念，源于天地运行的规律。"天不变，道亦不变"，虽然社会在变化，但孔子坚信治国的基本原理不会变。就像一年有四季变化一样，但决定四季变化的天道始终没有变。所以，孔子留下的治国思想，不是孔子发明的，而是早已存在，并已经延续了两千多年之久，被历史证明是有效的、符合天道的、能够造福中华民族的治国之道。当然，孔子的治国之道并不是没有任何创新，他所做的创新在于如何适应时代要求，对如何遵循道、使用道进行了传承和创新。

孔子对中国治国理念的传承有两大贡献。第一，在知行合一、试错体验、感通的基础上，完成了对2500年的中华文明留下的智慧的删繁就简、去伪存真的集成。这个集成绝不是我们今天理解的对文献的整理，也不仅仅是知识的集成，而是通过亲身验证的符合天道的智慧集成。用今天盛行的、源自西方生产知识所用的逻辑思维很难理解这种智慧集成。孔子是在感通古人的道心的基础上而完成的集成。而衡量这个道心是否正确，有一个重要的标志，就是与天道的感通。孔子的感通思维是如何进行的？从孔子师从襄子学音乐可以窥见一斑。

孔子向师襄子学琴，学了十天仍没有学习新曲子。师襄子对他说："可以学习新的内容了。"孔子说："我虽然已经熟悉了乐曲的形式，但还没有掌握其方法。"又过了一段时间，师襄子说："你已经学会弹奏的技巧了，可以学习新的内容了。"孔子说："我还没

大国乡村：乡村蕴含中国式未来

学琴师襄（《孔子圣迹图》清同治十三年孔宪兰刻本）

有领会曲子的意境。"过了一段时间，师襄子说："你已经领会曲子的意境，可以学习新的内容了。"孔子说："我还不了解曲的作者是谁。"又过了一段时间，孔子神情俨然，仿佛进入新的境界：时而神情庄重穆然，若有所思；时而怡然高望，志意深远。孔子说："我知道他是谁了：那个人皮肤深黑，体形颀长，眼光明亮远大，像个统治四方诸侯的王者。若不是周文王，还有谁能作出这样的乐曲呢？"师襄子听到后，赶紧起身拜了两拜，回答道："老琴师传授此曲时就是这样说的，这支曲子叫作《文王操》啊！"从这个故事中我们可以发现，孔子的学习不仅仅满足于知识、技艺的学习，而是从古人留下的文字和音乐中，感悟到文字与音乐背后的道。这个过程就是典型的中国古人智慧开悟的过程。从这个角度看，孔子周游列国，是要在现实中感悟古人的治国智慧，而不是在故纸堆中寻找。

（三）孔子开创了源于心的中国治国教育

孔子对中国治国之道的贡献，不仅仅是儒家学说，另一重大贡献是开启了服务于教育治国的有效教育制度。周朝时代所实施的教育政策，是被贵族垄断的教育。能否进入贵族圈子是由血缘关系决定的。在春秋战国时代国与国的激烈竞争中，超出贵族之外的士阶层形成。在这种背景下，民间教育也开始发展。可以说，孔子开创的有教无类的教育正因此诞生。但孔子开创的这种教育，不是为解决诸侯纷争服务的教育，而是服务于他所向往的理想社会。

孔子与西方哲人最大的不同在于，西方哲人的任务是认识世界，他们不承担改造世界的使命。而孔子的学说则是知行合一，将解释世界与改造世界融为一体。而且孔子的治国思想最大的创新是，将自我的修行与治国联系在一起，这就是《大学》所讲的修心、齐家、治国、平天下的治理模式。在孔子的这个治国模式中，不仅认识世界与改造世界是一体的，而且齐家与治国也是统一的。儒家的治国模式最核心的是在处理内外、家国、天下等关系时，坚持从内求、从源头开始，内求的源头就是修心。一切源于心，这是孔子教育治国思想最伟大的贡献。

古希腊哲学家的治国思想，恰恰是从外向内的法治思想，就是用国家机器和法律从外部约束人的行为，实现国家治理的目标。近代以来在西方兴起的法治国家，在处理外部关系上走的是内强外霸之路；而中国儒家的治国之道，恰恰是内求，走的是内圣外王的王道。中国古人求的是天下归仁、协和万邦的天下太平；而西方法治国家所求的是天下归霸，为我所控。

（四）《学记》治国的最高境界：化民成俗的教育治国

《学记》是2500多年前中国最早的教育学经典。全文仅1480字，全面阐述了儒家所倡导的治国教育、做人教育是什么样的教育。《学记》的教育思想是21世纪中国教育改革值得借鉴的重要思想。

《学记》开篇明确提出了为什么古之王者要走教育治国之道：

发虑宪，求善良，足以谋闻，不足以动众；就贤体远，足以动众，未足以化民。君子如欲化民成俗，其必由学乎！玉不琢，不成器；人不学，不知道。是故古之王者建国君民，教学为先。《兑命》曰："念终始典于学。"其此之谓乎！

在《学记》开篇首先提出治国的三种模式。

第一种模式，就是今天流行的法治。《学记》讲以法律约束，可以实现惩恶扬善的效果，但这个效果不会持久。因为外在的法律约束，可以让大家因害怕而遵守，但不足以让大家从心里接受。

第九章 回归生命：从乡村起航的新教育

在川观水（《孔子圣迹图》清同治十三年孔宪兰刻本）

所以这种治国之道不是长治久安之道。历史事实也证明如此。秦始皇运用法家思想在战国争雄中统一了中国,但试图继续用法家思想治理国家,则使秦变成了短命的王朝。

第二种模式,就是"就贤体远"的人治。选用贤能的人来治国,可以解决法治不能解决的问题,足以动众,即可以得到大众的支持,但这仍不是治国的最优选择。贤能的人治国,可以让大家从心里服从,但未足以化民。动众仍然是来自外来因素形成的结果,这结果是不稳定的——如果没有了贤能的人来治理,那么动众的效果也就没有了。

治国的最高境界是第三种模式,即通过教育达到"化民成俗"的目的。这才是孔子治国的最高理想。孔子曰:"道之以政,齐之以刑,民免而无耻。道之以德,齐之以礼,有耻且格。"(《论语·为政第二》)如果一个国家真的达到了这种状态,那么这个国家机器就会成为多余的存在,自上而下的法治和人治的干预就会降到最低。这也是老子所讲的无为而治的境界。

老子所讲的无为而治,与孔子所追求的化民成俗的教育治国理念同出一辙。老子在《道德经》中对于治国之道也讲了四个层次:"太上,下知有之;其次,亲而誉之;其次,畏之;其次,侮之。"最高目标的治国标准,就是只知名,不见其人的治理。这也是老子所追求的无为而治的理想境界。"其次,亲而誉之"的治国方式,就是人治;"其次,畏之",就是指法治。"其次,侮之",就是最低级的恶人和恶法的恶治。

对于处在法治,甚至是迷信西方法治时代的我们而言,我们很难相信孔子所说的这个理想国。但这个理想国并不是孔子杜撰出来的,而是在夏商周时确实出现过的,并且是那个时代国家治理的常态。《史记·周本纪》记载:"成康之际,天下安宁,刑错四十余年不用。"

要达到这种理想的治国状态的路径是什么？那就是"其必由学乎"。自我管理不是人们天生就会的，自我管理的道理需要后天的学习。这就是"人不学，不知道"。按照这个治国之道，国家要做的最重要的事就是"古之王者，建国君民，教学为先"。

(五)《学记》提出实施教育治国的关键是"师严道尊"

早在两千多年前，《学记》不仅提出了"建国君民，教学为先"的治国之道，而且阐述了实施教育治国的关键是师严道尊。《学记》讲：

> 师严然后道尊，道尊然后民知敬学。是故君之所不臣于其臣者二：当其为尸，则弗臣也；当其为师，则弗臣也。大学之礼，虽诏于天子，无北面，所以尊师也。

按照治国的教育是化民教育，而化民教育是遵循天道教育的原理，对于如何让国民从内心尊重这个道，《学记》提出了解决的思路，就是从严师和尊师开始。有了德高为范的老师，才能保证道尊的实施。道尊之后，国民才能知敬学。敬学这个词非常重要，求道的学习，不是学知识，而是开智慧求道之学。古人认为，诚敬之心是学道的前提。诚敬之心是一种没有功利目的、对所信仰的对象具有超越自我的崇高之心。如果没有诚敬之心，学道就变成了追求功利的知识学习。

源于天道的教育治国思想，决定了中国古代不仅是一个贵民、贵命的国家，而且是一个高度尊师的国家。老师在古代中国成为世间的无冕之王。《学记》中讲，孔子那个时代，在治国礼仪制度安排中，有两种人君王不以对待臣子的礼仪对待，而是要像对待天那样来尊敬。这两种人，一是主持祭祀中的祭师，君王不以臣子的礼仪相待；二是作为君王的老师时，则不以臣子礼仪相待，相反君王要给老师行礼。

当今中国的教育出了问题，我们的教育理念与教育思想严重走偏。为了追求短期功利而陷入市场化、商业化教育的结果，是使当今中国的教育成为道不尊、师不严的失道教育。这样的教育变成了用钱购买的、知识与技术的买卖教育。在这样一种买卖关系中，老师为钱而失道，家长为钱而不尊师。重建师道尊严，回归做人、化人的传道授业解惑的中国式教育，是中国教育改革迫在眉睫的大问题。

五、古代乡村教育：生命崇高、精神自立、信仰教化

（一）重新认识古代乡村教育的价值

西方教育的母体是城市，而孕育中华五千年文明的教育母体是乡村。无论是孔子的教育治国、老子的无为而治，还是化民成俗的礼乐教化，抑或满足生计的数术、技艺传承等教育，都集成于乡村社会。可以说，读不懂乡村教育，就读不懂中华文明。

正因为如此，长期以来，笔者搞生态文明研究，最终落地到了乡村，又从乡村落地到了乡村教育研究上。教育是乡村在中华民族文化传承方面的第一使命。乡村振兴如果是一个教育缺位的振兴，那么便无法承担习近平总书记所赋予的"民族要复兴，乡村必振兴"的使命。

然而，因为中国古代乡村的教育模式是做人教育，而现代化教育需要的是做事的教育，所以，从1905年废除科举制度开始，中国传统乡村教育便逐渐退出了舞台。

当我们站在21世纪看中国千年乡村教育时，则发现几近消失的乡村教育，恰恰是现代教育所缺失的。21世纪中华民族伟大复

兴，乃至化解工业文明危机，都需要到古老的乡村教育中寻找出路。

当我们回到以做人教育为中心的中国乡村教育模式时，我们发现这是一个定位很高的教育模式，笔者将其概括为：聚焦于修德开慧、寓教于诗书礼乐、教化于知行统一、服务于生活幸福、生命崇高、家国长治久安、天下大同的教育模式。它不是现代这种高度分科、专业化、集约式、大规模的类似现代工业生产方式的教育模式，而是立足乡村小规模社会的物质自足，在地化、分布式、文化自养、精神自立的小而美、小而多样化的教育模式，也可以称为小农式教育。

正是这样的教育，为中华民族培养了一代又一代顶天立地的大丈夫，也为中华民族养育了一代又一代乡村古老文明的守望者——乡村农夫。也正是这样的小乡村、大教育承担了中华五千年文明传承之功能。

（二）化民成俗、扎根乡村的私塾教育

私塾教育是被我们忘记的中国古代最独特的教育模式。分布在中国乡村，肩负着启蒙教育、科举教育、做人教育、基础教育的私塾教育，是中华民族文化传承、教育治国的主要教育方式。它主要有两大特点。

第一，私塾教育利在官府、教在民间，是低成本的教育模式。中国延续上千年的科举制度，是官府挑选人才考试制度，政府不直接搞教育，而是鼓励民间形成自己的教育体系。严格的科举制度，为乡村私塾教育提供了高质量的老师资源。

延续千年之久的私塾教育，按照现代教育分科，属于道德与文科教育。在文科教育方面，相较于现代的文科教育，中国古代的私塾教育是一种低成本、高效率的教育模式。

第二，私塾教育是一种低成本的普惠乡村和平民的教育模式。由于遍布民间的私塾教育是一种高度多样化、内生于民间道德教化、满足人们读书识字的需求的教育，因此这种教育也是扎根于中国大地的根性教育。几千年来，服务于科举的自上而下的官办教育，随着朝代的更迭而变化，但承载着中国文化、滋养着中华文明、化民成俗的私塾教育始终没有变过，随着时间的推移，它的根越扎越深。中华文明能成为世界上最具有持续性的文明，私塾教育体系助力不少。

（三）礼乐教化、修德开慧、耕读传家的信仰教育

1. 信仰教育

中国古代所倡导的教育制度，是一种礼乐教化。礼乐教化表现为一系列对天地祭祀的活动。中华民族虽然没有统一的宗教，但有统一的信仰。中华民族的共同信仰是一个复合对象——天地君亲师。中国古代的皇帝治理国家时，每年都要进行庄严的祭祀天地的活动。北京的天坛、地坛、月坛和日坛等，就是皇帝每年进行重大祭祀活动的场所。

在过去的乡村，家里盖三间房，正中间那间成为中堂，也就是现代城市住宅的客厅。每家中堂上一定供奉这样几个字：天地君亲师。中堂是家庭日常生活的重要场所，在这里供奉这五个字，则象征着每天24小时有五位神监督着家庭的日常生活。在中堂里待客、聊天、谈事都不能忘记，有天地和老祖宗监督我们的一言一行。乡村人民所说的"举头三尺有神明"的地方就是中堂。

除此之外，乡村承担信仰教育的空间还有寺庙和祠堂。我们民族如此尊重天地，并不能简单地认为是因为迷信。中国作为以农业为主的国家，天地自然对我国的发展至关重要，是天地给予了滋养我们生命的金、木、水、火、土，给予了我们粮食，也给

予了我们智慧。

正是对天地和祖宗共同的信仰，使古人形成了天人合一的自然观。这种天人合一的自然观，还体现在乡村空间资源的分配和利用上。我们今天的城市规划，理念是环境要有利于人居，而古代乡村空间资源的分配是服务于乡村信仰的。最好的风水之地首选建造寺庙，即留给天地化身的神；然后建造祠堂，就是留给我们的祖宗。接着建造私塾和书院，最后才是自己。这种空间资源的排序，高度符合每家中堂供奉的那几个字：天地君亲师。由此可见，古代乡村不是一个活着的人独居的地方，而是人与天地诸神、祖宗、圣贤共同居住的地方。

2. 家庭教育

按照天道，做人教育最重要的教育之地不是私塾，而是家庭。家庭承担一个人一生的教育。儒家所讲的孝道教育，最重要的场所就是家庭，家教的第一责任人是父母。让教育从家庭开始，是一种国家制度。家教最好的教科书就是家训，各种经典家训成为当今家庭教育的大法。《尚书》就是中国最早的家训文献。周武王在《康诰》《酒诰》《梓材》等篇中，就记述了其对弟弟康叔进行的教诫，告诉他应如何做一个好君王，如何传承先王的遗业。家训教育的目标是要保证周姓"家天下"的王族地位。从尧、舜、禹到周朝的各个诸侯国，施行的都是家国一体的大家族治理方略。秦统一中国之后，虽然家国一体的制度没有了，但家教传统在民间仍然存在。

3. 耕读教育

"耕读传家"这四个字包含了中国人特有的世界观，蕴含着中国古人关于做人教育的智慧。这是中国古人对农耕生产方式最具智慧的发现。农耕不仅提供满足生计的物质，而且是修德开慧的重要方式。这就是古人对农耕价值的重大发现。正是这个发现，使得耕读成为中国家庭教育的重要内容。耕读教育不是单纯的知识与科技教育，而是以心传心的修德开慧的文化传承教育。据此，中国古人创造了秉承天地之德慧，将物质生产与精神生活融为一体的晴耕雨读、昼耕夜读的耕读生活。由此，耕读不仅成为中国古人崇尚的物质与精神自足的诗意生活，而且成为长久治家治国之秘诀。

（四）寓教于乐、技艺一体、公私兼有的多样化民间教育

1. 公共知识教育

关于中国乡村的教育，有一种教育很容易被忽视，这就是民间以口相传的服务于生活和生产的公共知识教育，包含民间医学、健康常识、做人常识等。而这种公共知识的传递是以朗朗上口的民间谚语一代一代地传承下来的。如关于健康的谚语：

夏不睡石，秋不睡板。
春不露脐，冬不蒙头。
白天多动，夜里少梦。
睡前洗脚，胜吃补药。
晚上开窗，一觉都香。
贪凉失盖，不病才怪。
早睡早起，怡神爽气，
贪房贪睡，添病减岁。
夜里磨牙，肚里虫爬。

又如，关于生活常识的谚语：

宁可做过，不可错过。
头回上当，二回心亮。

经一事，长一智。

耳听为虚，眼见为实。

马看牙板，人看言行。

不经冬寒，不知春暖。

不摸锅底手不黑，不拿油瓶手不腻。

老马识路数，老人通世故。

老人不讲古，后生会失谱。

老牛肉有嚼头，老人言有听头。

老姜辣味大，老人经验多。

贪图小利，难成大事。

使心用心，反害自身。

和气生财，忤逆生灾。

学好三年，学坏三天。

学好千日不足，学坏一日有余。

在古代社会，不可能每个人都有接受正规教育的机会，但不等于不能接受到教育。将做人的教育普及每个人，可以说，中国古代乡村教育在这方面贡献了许多直到今天都值得我们学习的教育理念和方法。把化民成俗的教育普及每个人，渗透到生活与生产的各个方面的，除了乡村每年进行的各种祭祀、节日庆典、婚丧嫁娶等活动，还有就是把生活和生产方面的科学知识和经验，编撰成的口口相传的谚语。笔者从小生活在农村，至今仍能说出许多谚语。过去的农村没有今天的天气预报，但根据当地气候特点形成的谚语，预测天气非常准。

2. 术数教育

除了将一般的公共知识通过谚语口口相传之外，乡村还有一种关于专业技术的传承教育，这就是术数。古代属于术数范畴的有天文、历谱、五行、蓍龟、杂占、堪舆等。这些术数的传承，在乡村以封闭的家传或严格的师徒传授方式进行。

3. 技艺教育

中国古代乡村的私塾，主要承担与做人、治国相关的修德开慧的教育，虽然没有承担关于技术的教育，但不等于中国的乡村没有这样的教育。由于中国古代不存在现代意义上的科学技术，服务于中国古代手工业的技术，是与艺术融为一体的，所以被称为技艺。例如，服务于手工业的技艺，也称百工技艺；还有艺术含量很高的园林建筑等。这些技术的传承不是通过学校，而是通过师徒教授、家传的方式进行。以下是古代多样化的民间教育汇总。

古代多样化的民间教育

	覆盖群体	教育内容	教育载体	教育方式	教育功能
私塾教育	部分村民	儿童启蒙教育、儒家经典等	私塾、书院、家庭私学	因材施教、有教无类，混班教学，背诵经典，自悟自学为主	识文读字启蒙教育、圣贤经典传承、参加科举考试
信仰教育	全村村民	天地君亲师、因果报应、天人感应	建筑、寺庙、祠堂、中堂、祭祀	礼乐教化慎终追远禁忌自修	开慧开悟，提升生命价值
道德教育	全村村民	五德：忠、孝、廉、耻、勇 五常：仁、义、礼、智、信 五品：温、良、恭、俭、让	家教、私塾、祠堂、生活、节日、祭奠	礼乐教化言传身教家教传承耕读传承	修德养性仁爱君子和睦社会
启蒙教育	部分儿童	识文认字、洒扫应对、《千字文》、《百家姓》、《弟子规》等	私塾、义校	诵读经典因材施教	启蒙开智

续表

	覆盖群体	教育内容	教育载体	教育方式	教育功能
公共知识教育	少数青少年	四书五经、策论等	私塾、书院	因材施教 导而不牵 自我学习	建功立业 格物致知 治国中坚
术数教育	部分成年村民	历谱、五行、蓍龟、杂占、堪舆等	生活、节日、家庭	耳濡目染 用中学 求师传道	提升生命质量 修身养家
技艺教育	部分村民成人	建筑园林、中医、农耕、戏剧曲艺、陶瓷、纺织制衣等	师徒、劳作、生活	师徒传承 家庭传承	满足生计 诗意生活

如果说古代的中国是一个学习型的国家，那么古代的乡村就是一个典型的学习型乡村、教育型乡村。无处不在、无处不有的乡村教育，有一个非常重要的特点，就是同自给的生活和生产方式一样，也是一种文化、精神与信仰自足的教育，所有的教育资源和教育方式，都立足于本地资源，在地化进行。我们以前研究乡村，重点研究乡村经济上的自足性。其实，中国古代的乡村是典型的教育与学习、文化与精神自足的乡村。教育的自足性使得作为中华文明之根的中国乡村，具有高度稳定的教育模式，这种强大的自足性与稳定性，是中华文明生生不息的重要保障。

六、从乡村开始的未来教育改革之路

（一）奠基伟大复兴的基础工程：教育模式大转型

从做事教育转向做人教育，是 21 世纪中国与世界教育共同面临的大转型，是中华民族伟大复兴的奠基工程。我们面临的教育大转型，不是局部修改，而是基于教育哲学、教育思想、教育理念的教育模式转型。未来中国教育改革将面临以下回归与转型。

第一，回归做人的根性教育。古代中国是世界上最关注做人教育的民族，因此也积累了许多关于做人教育的经验和理论。中国古人讲，三岁看大，七岁看老。这说明做人教育的关键期是 0 到 7 岁。古代教育经典《学记》认为，做人教育的窗口期是 0 到 16 岁。儒家所讲的大学教育，不是今天为了就业所接受的大学教育，而是教授如何做人的教育。出于这个教育目的，中国古代形成了从胎教到幼教，再到儿童启蒙教育的教育理念和思想。改革开放以来，社会流行服务于应试的功利教育，从家长到社会都把孩子的未来压注在升大学上，社会的教育资源高配也都在高等教育上。要实现从做事教育向做人教育的重大转型，就必须将社会教育资源和教育战略的立足点，回归到儿童教育和青少年的基础教育上来。决定一个人一生幸福的教育是儿童时期接受的教育；决定中国未来的不是今天的大学教育，而是中国应该有什么样的儿童教育。从 0 岁开始的儿童教育，是中华民族伟大复兴的一号工程。

第二，回归自然的开慧教育。针对工业文明造成的自然缺失症、"塑料儿童"等问题，唯一的解决办法就是回归自然的教育。在工业文明时代，我们把自然看成了一个只能为人类物质生产提供资源的对象，可以被人类改造的对象，学习知识就是为了征服自然。当代人类面临的环境危机，要从根上解决，就必须从改变目前的教育开始，从改变我们对待自然的态度开始。在中国传统文化体系中，我们把自然当作养育人类的父母来尊敬，当作人类生命之源来敬畏，当作人类修德开慧的老师来学习。

现在有的科学家告诉我们，未来是机器人的时代。这是以科学主义的单一思维看到的未来。我们必须清楚，智能化与机器人所替代的是人的大脑所具有的知识生产的能量，但无法替代源于人心的智慧。智慧永远是人类的专利，而人类智慧的老师就是回归自然的教育，这不仅是开启智慧的教育，而且是治愈工业文明导致的自然缺失症的良方。

第三，回归心法的生命教育。在一切教育都服务于高考的大背景下，竞争性教育严重前置，中国形成了从幼儿园开始就锚定考大学的、让人认为不能让孩子输在起点的应试教育。这种教育让儿童从入学开始就进入一种痛苦的、高压的、激烈竞争的教育环境。这样一种不顾儿童、青少年身心发展规律的教育，正在演变成只求结果、不顾过程的，缺乏对生命关怀、冷冰冰的教育。

从人一生的生命周期来看，0到15岁相当于人生中的春季。这个时期的孩子需要什么样的教育，看看春天的农民是如何对待处在生根发芽时期的禾苗就会明白。

首先，春天是播种的季节。在这个季节，农民种下的种子是不可能马上就有收获的。只顾耕耘、不求收获，是农民在这个季节种地需有的态度。与此相对应，这个时期我们的教育也应该是只顾耕耘、不求收获的教育，是要在爱的环境中给孩子种下希望的教育。但目前我们的基础教育恰恰没有按照孩子的生命要求进行，而是一种急功近利，进行频繁考试和各种排名的竞争性教育。

其次，在春天，农民对于刚刚出土的禾苗，不是要让它过早地去经风雨见世面，而是要精心呵护，让禾苗在阳光雨露的滋养中成长。同样地，按照生命发展的规律，从儿童到青少年时期的教育，是最需要父母的陪伴、社会的呵护、老师的教导的教育，让孩子在和风细雨的非竞争环境中快乐幸福地成长。中国古人认为，让孩子经风雨见世面的教育，是在完成做人的基础教育之后，即16岁开始，才要走万里路、读万卷书。然而，我们忽视了孩子在这个阶段的生命规律，在教育商业化的背景和巨大应试压力下，甚至以成人教育的思维施行儿童教育。整个社会都误认为，好的教育是可以用钱买到的教育，但爱可以用钱买到吗？结果就是许多父母忘记了自己陪伴孩子的天职，而是把孩子交给爷爷奶奶或各种教育机构，自己忙着去挣钱。如此违背孩子生命规律的教育，使当今的孩子成为严重缺失爱的滋养的和患有各种精神障碍的孩子。

最后，按照儿童的心灵发育规律，这个时期，儿童最需要的不是学习当下有用的各种知识，而是要引导孩子开启能使自身一生受用的智慧。如何在0到15岁做好做人的教育，有两种儿童观影响我们的教育。一种是来自西方的儿童观，认为儿童的认知能力随着年龄的增长而增长，所以对儿童的教育应按照由简单到复杂的顺序进行。另外一种是中国古代流行的儿童观。中国古人从全生命理论出发，认为生命是身心灵的统一。就儿童天性而言，这个时期是人一生中最圆满的时期，随着时间的推移，儿童圆满的灵性逐渐衰减。我们所讲的儿童圆满的灵性，就是指没有被社会各种观念、规则污染的灵性。根据这种儿童观，这个时期是对儿童进行修德开慧最重要的时期。如何进行修德开慧的教育？中国几千年的教育经验表明，从儿童到青少年时期，开慧教育最好的途径，就是亲自然的教育。《道德经》讲"人法地、地法天、天法道、道法自然"，这里的"道"就是古人探索出的打开智慧之道。可以说，中华民族的智慧是道法自然的智慧。而这种智慧又来自农耕，因为农耕生产的过程就是天、地、人相接的过程。可以说，中国古代圣贤留下的经典，就是古人道法自然、引导我们修德开慧的经典。所以，在这个时期不能过早地让儿童开始学习数理化知识，而是要从学习中国古代圣贤留下的经典开始，从知行统一的耕读教育开始。这也是面向中国式新文明时代所需要的基础教育。

第四，回归生活的素质教育。做人教育的缺失，早已引起了国家教育部门的高度重视。针对如何进行做人的教育，教育部门在全国推动了各种各样的素质教育。特别是党的十八大以来，习近平总书记更是高度重视以德育人的问题，并明确提出了，以树人为核心，以立德为根本，是新时代中国办学必须坚持的正确方向。

做人的道德教育，是内化于心的行为教育。虽然满足这个教育目标的途径有很多，但能够进行德行教育的有效载体是生活教育。要实现健康、和谐的幸福生活，就必须形成三个关系：以孝为核心的家庭关系，以仁爱为本的社会关系，以自然为师的自然关系。这三个关系处理好了，就可以为生命提供三大滋养：一是来自家庭亲情的孝道滋养，二是来自和谐社会关系的仁爱滋养，三是来自道法自然的智慧滋养。而生产为生活提供的只是物质支撑。无论物质财富如何丰富，它都不可能产生滋养生命的德行、仁爱与智慧。而我们今天最大的误区，是认为物质可以产生这一切，因此把构成我们生活的人与家庭、人与自然、人与社会的关系物质化，认为钱可以购买一切。

针对我们被扭曲的缺乏生活教育的现代教育体系，我们需要一次教育理念和教育价值观的革命。这个教育革命需要从重建人与家庭、人与社会、人与自然这三个关系的生活教育开始。

（二）未来的教育改革要从乡村开始

迈向未来的做人教育，要回到"四个回归"上来，即回归从儿童开始的根性教育，回归自然的开慧教育，回归心法的全生命教育，回归生活的素质教育。要落地实施迈向未来的"四个回归"，动力最大、成本最低、效果最好的地方在乡村。

乡村不仅是中华文明之根，也是儿童根性教育最好的地方。

乡村是离天地最近的地方，也是对儿童进行自然教育成本最低、效果最好的大教室。充满亲情、人情、乡土生活味道的乡村生活，是对儿童进行素质教育最优质的教育资源。因为对儿童进行生命教育，需要的不仅仅是书本，还需要与中国传统文化相匹配的环境教育。乡村是中国五千年文明之根，是中华民族共同的精神家园，在这里对儿童进行传统优秀文化的教育再好不过。

城市里需要很大投资才能得到的东西，乡村自然存在着。这些教育资源对于应试教育没有作用，但对于做人的生活教育来说却是高质量教育资源。

七、以大教育观推进乡村教育改革、促进乡村全面振兴

在新时代发展新教育，需要我们向以下几个方面努力。

第一，以新时代站位，让乡村教育成为中华民族伟大复兴的筑基铸魂工程。

我们需要跳出固化的经济主义、物质主义思维，以文化自信与文明自觉重新认识乡村的价值，重新认识文化与教育在乡村振兴中的使命，以及在中华民族伟大复兴中的地位与功能。一年之计在于春，参天大树在于根。文化是魂，教育是根。乡村教育作为中华民族伟大复兴的筑基铸魂工程，应该成为全党、全社会关注的大事，应该作为中国迈向新时代的大战略予以对待。

第二，以大教育观规划、统筹与推进乡村教育改革。

迈向新时代的乡村教育改革，是基于新教育观的一场革命。应遵循的新教育观主要有四个。一是大教育观。乡村教育是做人教育、文化传承教育、技能教育为一体的大教育。二是复合人才观。乡村振兴所需要的人才是有德、有情、有能力的德慧艺复合人才。三是全民教育观。乡村教育既是需要全民关心与参与的教

育，也是需要全民接受的教育。四是新教育改革观。教育是新时代的第一生产力，是乡村振兴成本最低、覆盖面最大、作用最长久、动力内生的投入，是乡村振兴的第一推动力。

第三，大力推进基础教育回乡改革，让乡村成为做人教育的基地。

"先做人，后做事"一直是中国教育遵循的理念。习近平总书记提出"教育是国之大计、党之大计，教育的根本任务是立德树人"，指出了当今中国教育改革的方向。从幼儿园到小学是立德树人教育的关键时期。而乡村作为中华文明之根、文化传承之载体，具有满足立德树人教育的独特优势。

教育是乡村的魂，有村就该有学校，这应该成为振兴乡村教育的新目标。现在亟须启动探索具有中国特色的乡村基础教育改革。目前亟须打破现有的教育理念与思维藩篱，**在坚决纠正基础教育商业化的同时，还要鼓励与推进基础教育向公益化、人民化、多样化的社会参与的方向发展**。要允许各种社会力量到乡村做公益教育，鼓励退休的老师、专家、高知人才，到乡村开展公益基础教育，要允许乡村社区参与乡村办学，走合作教育之路。走出目前政府办教育的狭隘思维，使乡村教育成为政府、乡村、社会、公益机构、志愿者、专家学者共同参与的公益教育、人民教育，**使乡村教育真正走向"人民教育为人民，人民教育人民办"的大教育之道**。

第四，启动乡村优秀传统文化复兴工程，发挥乡土文化在乡村治理中的教化功能。

在中国乡村传承千年的孝悌治家伦理、礼敬天地的民间信仰、尊祖礼贤的家教传承、耕读传家的齐家之道、邻里和睦的乡土亲情、勤劳节俭的俭朴生活、告老还乡的乡贤治理、寓教于乐的节庆活动、婚丧嫁娶的礼仪教化、敦化民风、自娱自乐的乡土艺术、心灵手巧的工匠精神等，都承载着华夏文明生生不息的基因密码，彰显着中华民族的思想智慧和精神追求。这些无处不在的乡村文化是乡村复兴之魂，是乡村振兴的原动力，是乡村发展的优质资源。**以乡土文化为根，以社会主义核心价值观为核心，借鉴现代文化构建乡村文化教育体系，是乡村振兴亟须启动与推进的文化振兴工程，是目前化解乡村治理面临的诸多难题的重要突破口。**

第五，大力推动农业类院校的教育改革，让乡村成为农业类大学的课堂。

要想盘活农业类大学资源，为乡村振兴服务，亟须推动农业类大学教育的改革。

一是全国农业类大学改革要从"农业大学"办学思维，向全面为乡村振兴服务的"乡村大学"的办学思维转变。

二是要以中国千年耕读的理念，改革今天的大学教育，重建大学与土地、乡村的联系。传承中华文明的耕读传统，应成为当今农业类大学教育改革的重要内容。建议编撰关于中华农耕文明等教材，作为通识课纳入农业类大学所有大学生的基础教育。

三是国家出台有关政策，鼓励和引导农业类大学到乡村办分院、研究所、科研基地等。在乡村建立农业类大学教育实践基地。凡是考入农业类大学的学生必须过耕读教育关。田地就是教室，乡村就是课堂，农民就是老师，要让中国农业类大学真正成为为社会主义乡村振兴服务的大学。

第六，鼓励与引导艺术类、文化类、人文类院校到乡村办学。

乡村是离天地最近的地方，中华五千年文明留下的文化遗产主要分布在县域内的乡村和古镇。乡村是未来新文化、新艺术、新哲学、新人文发源地。顺应这个大势，已经有一批文化艺术学者进驻乡村。有的扎根乡村，成为乡村的新村民，成为乡村文化与艺术的传承者和创新者。最近几年，已经出现许多一个画家或一个艺术家活化一个乡村的故事。

为此，建议中央、文化艺术教育等部门，顺应大势，出台鼓励和推动艺术、文化等专家下乡的政策，出台鼓励文化类、艺术类、人文类学校，到乡村、古镇办学、建研究所、办工作坊等，让文化艺术为乡村振兴赋能，使未来乡村成为迈向新时代的中国新文化、新艺术、新人文的发源地。

第七，规划与引导职业类教育向乡村和县域倾斜。

在目前大城市的地价、生活成本、用工成本越来越高的背景下，县域所具有的土地、生活、劳动力成本低的优势，吸引着劳动密集型产业向县域转移。顺应这个趋势，建议国家出台相关政策，鼓励劳动密集型产业向县域下沉。伴随劳动密集型产业下沉县域，与此配套，建议国家出台鼓励职业类教育资源向县域下沉的政策。

劳动密集型产业和职业教育向县城、乡镇下沉，可以带来诸多好处。一是为县域发展提供有效的产业支撑。二是可以有效地解决农民就地就业的问题，使离县城近的农民，可以住在乡村，到县城上班，实现离土不离家，解决农民因外出导致的家庭分崩离析、留守儿童等诸多社会伦理问题。三是为中国新一轮产业调整、提升产业竞争力提供了新路径。

第八，把乡村建设成面向全社会的耕读和生态文明的自然教育基地。

耕读既是目前让大中小学生身心健康最好的劳动教育，也是生态文明时代，回归自然、体验天人合一的生态文化教育、自然教育。耕读劳动教育、自然教育、生态教育，应作为新时代针对大中小学生重要的人生教育与社会教育的内容。

乡村是中国人共同的精神故乡，是中国革命的发源地。耕读教育是对大中小学生开展不忘本的爱国教育的很好的方式。建议教育部门和有关部门出台有关政策，鼓励大中小学到乡村建立耕读劳动和自然教育基地。

耕读教育也是新时代全党和全社会最好的不忘初心的根性教育、红色教育。乡村是中国最大的国情，迈向新时代，需要将耕读教育纳入党政干部的培训体系，将耕读教育作为党政干部的党性教育、国情教育、生态教育、民情体验、劳动教育的重要内容，予以高度重视。

八、全生命三亲教育：迈向未来的乡村教育试验

未来的教育到底是什么样的教育？为此，由笔者与原长治县一中鲍喜堂校长等人发起，北京师范大学、中国农业大学、青年政治学院、北京城市学院、《中国教师报》等单位的专家教授作为志愿者参加，开启了华夏三亲启蒙教育试验（以下简称"三亲教育"）。该项目自2014年8月启动以来，通过在山西长治、山西永济、河南兰考、河南南阳、山东临沂等试点学校的九年探索，取得了预期的成果。该试验用事实回答了乡村不仅可以做好教育，而且面向未来的新教育需要从乡村开始。

（一）三亲教育试验的背景和缘起

1. 背景：迈向新时代的教育改革试验

三亲教育是践行习近平总书记提出的培养德、智、体、美、劳全面发展的"做人教育"的改革试验。从单纯的做事教育转向做人教育，是新时代中国教育改革的大趋势。如何推进中国新时代教育的改革，是以习近平同志为核心的党中央一直关注的大事。

党的十八大以来，习近平总书记为新时代的中国教育改革提出了新理念、新方向和新目标。2018年5月，习近平总书记在视察北京市的学校时，提出"我们的教育要培养德、智、体、美、劳全面发展的社会主义建设者和接班人"。习近平总书记讲做人教育时，形象地称其为"扣好人生第一粒扣子"。

三亲教育正是按照习近平总书记提出的培养"全面发展的人"的教育理念进行的教育改革试验，也是落实习近平总书记提出的"德、智、体、美、劳全面发展的社会主义建设者和接班人"的教育。

2. 缘起：没有教育的乡村是没有未来的乡村

笔者进入乡村教育的领域，源自自己研究生态文明的逻辑。早在20世纪90年代笔者就开始了对生态文明的研究。党的十八大提出生态文明战略之后，笔者就全身心投入生态文明与生态经济学的研究中。在研究过程中，笔者发现乡村具有低成本、全面推进生态文明建设的优势，因此，笔者提出了"乡村遇工业文明衰、逢生态文明兴"的观点与研究思路。这个观点与习近平总书记在浙江安吉村提出的"绿水青山就是金山银山"的两山理论高度契合。无论是从面向未来的生态文明建设看，还是从实现中华民族伟大复兴的中国梦看，我们发现，未来的中国最需要复兴与振兴的是中华乡村文明。乡村作为中华文明之根，作为中国文化基因的携带者，孕育着中国的未来。正是在这样的信念与逻辑下，笔者将研究视野从生态文明的研究拓展到对乡村的研究。而笔者本就出生于乡村，对乡村自有一种天然的情怀。

笔者在关注乡村问题的十多年间，发现有许多有作为的村主任和书记，把自己所在的乡村搞得有声有色。但是在与他们的交流中，笔者发现了一个问题，那就是无论他们自己如何热爱乡村，他们的孩子或孙子都在县城上学，接受着现代化教育。在他们描绘的美好乡村的愿景中唯独没有学校，对此他们却无能为力。一个只有老年人的乡村并不可怕，因为乡村本身就是很好的养老地，而没有儿童的乡村才是可怕的乡村。

党的十九大提出乡村振兴战略，这是对处在历史十字路口的中国乡村命运的重大抉择与调整。但目前学界和社会对乡村教育问题的关注和讨论，未能深入乡村教育的本质。教育部门对乡村教育的看法，仍然停留在如何增加乡村教育的硬件投入上，如何增加对乡村教师的补贴上，等等，以此最大限度地缩小城乡教育的差别。

这些问题虽然也是乡村教育存在的棘手问题，但并不是乡村教育问题的本质所在。当代中国乡村教育的本质问题，不是目前学界讨论的乡村和城市教育是否平等的问题，而是在城市化大背景下，几十年来形成的一整套去乡村化教育的理念、制度、政策的问题。如果这些根本问题不解决，乡村教育就无法振兴。

（二）为什么是三亲教育

三亲教育是指亲情、亲乡土、亲自然的教育。以孝道为根的亲情教育，培养儿童的感恩之心，扎下做人之根；以仁爱为本的亲乡土教育，培养儿童的仁爱之心，种下爱国爱家的种子；以开慧为道的亲自然教育，培养儿童的好奇之心，满足儿童身心灵的健康成长。

首先，扎下生命之根的亲情教育，做好源自家庭的亲情链接，是三亲教育的第一链接。 今天，许多孩子产生德行问题、情绪问题，原因就在于其在儿童时期没有做好和父母的链接。家庭是任何一个人来到这个世界必须完成的第一个链接，这个链接是关系孩子一生幸福的命根所在。孩子一出生，首先看到的是父母，父

第九章 回归生命：从乡村起航的新教育

母是他生命中最早感受到的生命世界。家庭给予生命的爱，是任何东西都不能替代的。

家庭是社会的细胞，一个可持续的文明社会一定会有很多爱的能量可持续传承的家庭。中国式的、以亲情为纽带的、传承孝道的家庭组织，是一个互助共生的社会组织。个人与企业本位的社会组织是一个能够最大限度激励社会创新、有利于物质财富增长的社会，但一个缺乏家庭本位的社会则是一个缺乏爱的滋养与传承的冷漠社会。

目前最需要我们反思的是，改革开放四十多年来，在社会治理结构上我们付出的一个重大代价，就是我们接受西方个人本位与企业本位的同时，自觉不自觉地放弃了中华民族几千年的齐家治国之道。特别是在物质主义盛行、价值观念扭曲的现代社会，许多家长把本来属于自己必须尽的天职——与孩子完成亲情链接教育，放到了一边，而忙于挣钱，认为决定孩子未来最重要的东西，不是父母给予的父慈母爱的传承，而是要为孩子留下更多的钱，甚至认为让孩子能接受的最好教育，是用钱可以买来的教育。

三亲教育把以孝道为核心的亲情教育放在第一位，就是要修复现代社会的这种亲情链接缺失。要建设一个精神与物质、技术与文化均衡发展和永续发展的中国式新文明，就必须重建让文化传承的齐家治国理念与让财富增长的企业本位思想协调发展的新国家治理结构。特别是重建齐家治国的体系，必须从以孝道为核心的亲情教育开始。

其次，扎下爱国之根的亲乡土教育。一个生命的出生，第一个链接是父母，第二个重要的链接则是养育生命的那方水土，即我们出生的乡土。在乡村，孩子生下后要举行过三天、过满月、过周岁等仪式活动，这些活动的背后，其实就是要让孩子的生命与其未来生活密切相关的这方土地进行链接。简单地讲就是，**一个孩子与其出生地的链接过程，就是一个孩子的社会化过程。**完成这个链接，就是儒家所讲的建立利他互助的仁爱社会。中华民族是农耕文明的民族，乡村是中华民族文明的根，亲乡土、爱故乡是中华民族几千年来高度重视的教育。古代一直有告老还乡、衣锦还乡、叶落归根、乡贤治理等传统，这些都是为了巩固个人生命与乡土链接的文化或制度。

中国作为家国一体的文明国家，与"家"紧密联系的是家乡和故土，所以家乡蕴藏着中国人最深厚的感情。正是这种浓厚的乡土情怀，成为促使人们叶落归根的一种无形的吸引力。这种吸引力成为让中华文明永续发展的强根固本的力量。特别是当中华民族面临危亡之时，这种浓厚的爱乡力量，又会升华为强大的保卫国家的爱国力量。

然而，随着改革开放的推进，在追赶西方现代化的过程中，特别是随着城市化推进，对乡村带来巨大虹吸力的背景下，几千年来传承与延续的这种"乡土情怀"越来越淡薄，与此同时，也出现爱国之情的淡薄和爱国教育失灵等问题，社会上出现了"生活在农村的人，不爱农村，爱城市；生活在城市的人，不爱城市，更向往国外的城市"这一令人担忧的现象。

最令人担忧的是，这种现象已经固化到今天的教育中。在城市化过程中形成了去乡村化教育，使得当今中国新生代孩子成为与乡土失去链接的一代。传承了几千年的亲乡土教育出现了严重的问题。今天，中国的爱国教育出了问题，爱国源于爱故乡，一个和故乡没有链接的人，不可能爱国！

乡土教育是最好的爱国爱家教育。服务于城市化的去乡村教育，给我们这个国家造成的严重伤害，就是爱国教育出了问题。

要从根本上解决爱国教育失灵的问题，就必须从儿童时期开启亲乡土教育。

最后，种下开慧种子的亲自然教育。孩子来到这个世界，从他的双脚踏上大地的一瞬间，就启动了与生命的第三个链接，这就是大自然。每个家长都希望自己的孩子聪慧，但孩子聪慧与否，除了遗传因素以外，最重要的是要依靠自然这位老师。

人类智慧的第一老师是天地自然。老子在《道德经》中讲："人法地，地法天，天法道，道法自然。"今天我们都在讲智慧，说中华民族是世界上最有智慧的民族。之所以这样讲，就是因为中华民族几千年来，在农耕生产中一直保持着与自然的链接，一直以自然为师，从中获得了丰富的生产生活经验，并探索出了诸多万物运行的规律。天地自然不语，但一直给予万物滋养和引导。

在大规模推进城市化、工业化的今天，我们在越来越远离自然的同时，也开始远离滋养中华民族的智慧。源自天人对立的自然观的西方工业化生产方式，想要依靠知识与科技的力量征服自然，但在这个过程中造成知识与智慧、文化与科技的失衡，使人类陷入环境危机、精神危机、文化危机等诸多危机中。

到目前为止，人类创造的一切均未能超出自然，而且也永远不会超出自然。21世纪是东方文明复兴的时代，是人类从化合物世界迈向生命世界的时代，也是东方智慧为世界作贡献的时代。智慧是知识之母，知识是智慧之花结的果。要迎接这个时代的到来，需要人类的智慧，需要我们从儿童时期就开始对孩子进行亲自然的开慧教育。

(三)"三亲教育"是身、心、灵一体的全生命教育

总之，三亲教育为儿童提供的亲情、亲乡土、亲自然的教育，

就是要让儿童扎下一生幸福的命根、德根与慧根。就像一棵大树一样，要让这棵生命大树，长得更高、更茂盛，就必须让这棵大树的根扎得更深、更广。"三亲教育"所关注的三个链接，是满足人类生命健康的三个链接，其教育宗旨就是让生命幸福、让生命崇高。

与现在流行的源自西方天人对立的、物质至上的生命观不同的是，三亲启蒙教育遵循的生命观，是基于中华民族天人合一、道法自然的生命观。这种生命观是一种系统、整体的大生命观、全生命观。这个全生命指的就是身、心、灵一体。由此形成了三亲教育的全生命理论体系：

天——灵——神——智慧——佛、道——亲自然
地——身——精——德仁——儒、道——亲乡土
人——心——气——艺术——儒、道——亲情

为什么将身、心、灵一体称为全生命？因为身、心、灵对应的天、地、人，涵盖了滋养生命的三大系统。天、地、人三位一体是中华民族认识宇宙人生的思维模式和逻辑起点。天对应着生命的最高存在——灵，这个灵是指觉悟生命与认知世界的最高存在，其最高存在的标志就是能够与宇宙间的最高存在——天相互感应。地对应的身是生命系统最基本的存在，源自大地的金、木、水、火、土生成的五种能量滋养了人类的生命系统。人对应的心是生命系统中人认知自我、认知社会的存在。

在身、心、灵所合成的生命系统中，表现生命质量高低的三个状态就是精、气、神。精、气、神足的生命是高质量的生命，反之则是低质量的生命。中医看病时的望闻问切就是在考量一个人的精、气、神状态。

从对应天、地、人的身、心、灵，到生命系统生发的精、气、神，在天人合一构成的宇宙社会中，人们自发地朝三个方向去感应和认识天、地、人，即天空之慧、大地之德、人心之艺。天空之慧是对天所代表的宇宙终极的研究，以源自古印度的佛家和中国的道家为代表；大地之德是对人的生命世界的研究，以中国的道家和儒家为代表；人心之艺是对生活在社会中的人与人关系的研究，以儒家和道家为代表。

聚焦重建三个链接的三亲教育，就是要完成人与自然、人与社会、人与家庭的三个链接；完成这三个链接，就是要打通生命与天、地、人的沟通与链接。

综上所述，基于全生命的三亲教育是按照生命发展规律进行的教育。中华民族的文化在本质上是贵命的文化，是一种让生命崇高、让生活幸福、让社会和谐的文化。全生命三亲教育也是活化、传承中国优秀文化，让中国智慧在新时代扎根、发光的教育。

（四）三亲教育的模式

正是基于天、地、人对应身、心、灵的中国文化模式，我们构建了三亲启蒙教育的模式。

1. 三亲教育的内涵

乡村是儿童身、心、灵健康成长的乐园，天地是儿童修德开慧的第一老师，德、慧、艺是奠定儿童幸福一生的根性教育。根据这种理念，我们提出了滋养身、心、灵全生命健康的三个链接的教育，即"三亲教育"：

与父母链接——以孝道为根的亲父母教育，培养儿童的感恩之心，扎下做人之根；

与乡土链接——以厚德为本的亲乡土教育，培养儿童的仁爱之心，种下爱国种子；

与自然链接——以开慧为道的亲自然教育，培养儿童的好奇之心，激活智慧之源。

2. 三亲教育的三个使命

让现代教育归根，探索有根的儿童启蒙新教育之道；
让归根教育回乡，探索面向未来的乡村教育之路；
让未来教育归本，探索以生命为本的全生命教育之法。

3. 三亲教育的四个结合

师教与家教结合：形成"上所施，下所效"的德育环境；
学校与社区教育结合：形成仁爱礼仪教育的社会氛围；
课堂与自然教育结合：创造传道授业开慧教育的条件；
乡村与城市教育结合：实现传统与现代对接的教育创新。

4. 三亲教育的"五师同教"

立足天地之间的三亲教育，是五位老师陪伴孩子的教育，这五位老师就是几千年来成为中华民族共同信仰的天、地、国、亲、师。

天：天教——天文、自然、开慧
地：耕教——耕读、学农、修德
国：社教——礼乐、仁爱、爱国
亲：家教——家务、劳动、孝道
师：师教——传道、解惑、授业

5. 三亲教育的六艺启蒙课程

经过多年的探索试验，三亲教育为幼儿园设计了六艺启蒙课程。

> 自然开慧教育、经典诵读教育、行为养正教育
> 四季农耕教育、心灵手巧教育、礼乐艺养教育

目前体制内从幼儿园到小学的教育课程的设置，是依据给孩子进行知识教育的理念，按照学科分类设计学习的课程，有语文、数学、科学、政治、艺术、生活等。这是一种典型的源自西方的分科教育、知识教育。而三亲教育所设计的六门课程，是根据人的生命发展规律进行设置的。自然开慧是开启智慧的教育，经典诵读既是传承中国文化、学习中国历史的教育，同时也是立志的圣贤教育。行为养正与农耕是身心一体的修德、健身的劳动教育，心灵手巧与礼乐艺养是滋养孩子身、心、灵的最好的美育。

5. 三亲教育的八心法

三亲教育与目前流行的教育相比，最根本的不同在于心法教育。目前流行的服务于做事目的的教育是知识教育。知识教育是改变思维方式的脑教育。而三亲教育走的是一条源自心的开慧教育之路。知识教育与智慧教育最根本的区别在于，知识教育是外求的教育，知识教育的目标是要运用知识转化为技术之力去改变外在的世界；而开启智慧的教育，则是内求的教育，其所用力的方向是向内开启自己的智慧，走的是改变世界从改变自我开始之道，改变自我从改变自我的心开始。三亲教育所施行的就是内求于心的心法教育。因此，三亲教育首先要求的就是老师自身——教育孩子从改变自己开始，对家长的要求是教养孩子从修行自己开始。这种教育理念是中国几千年来一直遵循的教育之道，这就是"上所行、下所效"、教学相长的教育理念。

在一个国家的教育体系中，决定这个国家命运的教育，不是大学教育，而是基础教育。因为从幼儿开始的基础教育是奠定孩子一辈子智慧与幸福的教育。所以，从事基础教育的老师尤为重

要。基于这样的教育理念，在三亲教育试验进行的九年中，团队始终坚持把培养实施三亲教育的老师放在第一位，九年累计培训30期。在这个过程中三亲教育的八心法逐渐形成：

> 以善心与儿童相通，以敬语与儿童交流；
> 以上行教儿童下效，以母爱陪儿童成长；
> 以忌语护儿童心灵，以底线让儿童知礼；
> 以不语观儿童自乐，以平等与儿童共进。

（五）三亲教育取得的初步成果

经过九年的不断探索、试验、总结和改进，三亲教育在儿童启蒙教育新模式的开发上有了很大的收获。

1. 探索出一套"做人教育"的新模式，破解了乡村不能搞教育的误区，为未来的乡村教育探索出了一条新路

（1）三亲教育用事实回答了乡村具有"做人教育"的独特优势，乡村是儿童教育的乐园。

在整个社会认为乡村不能搞教育、各地拆点并校仍在进行的背景下，山西关头村的三亲教育学校却吸引了来自全国9个省市的31名学生，30多位学生家长在关头村租住民居，陪孩子读书，并以"新村民"身份参与三亲幸福社区的建设，关头村成为他们稳定的第二故乡。关头村三亲教育的师资从2人增长为8人。

关头村之所以能够吸引城市人到乡村读书，其原因就在于，虽然满足"做事教育"的优势不在乡村在城市，但"做人教育"的优势正是在三亲教育，在乡村。正是由于三亲教育走的是一条不同于今天主流教育的路，因此它才吸引了认同三亲教育、着眼于对孩子自身更重要的做人教育的家长带着孩子来关头村读书。

（2）三亲教育形成了一套将"做人教育"融于家庭、生活与劳动的儿童行为养正教法。

知识教育是在教室就可以完成的"知道"的教育,但做人教育的目标不仅仅是"知道",还包括要"做到"的行为改变与养成教育。三亲教育从三个方面进行做人的行为养成教育,并取得了显著的效果。

家庭教育。三亲教育给孩子布置的作业就是帮助父母做家务,除此之外,没有其他作业。对学生的要求是:**"自己的事情自己做,父母的事情帮着做,长辈的事情抢着做。"**实践证明,从幼儿园就开始的做家务教育,为孝道教育、利他教育和自立教育打下了良好的基础。

劳动教育。在三亲教育学校,孩子们早上来到教室后,首先从洒扫开始。拿起笤帚、抹布开始打扫,从教室到院子、从桌面到桌底,一丝不苟。在日复一日的生活劳动中让学生养成爱集体、爱劳动、爱生活的美德。

耕读教育。关头村的三亲教育学校,有供儿童体验耕读的耕读园,可以让儿童在劳作体验中感受一颗种子春种夏长秋收的全过程。耕读园不仅是儿童农耕劳动体验的地方,而且是老师进行田间数学、天文、地理教学的地方,让儿童在自然中自然而然地获取知识与智慧。

2. 初步完成了幼儿三亲教育课程体系改革,为我国新时代幼儿教育改革提供新思路

(1) 形成了以六艺课程为内容的幼儿教学体系。项目组从2014年到2017年,经过三年时间完成了幼儿阶段的三亲教育课程体系的建设。其间经过20多次的研讨培训,形成了幼儿六艺教育课程体系:

自然开慧教育　经典诵读教育

行为养正教育　　四季农耕教育

心灵手巧教育　　礼乐艺养教育

（2）将自然教育与艺养教育结合的**自然绘画课程**。自然绘画是三亲幼儿教育的独创。课程开展时，要求儿童在没有任何干扰下进行自主创作，由此创作出了很多大人看不懂，必须儿童自己解读才能看懂的画。自然绘画给儿童展现了一个**用自己的眼睛看多彩世界、用自己的心感受活力自然、用自己的语言表达美的自我教育。**

（3）形成了三亲教育经典诵读法。按照听读、诵读、领读、指读的顺序，使儿童在没有任何压力下完成经典教育。运用此法，三年级的儿童可以轻松地完成《弟子规》《大学》《中庸》《论语》等28000多字的经典学习，认识2000多个汉字，可以达到自我阅读的水平。

（4）完成了集理念、教法、案例于一体的三亲幼儿教育教案和教材体系。按照三亲教育的理念，围绕六艺启蒙课程，目前项目组已完成了30余万字的三亲六艺课程系列教材和100多个儿童教育的微案例。

通过以上的教育，在三亲教育接受教育的孩子，其识字量、专注力、定性都得到明显提升，独立自主学习能力明显增强。因为充分接触大自然，运动量也远远大于普通学校在校生；加之健康的饮食，儿童的高服药率、高近视发生率、高肥胖率、高龋齿发生率、多动症等儿童常见的问题发生率接近于零，身体健康状况良好，实现了身、心、灵全生命健康的三亲教育目标。

3. 初步完成了小学"三亲教育"课程体系改革，在小学数学与原文教育上有重大突破与创新

（1）形成了小学五全教育思路。从2018年到2020年，经过3

年的时间，项目组完成了对三亲教育小学阶段的课程改革试验。按照三亲教育的理念，根据小学生阶段的身心成长特点，团队形成了五全教育的思路：

以经典为主的全文科教育；

以自然为师的全科学教育；

以生活为本的全道德教育；

基于混合班全科老师教育；

基于身心灵的全生命教育。

（2）完成基于全脑思维的小学数学课程的整合改革。按照三亲教育的理念，运用右脑的系统整合、想象归纳的思维功能，将按照左脑的逻辑思维构建起来的现代小学教材进行大胆整合改革，**形成了一套简单易学、实用乐学、不教自学的小学教学法**。鲍喜堂校长带领的科研团队开创性地开发了《加法口诀》《减法口诀》《除法口诀》《新四则运算》等新学习工具。运用此法，需要小学六年学完的数学，在一年多内就能轻松学完。

（3）探索形成实用乐学、趣味自学的多样化数学教学法。三亲教育把原来局限在教室里的枯燥数学课，变成了开放的生活数学、自然数学、农耕数学、游戏数学教学，使枯燥的数学变成了学生实用乐学、趣味自学的数学。此外，还按照三亲教育的心法教育，项目组开展了"老师不讲，学生全会"的启发式教学、趣味教学，使学生走向了自学之路。

（4）进行了基于经典的小学语文教育整合改革。根据"系统归类、集中学习、科学高效、终身受益"的课程改革探索思路，孩子们学习语文的兴趣极高，不到1个月的时间，三年级的学生就完成1—6年级的诗词背诵。每天半小时的口头作文表达时间，为小学生的作文生活素材积累打下基础。

（5）开发了内修心性、外强体魄、刚柔相济的书法与武术课程。小学阶段的学生，每周有4个课时的武术课，学习五步拳、太极拳等强身健体的武术。

通过以上五个方面的课程，六年小学教育可以达到预期目标：完成30万字的经典学习，奠定使儿童一生受益的语文与历史基础；用一年的时间，完成六年的小学数学教育；通过综合教育，使学生完成立志教育，明白自己一生的努力目标；通过三年幼儿园和六年小学教育，完成做人的教育，为下一步行万里路、读万卷书奠定一生的基础。

4."教育兴村、生活富村、生态美村、文化养村"的乡村振兴新路径

人来了，乡村就活了，乡村的振兴就有了希望。随着来自全国各地的30多位家长来到关头村，关头村开始走向一条教育振兴乡村的新乡村振兴之路。

（1）坚定走教育振兴乡村的乡村振兴创新之路。从2018年关头村三亲教育学校成立起，三亲教育团队与关头村党支部、村委会共同制定了关头村乡村振兴规划，该规划提出以三亲教育为引擎，探索出"教育兴村、生活富村、生态美村、文化强村"的乡村振兴新路径。

（2）新村民、新生活带来的富民新产业。新来的村民为了过上自助有机的健康生活，目前已经带动了四类产业在村里发展：一是来自湖南的家长，开办了有机豆制品工坊，做有机豆腐、有机豆浆、有机豆瓣酱等产品；二是来自太原的家长，开办了有机香菇工作坊和发酵床养鸡厂；三是来自山西长治市区的家长，办起了种养结合有机发酵床养猪厂；四是在新村民的带动下，本地

的村民也开始了有机农业种植，有机食物开始走上新老村民的餐桌；五是开启了乡土手工工作坊，艾草茶、玉米皮手工编织、社区木工房等手工业开始启动。

（3）开启了新老村民共建零污染生态村。新村民也带动了老村民对有机健康生活的追求。2021年5月5日，在村支部、村委的领导下，新老村民与孝道酵道团队合作，开启了生态零污染乡村的建设。新老村民随手捡垃圾开始成为村里的新风气，拒用塑料制品、拒绝过分包装、使用天然洗涤用品、制作酵素等行为，已经开始成为新老村有机生活的一部分。按照零污染生态村建设的规划，一个从生产到生活、从家庭到社区的零污染乡村将会成为现实。

（4）发挥文化养村的功能，建设互助、共享的社会主义新乡村。从2018年开始，随着外地新村民陆续来到关头村，项目团队与村委都高度重视新老村民的融合与社区共建工作。为了促进新老村民的融合，村里开启了一系列公益活动。一是开展了新村民对村里老人进行定点专人的义务关爱活动，例如给村民免费理发，给村里老人过生日，为老人提供中医理疗等。二是三亲社区以志愿者的方式承担了村里的日间照料中心的工作。三是在每年的正月十五、六一儿童节、九九重阳节等重要节日，举行全村饺子宴、新老村民晚会、新老村民趣味农家乐和运动会等活动。这些活动增加了新老村民的感情，使全村像一家人一样互帮互爱。

第四篇

乐道：

——慧济天下

引言

中华民族伟大复兴是影响 21 世纪人类命运走向的大事件。东升西落是当代人类发展不可阻挡之大势。源自二元对立哲学、自利竞争、殖民霸权的西方文明，已经导致人类诸多关系失衡，陷入环境赤字、治理赤字、信任赤字、和平赤字、发展赤字的全球危机之中。

中国是世界巨体量文明大国，这决定了能够与虽显没落但仍强势的西方文明对峙、让人类文明改道换辙的只能是中国。源自天道智慧的中华文明，决定了中国贡献给世界的不可能是一个追赶西方并超过西方的文明，而是一个基于中国智慧的新形态文明，一个不同于西方文明的道济天下、共生、共建、共赢的天下太平的新文明。

以独善其身到道济天下的中国智慧，观未来乡村与中国，有三个方面值得我们关注与研究。

一是以生命历史观盘点中华文明历史遗产。展望未来，乡村不仅蕴含着未来新经济；回溯过去，古老的乡村还蕴含着中华民族长寿的秘密。西方文明是模仿机械原理构建的文明，而中华文明是按照生命的原理构建的文明。中国智慧源自感悟生命的智慧。从生命原理看中国，我们惊喜地发现，五千年中华文明不是只存在于教科书上的"死"文明，而是仍生生不息地存活于960万平方公里的大地上。中国乡村有千年相传的家谱，而中华文明也有一部留在中华大地上的五千年文明图谱。

中华民族为我们留下的这笔活资产，不在今天的城市，而是隐藏在被我们认为是落后的、远离文明中心的崇山峻岭之中，在高原深处的乡村。

从生命的角度看当代中国，我们还欣喜地发现，当代中华民族是世界文明体系中，正值青年、充满创新活力的民族。西方已经迈入老年，而当今的中国还是一个风华正茂的年轻人。

二是以五行智慧观世界，未来是流行中国风的时代。中国古人的太极五行理论，是通用于世界的智慧。按照太极五行智慧，我们发现，西方属于金性文明，中国属于土性文明。城市生金、乡村归土，随着东升西降的大转型，21世纪将是人类文明从金归土，从"金戈铁马"转向"厚土德风"的新时代。

三是乡村社会主义将引领未来。乡村不仅是中华五千年文明之根，也是毛泽东开创的中国特色马克思主义的摇篮。对于21世纪马克思主义中国化的伟大创新，党的二十大报告明确提出了"坚持和发展马克思主义，必须同中华优秀传统文化相结合"，这表明乡村将再度承担新时代中国特色社会主义实践创新的新使命。源自乡村的社会主义运动，在21世纪影响的不仅仅是中国特色社会主义走向，而且会影响世界社会主义潮流的走向。

第十章
文明图谱：乡村是中华文明活态博物馆

"文明图谱"是多年前在笔者头脑中闪现出的一个概念。多年来，笔者从青藏高原的牧区行走到云贵高原的村寨，从被称作表里山河的山西老家行走到江南山水间的客家。随着时间的推移，笔者越来越发现，中华五千年文明不只是留在书本上的历史，而是仍存留在960万平方公里大地上的活文明。中国乡村有千年相传的家谱，而中华文明有一部留在中华大地上的五千年文明图谱。

用人的生命周期去看中华民族的生命周期，云贵高原的少数民族，是四五千年前甚至更久远时期的中华民族儿童时期生活样式的活化石；青藏高原的伏藏文化，给中华民族这个大家庭留下的是另一种远古记忆，而且是一种更珍贵、更神奇的儿童时期的灵性文化。汉唐是中华民族进入青年时期的文明样貌，汉风唐韵虽然远去，但在贯通欧亚大陆的丝绸之路上，我们仍然能听到那个繁花似锦的时代留下的回响。宋王朝时中华民族正值中年，宋朝已经离我们远去，但《清明上河图》中那些宋朝后人，仍然生活在今天江南的山水之中，他们的名字叫客家。历史从哪里开始就会在哪里结束，中华五千年古文明，从三皇五帝开始到明清王朝结束，这个完美的句号凝结在山西保存完好的明清建筑中。

从中华五千年文明图谱看中国，21世纪迈向新时代的中国，是一个既古老又年轻的中国。中国于1949年涅槃再生，如今正是一个风华正茂的年轻人。当今中国不仅拥有年轻的生命，还拥有五千年文明留下的遗产，而且是一笔可以活化传承的遗产。

这笔活遗产不在今天的城市，而是在被我们认为是落后的、远离文明中心的崇山峻岭之中，在高原深处的乡村。十多年来，笔者一直讲乡村是中华文明之根，携带着中华文明长寿的基因和密码。当头脑中第一次出现"文明图谱"这一概念时，笔者更加确信，乡村是仍然活着的华夏文明的乡村。但令笔者痛心的是，拆村事件仍在进行。我们拆的不是一个村，而是老祖宗留下的仍然活着的文明。

一、从生命周期理论看中华文明史

21世纪，迈向新时代的中国，再度面临着重大文明的转型，即从物质化的低维空间向高维时空跃升。当站在高维时空鸟瞰中国时，我们发现，不仅存在一个当下的现代化的中国，还存在一个有五千年文明历史的中国。

（一）少数民族的生活就是中华民族儿时的样子

当代中国不仅拥有标志着中国现代化实现程度的东部沿海大城市，还拥有留存着中华文明不同历史时期的活化石的古老乡村。为我们保留了这些古文明遗产的，恰恰是处在现代化边缘地区的云贵高原、青藏高原、黄土高原、内蒙古高原及南方的崇山峻岭之中。深藏于山地中的村寨、高原中的牧村，以现代财富标准来衡量，大都是被扶贫的对象，甚至是需要集中搬迁的对象。特别

第十章 文明图谱：乡村是中华文明活态博物馆

是按照现代城市化的标准来看，这些地方被定义为不适于人居住的地方，应该把他们集中到城市去。但是从文化与历史的价值来看，山地高原中的乡村恰恰存在着比现代城市更高的价值。

中国有 55 个少数民族，主要分布在云贵高原和青藏高原。其实，在古汉语文献中"民"和"族"这两个字都有，但是合成的"民族"一词则是舶来品。据中国社会科学院民族研究所的韩景春、李毅夫两位研究员研究，最早使用"民族"一词的人是王韬，在其 1882 年的《洋务在用其所长》的文章中写道："*我中国幅员辽阔，民族殷繁*。"而经济日报出版社出版的《中国全史简读本·民族史》中记载，"民族"一词最早见于 1895 年。最早出自哪一年，可以有不同的版本，但学界都认为"民族"是来自西方的用词。

中华文明从一开始就是家天下。直到现在，少数民族仍称呼自己为苗家、傣家等。从这个角度看，我们虽然使用"民族"这个词，但我们的少数民族与西方所说的民族不同。西方的民族是源于不同种族关系演化而来的称谓，但是中国的少数民族与汉族是同根、同祖、同文化的关系。如今分布在贵州的苗族，无论是苗族的史诗、歌谣、传说还是史料，均记载蚩尤佬是苗族的祖先。苗族先民在上古时代本来居住在黄河流域，后被黄帝部落（华夏族）所败，被迫迁徙至贵州、湘西、鄂西南等地区。

近几年笔者多次到黔东南州。当看到少数民族的服饰、歌舞和生活习俗时，眼前总会浮现出儿童的形象。少数民族总是这样描述自己：走路就是跳舞，说话就是唱歌。每月都有节日，生活无忧无虑。这不正是我们每个人儿童时期的样子吗？！他们一年中有大量的时间在过各种各样的节日，"大节三六九，小节天天有"。就像我们的儿童时期，大量时间用于玩耍一样。许多少数民族没有文字，他们的历史通过歌声口口相传。这也与儿童还没有认字，所有情感和想法的表达都是通过语言、形体一样。

从这个角度类推，我们坚信，今天的少数民族就是中华民族儿童时期生活的定格。低维度空间中的时间是不可逆的，我们每个人都不可能回到童年，童年只能存留于我们的记忆中。但我国的少数民族，却以活生生的存在为我们保留了中华民族儿童时期的样子。

对人类文明发展阶段的划分，目前主要依据生产所使用的工具。可以说，这是源自西方物质文明的标准。但是从文化与文明形态的特性来看，人类文明也像人的生命一样，经历着从出生到幼儿、儿童、少年、青年、中年、老年的过程。

按照西方的机械论，人类文明的演化时间是一条均衡的直线。特别是在天人对立观的影响下，我们普遍认为人类社会就像被人控制的机器一样永远是匀速运行的。按照这种观点，现代工业文明就是普世文明，人类文明要永远沿着这条路走下去。但按照这种理论无法解释，为什么 15 世纪以前，鼎盛的中华文明未能首先进入工业文明时代，也无法解释强大的美国怎么会走向衰落。笔者讨论这个问题，是想说明，本章对中华文明图谱的研究，用的不是流行的历史观，而是生命历史观，即把中华文明看成一个生命来对待①。

（二）从童年到老年：中华文明生命的年轮

如果用生命的周期理论研究中华五千年文明，对中国历史可以进行以下解读。

1. 歌舞的童年

这个时期在今天被称为原始社会时期，在中国对应的是三皇

---

① 张孝德：《文明的轮回：生态文明新时代与中国文明的复兴》，中国社会出版社 2013 年版。

五帝时代。对于中国始祖"三皇",学界有不同的说法,使用频率最高的文献为《帝王世纪》①,其中对"三皇"的解释为伏羲、神农、黄帝。在这个时期,我们的祖先过着什么样的生活,从今天中国少数民族的生活中可以窥见一些遗存的信息。

2. 思想的少年

与儿童用身体、直觉认识世界不同,少年开始借助人类创造的文字,逐步用大脑来认识世界。或者说,这是人的思想形成的时期。

以此来看,文字的诞生应该是人类文明从儿童进入少年的标志。少年时期也是一个人的世界观、人生观、价值观的形成时期。与此对应的中华文明时期是夏、商、西周到春秋战国,直至秦始皇统一中国。这个时期出现了孔子、老子、庄子、孟子、墨子等圣人,奠定了中华文明的宇宙观、人生观和价值观。无论后来中华文明如何变化,都没有超出这个时期奠定的文化基础。

从世界上看,这个时期被理论界称为世界的"轴心时代"。因为在这个时期,同时出现了奠定西方文明思想基础的古希腊哲学家和奠定印度文明基础的释迦牟尼等。

3. 诗赋的青年

从秦统一中国开始,中华民族进入充满活力的青年时期。整个青年时期对应的就是从秦到唐的千年鼎盛时期。

青年人所具有的热情、奔放、创新、探险的性格特征,在秦汉、三国、隋唐的文明中均有突出的表现。汉唐丝绸之路的畅通,带来万国朝圣、协和万邦的盛况。儒、释、道三位一体文化的出现,体现了汉唐对多样性文化的开放和包容。汉唐时

---

① 《帝王世纪》,是专述帝王世系、年代及事迹的一部史书,所叙上起三皇,下迄汉魏。作者皇甫谧,幼名静,字士安,晚年自号玄晏先生。安定郡朝那县(今甘肃灵台县朝那镇)人。生于东汉建安二十年(215年),卒于西晋太康三年(282年),终年68岁。

的中国所具有的热情、奔放，也找到了其生命能量与情感的最佳表达方式，这就是汉赋唐诗。这个时期出现了代表中国诗词高度的李白、杜甫、刘禹锡、白居易、李贺、王维等伟大诗人。他们用不同的方式，表达了年轻人特有的挥斥方遒、血气方刚的情感和追求。

4. 哲学的中年

按照孔子所讲，中年属于渐趋不惑的时期。人进入不惑的中年之后，心理逐渐成熟且稳定发展。对应一个民族，应该是这个民族的文化走向成熟、丰满的时期。具体来讲，中年是一个人从充满激情逐渐走向理性的时期；是从刚烈转向柔中有刚、刚中有柔的内外通达时期；是从张扬炫耀的青春年华，转向对内自我反省、享受自在人生的时期。这个年龄段相当于一年四季中的秋季，是一个收获的季节，也是一个生命呈现出斑斓色彩的黄金时期。

在中华文明史上，与此对应的就是宋朝、元朝和明朝前期。首先，从青年的激情走向中年的理性，其重要标志就是宋明理学的出现。宋代理学在这个时期对中国文化的最大贡献，就是将以伦理存在的儒家思想，从哲学与理性的思维高度进行了学理化、规范化的总结与提升。宋明理学亦称"道学"，是一种既贯通宇宙自然（道教）和人生命运（佛教），又继承孔孟正宗（根本），并能治理国家（目的）的新儒学。

儒学发展形成了以王安石为首的荆公学派、以司马光为首的温公学派、以苏轼为首的蜀学派等；之后还有周濂溪的濂学、张载的关学、二程（程颢、程颐）兄弟的洛学，等等。后来，洛学由朱熹发扬光大，他在福建创出闽学。闽学与程学一起，成为居正统之位的程朱理学。濂、洛、关、闽四大理学构成了中华民族进入中年之后的理性光辉。理学思想在宋代达到顶峰之后，明朝以王守仁为代表的"心学",就像置放在顶峰的明珠一样,为中华民族的思想画了一个完美的句号。

宋朝虽然进入了理性时期,但仍然是一个有激情的时期,不过,与青年时的激情所不同的是,这种激情在经过理性智慧的过滤之后,释放出的已经不是夏日炎炎的光芒,而是初秋带着果香,能够温润人心、具有高贵品质的柔和之光。这道光就是宋词。

宋词所阐发的情感,从唐诗的向外张扬回到了对自我内心的抒发;从唐诗不拘一格对天而歌的酣畅表达,转向了与自我内心对话的吟唱。进入中年的宋代,把中国文化中以理性追求真理的部分推向一定高度的同时,将理性与激情有机结合,也把中华文明对风物与生命的审美推向了古代文明的最高点。除此之外,宋代城市生活、宋代科学发展与经济繁荣、民间手工业和农业都达到了其他时期难以企及的高度。

5. 文学的老年

步入老年后,人的生命活力减弱,心态转向平和、保守和封闭。缺乏创新活力的老年人会陷入对往事的回忆中。中华民族与这个年龄段特征相符合的朝代,就是明朝和清朝。在此需要说明,明朝是中华民族从中年步入老年的过渡朝代。史料记载,从明朝开始,中国逐步走向保守和封闭。明朝在郑和下西洋后实施海禁,并在北方修建明长城,这些都是明朝锁国的象征。洪武十四年,明太祖朱元璋宣布"禁濒海民私通海外诸国";洪武十七年又下令"禁民入海捕鱼";到了洪武二十三年,又对私自出海做了更加严格的规定,几乎断绝了私人所有的海上贸易。

清朝沿袭明朝的政策,更加走向闭关锁国。虽然禁海政策的初衷,是防止沿海军阀余党与来自日本的海盗的滋扰,但从通过禁海来解决问题的方式来看,这是一种典型的老年人的做事方式,表现出了过度求安全和不自信的心理。单从国家的安全看，汉唐时期，来自北方游牧民族的侵扰，比明清时期来自海上的问题要严重得多。但汉唐并没有采取封闭的政策，而是非常积极地采用文武并用、刚柔并重的方法来解决。

就国家物质层面看，明清时期的财力比汉唐要强；但就生命特点来看，一个是血气方刚的青年，一个是垂暮的老年人。对于明清，中国学界多有抱怨式的批判。如果我们真正理解那个时期的中国处于老年时期，我们就不会抱怨了。

步入垂暮之年的明清，拥有的最大精神与文化财富不是未来，而是过去。回忆、讲过去的故事成为老年人重要的精神需求。所以，进入明清之后，中华民族的情感和内在表达，不是激情释放的诗词，也不是理性表达的理学，而是回顾过去的文化与重演过去的戏剧艺术。明清对中国古代文化与艺术的最大贡献是小说和戏曲。代表中国古代文学高度的四大名著（明代罗贯中的《三国演义》、明代施耐庵的《水浒传》、明代吴承恩的《西游记》、清代曹雪芹的《红楼梦》），都是明清时代的产物。这个时期，围炉夜话、讲述过去成为老年人最重要的精神消费方式，将讲述的故事以戏剧的形式搬上舞台，便成为这个时代的特色。公认的中国古代四大名剧（清代洪昇的《长生殿》、清代孔尚任的《桃花扇》、明代汤显祖的《牡丹亭》、元代王实甫的《西厢记》），其中三部是明清时代的杰作。

（三）年轻的中华文明与年老的西方文明

从生命周期看中华五千年文明，我们自然就容易理解，为什么近代以来中国落伍了。为什么当年落后于中国的西欧，却成为近代工业文明的引领者，因为中国与西欧处在不同的年龄阶段。西方文明在经历了"黑暗的中世纪"之后，置之死地而后生，开始了新生命周期。而这个时期，中国恰恰处于明代，中华民族已进入老年时期。18世纪，当西方文明成长为一个野性十足的年轻人，以洋枪洋炮打开中国国门时，中国已经是一个活了五千年的拄杖挪步的垂暮老人。

而在经历了500年资本主义发展后，西方文明在今天又渐渐走向衰老，生发于中国的生态文明却越来越焕发生机。

当代中国正在以年轻的生命力迈向新时代，但我们一定要明白，它不是重复西方文明的新时代，而是要跃升到更高维度的文明的新时代，即生态文明。当我们进入高维空间时，我们看到的不仅仅是一个现代化的年轻的中国，还是一个五千年文明的活历史仍然存留在中华大地上的中国。

二、苗族：华夏上古文明的活化石

中国的每一个少数民族都是一部携带着远古文明信息的古书。由于欧洲文明是断流的文明，因此，他们的历史只能从埋在地下的文物中去寻找，保留历史的方式只能是将文物陈列在博物馆。而处在高维空间中的中国，充分利用中华大地的多样化特征，利用高原、山地特有的封闭功能，留存了流失的时间与文明。

笔者虽然不是专业的史学研究者，但一直主张对中华文明的研究，不仅要学习西方从地下找过去的文明的方式，而且需要高度重视对仍然活着的远古历史的研究与解读。21世纪的中国需要一种独特的学科，笔者将其称为文明考古与文化解释学。

十多年前，笔者第一次去黔东南州，发现处在一个高度封闭状态的苗族和侗族充满了神秘感。直觉告诉笔者，少数民族就是中国远古文明的活化石。随着时间的推移，许多研究越来越证明这样的判断是对的。以文明与文化的思维考古，对中国55个少数民族逐一进行深度解读，应该成为21世纪中华文明伟大复兴的重要工程。如果这个工作能够完成，中国55个少数民族将给我们展现丰富多彩、神秘莫测的中华文明的活水源头。这将是一场震惊世界的中华文明返老还童的世纪之旅。

在此，笔者根据所知道的有限资料，对苗族进行简单的解读。

（一）苗族服装上的图案是六千年前的天文图

苗族的历史可以追溯到距今五六千年前的炎黄时代。几乎所有的历史资料都认为，今天的苗族就是当年与黄帝战于涿鹿的蚩尤的后裔。当我们提起苗族的时候，首先想到的就是独特的苗族服装。如果说苗族的祖先距今六千年，那么六千年前我们祖先生活的文明程度与文明样式是什么样的呢？对于这个问题，中国社会科学院考古研究所的冯时研究员，将天文与人文、考古与历史结合起来研究，有重大突破。

冯时研究员的研究表明，早在六千年前，中国的天文学就已经发展到了很高的程度。从出土的六千年前的文物可以发现，那时的古人已经完成了对天上28星宿群的观察和划分，将其划分为我们今天仍然使用的四象：东青龙、西白虎、北玄武、南朱雀。天上四象星群，围绕北斗星周期运行，形成了中国最早的春、夏、秋、冬四季。同时根据在地面进行的圭表测影，发现了一年中的冬至和夏至、春分和秋分。再加上立春、立夏、立秋、立冬这四个节气，便形成了可以把一年分成8个等份的节气与方位合成的图。

考古发现，中国古人观天授时的重大成果，演化形成的具有8个关键节点的节气图形，广泛存在于出土的六千多年前的文物中，如山东泰安大汶口遗址挖掘出的彩陶片上就有这样的太阳八角星纹图案。

第十章 文明图谱：乡村是中华文明活态博物馆

著名作家阿城也发现，六千年前的地下文物中出现的太阳八角星纹图，如今留存于贵州苗族的服装上。① 而且台北故宫博物院所藏的蟠龙纹盘及拓片，以及法国、美国等国家的博物馆所藏的青铜蟠龙纹盘与饰件上的图案，均与阿城在黔东南所收集的苗族鬼师衣服上的图案类似。

山东大汶口遗址出土的陶器　　贵州苗族服装上绣的八角星纹图

作家阿城与贵州的渊源始于知青年代。阿城作为知青在云南插队时，因喜欢画画，于是对苗族服饰上的图案产生了兴趣。之后，他于1977年专程到黔东南观察苗族刺绣和蜡染，并收集了部分样品。后来，他偶然间看到中国社科院考古所冯时先生的《中国天文考古学》一书。冯先生通过河图、洛书和天际星宿的对比，完成了对华夏文明的探源。书中的很多图案令阿城想起了苗族服饰上的图案，阿城认为，河图的原型保存在商代青铜器盘图案和苗族鬼师的服饰图案中。不仅如此，洛书九宫图的异形符号和北极星的符号也形象地保存在苗族服饰的图案中。之后经过多年研究，阿城出版了《洛书河图：文明的造型探源》一书。

---

① 阿城：《洛书河图：文明的造型探源》，中华书局2014年版。

（三）蚩尤、黄帝、炎帝：中华民族共同的始祖

上文我们把六千年前中国天文学成果与蚩尤联系了起来，接下来我们需要继续研究的，就是六千年前的天文观察成果，是属于黄帝、炎帝还是蚩尤部落。古代文献相传，蚩尤是上古时代九黎氏族部落联盟的首领，面如牛首，背生双翅，也是牛图腾和鸟图腾氏族的首领。上古时期，蚩尤带领九黎氏族部落居住在今天的河北一带。他们兴农耕、冶青铜、制五兵、创百艺、明天道、理教化，为中华早期文明的形成作出了杰出贡献。河南、山东、河北交界处被称为"九黎之都"。河北省涿鹿县境内现存有蚩尤坟；华北地区的河北、山西交界一带也有相关的崇拜蚩尤的活动；在太原市周边的村落中，人们有祭蚩尤神的传统。《管子·五行篇》记载了一个研究天道，且高明于黄帝的蚩尤。《管子》告诉世人与后人，是蚩尤帮助黄帝认识了天道，是蚩尤帮助黄帝制定了五行太阳历：

> 昔者黄帝得蚩尤而明于天道，得大常而察于地利，得奢龙而辨于东方，得祝融而辨于南方，得大封而辨于西方，得后土而辨于北方。

有一点可以肯定，蚩尤是有文字记载以来中国最早在中原地区从事农耕的部落。观察天象是农耕生产必须进行的一项工作。从历史文献记载来看，对于六千年前观天象的成果，蚩尤一定作过重大贡献。

炎帝是华夏部落历史上发明农耕生产工具耒、耜的一个氏族。《易·系辞》记载："神农氏作，斫木为耜，揉木为耒。耒耨之利，以教天下。"炎帝对上古农业的最大贡献，不在天文学方面，而在农具的发明和五谷的栽培技术上。

第十章 文明图谱：乡村是中华文明活态博物馆

从史料看，黄帝最初并不在中原，而是偏居今天的陕西。《国语·晋语》载："昔少典娶于有蟜氏，生黄帝、炎帝。黄帝以姬水成，炎帝以姜水成。成而异德，故黄帝为姬，炎帝为姜。二帝用师以相济也，异德之故也。"经过史学家考证，姬水和姜水都位于今天陕西省境内的渭河流域一带，姜水位于宝鸡，关于姬水则有两种说法：一说是关中中部武功县一带的漆水河，另一说是位于关中北部黄陵县附近的沮河。两河均是渭河的支流。

从上述文献我们得出这样一个结论，蚩尤部落是最早居住于中原大地的部落，处在上古中国农耕文明的核心区。

无论是从蚩尤的后裔苗族服装上的天文符号来看，还是从蚩尤部落处在当年的核心农耕区来看，我们都可以认为蚩尤部落是中国上古天文学最早和最大的贡献者。蚩尤在古天文科学方面的贡献，不仅对古代农业非常重要，而且也为中国太极、八卦、河图洛书的理论作出了重要的贡献。正因为蚩尤部落在中原地区的强大发展，才有了其对周边部落的侵扰，蚩尤才想成为中原统治者。由此就有了他与炎帝的战争，最后由炎帝与黄帝联盟打败了蚩尤。

苗族古历体系属阴阳历，以太阳历为主，今天称其为"苗族古历"。苗族古历正是蚩尤、炎黄时代用过的古历。苗族古历中有两个重要的节日——冬至与夏至，在苗族文化中这两个节日还有两个雅称，叫作"阳旦"与"阴旦"。冬至称阳旦，夏至称阴旦。冬至前一日为苗历大年。

通过以上研究，我们可以得出以下几点结论。

第一，苗族服装上的图案与出土的六千多年前的文物上的图纹契合，说明今天的苗族文化中仍保留着六千年前蚩尤时代的文化。同理，苗族的祭祀，苗族的语言，苗族的民歌，苗族村寨组织、生活方式、生产方式也许会不同程度地携带着上古文明的信息，这值得史学家与文化学者研究。

第二，透过苗族与蚩尤的关系，我们需要重新认识中国上古历史。蚩尤、炎帝、黄帝是中华民族的共同始祖。蚩尤与炎帝、黄帝之间的战争是一家兄弟之间的矛盾。特别是蚩尤，他在观天授时，制定历法，发现铜、冶炼铜、制造铜质器具等方面都有重大贡献。

第三，苗族服装上的图案与古天文图的契合，打开的是我们重新解读少数民族文化的思路与窗口。按照这种思路重新解读中国 55 个少数民族，我们将得到一笔巨大的来自中华民族远古文明的文化遗产。

三、青藏高原：中华民族远古的心灵家园

如果说生活在云贵高原的少数民族，依靠崇山峻岭的自然屏障和自己的生活方式，让消逝的中华民族的儿童时光在这里定格保留，那么，在青藏高原生活了上万年的游牧藏民，则以另一种方式为中华民族保存与传承了另一种类型的文化，即中华民族远古的心灵文化。

(一) 特殊地理和气候造就独特的青藏文化

青藏文化有很强的迷信色彩，被现代人认为是比农耕还要落后的文化。但是以高维时空的心灵学看，我们会发现一个神奇而又庄严的藏文化世界。

分布在中国西北部的两大高原——青藏高原与内蒙古高原，是中华民族非常重要的组成部分。中华五千年文明史，就是一部游牧世界与农耕世界碰撞、交会、融合的历史。但是青藏高原与内蒙古高原这两大游牧区，对中华文明的影响是不同的。内蒙古

高原比邻中华文明轴心区中原大地，游牧文明与黄河中下游地区的农耕文明是直接碰撞、融合的。从秦统一中国到汉唐盛世再到宋元明清，每一次朝代更替都有这两种文明相互作用的影响。但出于地理上的原因，处在西部青藏高原的游牧文明，并没有像内蒙古高原那样，与中原农耕文明发生直接的作用，而是形成了历史悠久的基于文化认同的联系。中华文明所具有的协和万邦的气度，形成了具有强大吸引力的文明场，对青藏高原游牧文化也有着较大的吸引力。青藏高原内部越是统一，两个地区之间的契合度越大，由此形成了一种独特的呼应关系。

青藏高原特有的相对封闭特性和高原气候，使得它形成了相对独立的文化演化体系，是中华民族多样性文化中一种非常独特的文化模式。青藏高原生计条件差，且不能像内蒙古地区那样，通过不断地进入农耕区（通过战争和贸易）来解决生计上的物质短缺问题。青藏高原逐渐形成了低水平自足而又封闭的生计模式。正是这种生计方式，使青藏高原的先民们，把他们的智慧和能量转向了人类生命的内在提升。由此使得青藏高原成为中华文明体系乃至世界文化遗产中宗教文化、心灵文化都较为特殊的区域。

长期封闭、安全的生活环境，使这里成为储存与传承高度稀缺文化的宝库，青藏高原为中华文明乃至世界文明保留了独特的上古藏文化。

（二）西藏文化之源：象雄文化

以伏藏传承文化的西藏，是人类文明之宝地。西藏历史有多长，至今是个谜。从《象雄大藏经》的记载来看，西藏文化有18000多年。据考古学研究和史籍记载，最早在西藏崛起的象雄文明至少有4000多年的历史。

中国文化被称为儒、释、道一体的文化。关于佛教文化，其实在引入印度文化之前，西藏的古象雄王国就产生了本土的宗教文化。这个古老的宗教就是雍仲本教。在印度佛教传入西藏之前，雍仲本佛教是象雄和吐蕃的国教，是藏族信仰的唯一佛教。雍仲本教是始祖辛饶弥沃佛在改革原始本教的基础上融入了新的教法创建的新宗教，使本教得以统一。

西藏是一块辽远而神秘的土地，西藏西部的阿里地区则愈发神秘辽远。作为平均海拔超过4500米的"世界屋脊"，这里常年狂风怒号，昼夜温差极大。按照今天的生活标准，这是人类无法居住的地方，然而，这个地方却产生了如此高水平的文化。目前，在西藏海拔最高、气候最恶劣的阿里地区，人们发现了几千年以前人类灌溉的痕迹，包括农田、水渠等。这说明，我们目前看到的藏民世代都以游牧为生，但这里早期可能存在过农耕文明，只不过后来由于气候变得恶劣，农耕方式消失，游牧的生产方式才占据了主导地位。这也许就是古象雄王国消亡的原因。

虽然古象雄王国早已不存在，但诞生于古象雄王国时代的雍仲本教文化以伏藏的方式传承到了今天。《象雄大藏经》记载，辛饶弥沃佛生于公元前16017年，父名叫嘉本托尔甘，是象雄国的皇帝，母亲叫宇洗嘉协马，是慈母佛的化身。辛饶弥沃所创立的雍仲本教，是西藏土生土长的宗教，它以博大精深的古代象雄文化为基础，广纳周边地区文化之精华，形成了独具魅力的西藏宗教文化。

西藏雍仲本教作为西藏文化的主要组成部分，在西藏具有广泛又深远的影响，是藏族的启蒙文化，它保存了藏族文化在原始时代的大量较完整的精神文化遗产。藏族人的世界观、伦理思想和生活习俗等都与西藏本教有很大的关系。本教文化早已融入藏族人民的日常，无处不在。据藏族学者的调查，目前，西藏约有本教寺庙近百座，本教僧人 3000 多人，信教群众 13 万多人。其中，那曲、昌都的本教寺庙和信众最为集中。此外，云南、四川、青海等地的藏区及尼泊尔、印度等国也有本教寺庙和信众。20 世纪 80 年代以来，本教的重要寺院得到国家资助重新维修，本教寺院状况有了很大改善。本教的《甘珠尔》相当于古象雄文明时期藏地的全景式百科全书，它全面地记载了藏地的原始历史、文化习俗，以及佛学、科学、天文、艺术、医学等学科的学术成就，深刻地体现了藏地人民群体的心理素质、思维方式与行为规范。

（三）神奇伏藏展现藏民族的心灵文化

从公元 11 世纪开始，占据主导地位的雍仲本教，逐步被从印度引入的佛教所替代。但是雍仲本教却以独特的伏藏的方式传承到了今天。

伏藏是指当地原生的本教和藏传佛教徒在他们信仰的宗教受到劫难时，能够以特殊的方式将其所信奉和传承的思想、智慧、历史等藏匿起来，待日后机缘具备时再重新呈现出来的传承方式。伏藏传承的途径主要为经典藏，包括书藏、物藏和识藏三种。书藏又称地藏，即指经书。物藏指佛像、法器、高僧大德生前使用的物品等。最为神奇的就是识藏。识藏是指埋藏在人们意识深处的伏藏。条件环境发生变化，导致经典或咒文有可能无法流传下去时，最保险的方式就是由神灵授藏在某人的意识深处，进行传承。当有了再传条件时，在某种神秘的启示下，被授藏经文的人（有些是不识字的农牧民）就能将其诵出或记录成文，这一现象就是伏藏中的识藏。

首先是通过书藏的方式雍仲本教留下的《象雄大藏经》仍传承着。虽历经数千年岁月，其中一些内容已逸不存，但目前仍保留着 178 部，其中《经》70 部、《律》74 部、《续》26 部、《库》8

部。作为雍仲本教最古老、西藏最大的本教寺院，有着3000多年历史的西藏昌都孜珠寺，长期以来保存本教大藏经《甘珠尔》大量伏藏文本，其中《雍仲清净续经》伏藏达千年之久。

其次是圣物藏。我们现在所熟知的转神山、拜圣湖、磕长头、撒隆达、挂五彩经幡、堆石供、火供、水供、会供、煨桑、朵玛、酥油花、擦擦、金刚结，还有藏文、天珠、天铁及跳锅庄、宣舞、绘画艺术等，都源自古老的象雄文化，后通过雍仲本教对原始本教的改革，成为宗教仪式。到目前为止，属于雍仲本教的仍然有大约300个活动场，如寺院、修炼地和神殿等。现今，藏区及印度、尼泊尔、不丹、蒙古国、俄罗斯等地区仍然有很多古象雄文明产生的宗教文化的遗迹和寺庙、僧侣，从藏区到世界各地，有很多人信奉象雄文化中的古象雄佛法。

最后是神奇的识藏。在西藏地区，不仅宗教的传承采取了识藏的方式，其他文化也采取了识藏的传承方式。《格萨尔王传》记载的是在藏族古代神话、传说、诗歌和谚语等民间文学的基础上形成的英雄史诗，代表着古代藏族文化的最高成就。然而，这样一部史诗般著作，却以神奇的识藏方式传承着。《格萨尔王传》是世界上唯一的活史诗，至今仍有上百位民间艺人，在中国的西藏、内蒙古、青海等地区传唱着英雄格萨尔王的丰功伟绩。

《格萨尔王传》大约产生于公元前2世纪或3世纪至公元6世纪，在两千多年的漫长时间内，民间艺人口耳相传，不断丰富史诗的情节和语言。现在，《格萨尔王传》共有120多卷、100多万诗行、2000多万字。

从目前搜集到的资料看，民间吟诵的艺人，学习和传承《格萨尔王传》的途径是"受命于天"，因此又被称为"天授唱诗人"或"神授艺人"。例如，那曲市有些说唱艺人经历过"神迹"，他们在大病一场或者是做了个梦后，便醍醐灌顶般记住了格萨尔王的精彩传奇。已故去的藏族格萨尔说唱家桑珠，是迄今为止说唱录音最多的艺人，其说唱本达 45 部。11 岁时，他梦见在自己与逼债人扭打的时候，格萨尔王解救了他。此后，他经常梦见自己在看《格萨尔王传》，醒来满脑子都是格萨尔的故事。再后来，他便可以自如地说唱《格萨尔王传》片段了。

总之，从现代科学主义观看西藏世界，这是一个远离现代文明中心的贫困世界。用现代科学来看西藏的伏藏文化，会觉得不可思议，甚至认为是愚昧和迷信。但是以东方文化来看西藏世界，这里是拥有高维度文化的世界。以高维度智慧看西藏文化，西藏文化蕴藏着 21 世纪人类进入高维度文明的密码。

四、让宋代文明定格江南的客家人

在中华大地上，以活化石形式留存下来的汉唐文化，在当今的河南和陕西并不多。由于地处平原的河南和陕西，就像一个敞开的大舞台，一代又一代历史人物"你方唱罢我登台"，不断清场重来，地下留下的东西很多，而地面留下的东西很少。笔者坚信在河南和陕西的偏僻乡村仍然存留着汉唐活化石文化，但从宏观上看，规模性存留的汉唐文化不多。不过，这并不意味着中华文明的这段历史在中华大地上就是空白。

（一）繁花似锦的唐朝、硕果累累的宋朝

虽然汉唐没有留下成规模的活文化，但值得欣慰的是，宋朝留下了成规模的文化，而且宋文化中包含汉唐文化的成果。因为，从文明生命的演化周期来看，处在青年时期的汉唐，就像一棵在春天开花的树，虽然花很美，但无法保留，最后留下的只能是秋天的果实，即宋朝文化。

宋朝结出的果实虽然没有落在其生长的中原大地，却以移民到江南客家的方式，为中华民族保留了宋文化的精华。

把宋朝放在中华文明的大周期、大空间看，它就像秋天枯叶落地，硕果挂枝一样，是中华文明收获的季节。中国现代历史学家、古典文学家陈寅恪先生对宋代的评价是："*吾中华文化，历数千载之演进，造极于赵宋之世*"，"*天水一朝之文化，竟为我民族遗留之瑰宝*"。著名宋史学家邓广铭对宋代文化的一系列论述，是对陈寅恪经典论断的进一步发挥。他认为："两宋时期内的物质文明和精神文明所达到的高度，在中国整个封建社会历史时期之内，可以说是空前绝后的。"这一评价与陈寅恪的"造极说"的表述基本一致。

（二）成熟于古中原文明之种，落地在江南山水间

令我们庆幸的是，这样一颗文明硕果，竟然通过移民于江南山水间而落地扎根，再度开花结果，一直传承到了今天，这就是中国的客家文化。直到今天，为中华文明保留古代中原宋文化的重要载体仍然是江南山水之间的乡村。

在中国的历史上，中原人经历了五次南迁。

第一次：三国至南北朝，尤其是"五胡乱华"之时，不少中原人为避战乱而南迁。东晋王朝为安置中原移民，专门设立了侨州、郡、县，予以各种优待。这股潮流此起彼伏，持续170多年，迁移人口达一二百万之众。

第二次：隋唐时期，北方匈奴及其他外部势力入侵，加上唐末的黄巢起义，致使大量北方人离乡背井，避乱南方。根据客家族谱的记载，这个时期的移民避居福建宁化石壁洞者不少。这次南迁延续到了五代时期，历时90余年。

第三次：宋朝期间，先是宋皇室南迁，北宋灭亡，建立南宋。

后来，忽必烈派兵驰驱南下，南宋朝廷又从长江边退到广东，许多中原人民、大批皇室贵胄及商贾文人随朝廷来到了南方。

第四次：明末清初，受满族入主中原的影响。清兵进至福建和广东时，客家节义之士号召群众举义反清，失败后被迫散居各地。这次迁徙也包括康熙年间的"移湖广、填四川"的移民运动。

第五次：清朝咸丰、同治年间，洪秀全领导的太平天国运动，以客家人为基本队伍，辗转征战十余年。在此期间，粤中地区发生了持续 12 年的土客械斗。清政府为解决土客之争，特划出台山赤溪地区以安置客家人。动乱使得客家人经历了又一次大迁徙，分别迁到了海南、广西，甚至漂洋过海去谋生。

最令我们感动的是，移民到江南的客家人，并没有因环境变化而淡忘"我是谁""我从哪里来"。中华民族在几千年的文明演进中所形成的慎终追远、遵祖归宗的文化基因，不仅留在中华民族儿童时代的记忆中，也潜入了宋代客家人的血脉。无论他们走到哪里，都不忘自己是宋代人。他们以各种方式恪守着宋代文化的精神和特有的生活样式。

如今的客家人遍布世界各地，人口达 8000 万以上。仅广东一地，客家人就有 2500 万左右。此外，大约 600 万客家人分布在中国香港、澳门、台湾地区；约 1500 万分布在印度尼西亚、马来西亚、泰国、新加坡、越南、美国、秘鲁、毛里求斯等 80 余个国家和地区。

仅仅从客家人延续至今的"二次葬"的风俗，我们就可以窥见，客家人在千年迁徙、万里移居的过程中，不忘本、不忘祖宗的文化传承之心。他们离开家乡，什么东西都可以不带，但不能留下祖宗。他们背上祖先的骸骨上路，一起辗转漂泊，找到了落脚的地方，就将骸骨擦洗干净，装入"金罂坛"，选风水宝地，择吉日下葬，以祈祖先能福荫子孙后代。

祭祀祖先是客家人非常隆重、严肃的大事。每年大年三十必定要拜祭天地和列祖列宗，感谢一年来的赐福保佑。祭祀祖先还有春秋两祭。被称为"客家祖地"的闽西宁化石壁乡客家祠堂里，放着许许多多的家族谱牒，详细记载着各姓氏的祖源脉流，供人们参拜、查阅、寻根问祖。

（三）客家人的坚守：宁卖祖宗田，不卖祖宗言

如果"二次葬"的风俗恪守的是血脉的传承，那么客家人"宁卖祖宗田，不卖祖宗言"的行事准则，则彰显了客家人对宋代中国传统文化的坚守。他们深知语言是特定时代文化的重要载体，是灵魂的表达方式。一句乡音携带着无数情和愁，只有离开故乡的人才能真切体验到。

什么叫"祖宗田"？移居外地的先祖们披荆斩棘开垦出来的田，或因军功得到的朝廷赏赐的田，或节衣缩食积聚金钱买来的田都叫祖宗田。贤孝子孙应该买田来为祖宗争光，只有不肖子孙才会卖屋卖田，就是所谓的"败家子"。虽然在对待祖宗田方面，两类子孙有截然不同的表现，但在对待祖宗言方面，二者态度一致：祖宗言比祖宗田更重要。因为祖宗田是物质财富，而祖宗言是精神文化，精神价值高于物质价值，这是中华民族的价值观。值得我们反思的是，在今天，中华民族的这个价值观正在被动摇。

（四）客家人的语言

客家话是宋朝以前中原的语言，尤其接近唐朝的语言，其中还保留了周朝国语的音韵，因而被称为中国古汉语的活化石。北方人听到客家话，也许会认为像外国语，其实，只要将我们的心回溯到千年前的宋代，就会发现，那是中华民族共同的乡音。

第十章　文明图谱：乡村是中华文明活态博物馆

章太炎对客家语言系统做过一番研究。他选取了63条客家话中的词语，用《说文》《尔雅》《方言》《礼记》《诗经》《战国策》《老子》等古代典籍加以佐证，证明客家方言的词汇与古汉语同源，客家话保留了部分中州音韵。

有人做过统计，以常用汉语四五千字为对象，客家话语音与普通话没有区别的占30%—40%。客家人说话咬文嚼字，古意森然。比如，把"我"说成"厓"，把"走"说成"行"，把"稻子"唤作"禾"，把"吃"说成"食"，绳子是"索"，脸是"面"，眼睛是"目珠"，眼泪是"目汁"，等等，几乎就是一部口传的"古代汉语"。

专家研究发现，客家的山歌有《诗经》遗风。客家山歌中"赋""比""兴"等表现手法，四言七句格式和音韵，五句板弹唱、猜调、"尾驳尾"斗歌、耍歌、骂歌，双关、歇后、拆字、叠字等唱腔，都具有《诗经》遗风。清末嘉应州（今梅州）人黄遵宪在《己亥杂诗》中不无感慨地写道："筚路挑孤辗转迁，南来远过一千年。方言足证中原韵，礼俗犹留三代前。"

世界各地的客家人组织，多数称为"崇正总会"，一直坚持讲客家话，又称之为"唐音"。并且他们告诫子孙后代："宁卖祖宗田，不卖祖宗言。"一有机会，就要返回祖国。

最值得我们自豪的是，客家人不仅保留了宋代文化的精髓，而且为当代文明留下几万个散落在青山绿水间的客家古村落。他们在岭南秀美的大地上，建造了土楼、围龙屋、四角楼等众多著名的古民居建筑。客家地区的古村落承载着客家人久远的历史记忆，成为宋代文化在当代的活化石。

五、表里山河：中华民族童年和老年的福地

几千年来，中华民族一直恪守告老还乡、叶落归根的传统，

用生命的余热滋养曾经养育过自己的故土。正是这一传统，才使得中华文明这棵大树在智慧与生命的循环滋养中，成为基业长青的不老树。

（一）华夏文明升起和落下的地方——山西

明朝与清朝是中华民族的老年阶段。迈入垂暮之年的中华民族，同样走向了告老还乡之路。从中华文明的历史来看，中华民族的故乡应该是儿童时期生活的地方。从史料来看，中华五千年文明的发祥地，主要在黄河中下游的陕西、山西和河南一带；但中华民族的祖先的最终归属和滞留时间最长的地方是山西。特别是明清时期的中国，余晖也定格在山西。

山西在明清时代是鼎盛发展的时期，这是史学界所公认的。目前，山西境内保留的明清文物占到全国的 60%。北京作为明清两朝建都的地方，也确实保留了许多明清文化遗迹，但这些文化遗迹主要表现为皇家文化，在民间文化遗存上，无论从规模还是范围来看，都无法与山西相比。

判断一个人一生是否幸福，主要看他是否有幸福的童年和老年。衡量一个文明的高度和质量，也主要看其儿童阶段与老年阶段。恪守尊老爱幼传统美德的文明，不仅是世界上最长寿的文明，也是幸福度最高的文明。现代西方文明仅是让青年快乐的文明。最近几十年，我们学习西方，导致我们的社会将儿童与老人遗忘在乡村，这是值得我们反思的。

中国古代所追求的"五福"（长寿、富贵、康宁、好德、善终）中，有两条都与老年有关，就是既要长寿，又要善终。可以说，中华民族既有一个幸福的童年，也有一个幸福的晚年。而为中华民族提供了美好的童年与善终环境的正是山西。在迈向新时代的今天，我们可以看到另一个山西和另一个中国。

(二) 山西是中华民族的儿童乐园和养老福地

山西能成为中华民族的儿童乐园和养老家园，是由山西特有的地理位置决定的。作为儿童乐园和养老家园的地方应满足三个条件。一是这个地方相对封闭、安全。二是离文明中心不远，应该是一个比邻文明中心、能进能出的地方。这样的环境才能兼具保护与发展的双重功能。比如，云贵高原虽然安全，封闭性很好，但远离文明中心，所以滞留在这里的文明就只能被保存，而无法发展。三是拥有良好的满足生计的自然条件。而山西同时具备了这三个条件。

第一，山西形成的天然屏障，满足封闭性与安全性的要求。"表里山河"一词出自《左传·僖公二十八年》："子犯曰：'战也。战而捷，必得诸侯。若其不捷，表里山河，必无害也。'"山西地处中国第二级阶梯的黄土高原东部，海拔在1000—2000米。山西东面以八百公里的太行山为屏障，阻断了来自华北平原的侵扰。山西西面以黄河和与黄河平行的吕梁山构成了天然屏障。被人誉为"左手一指太行山，右手一指是吕梁"。中条山位于山西省南部，与东西走向的黄河形成了山西南部的自然屏障。山西的北部与内蒙古接壤，形成了山西北部的屏障。在山西这样一个四周由自然屏障围起来的地方，其内部形成了一连串从东北向西南伸展的断陷盆地，其中以大同盆地、忻定盆地、太原盆地、临汾盆地、运城盆地等五大盆地为最。这些山脉及众多盆地使山西形成了"两山夹一川"的独特地貌。

第二，山西是雄踞华北平原，既封闭又开放、能进能出的阴阳交会之地。山西处在中国东西、南北多样化地貌形成的自然能量交会之处，也是多样化文化碰撞融合之地。这个特征，河南、陕西与河北也都具备，但这些地域缺乏山西既开放又自我封闭的地理特性，所以华北平原仅可以承载中华民族的青年、中年阶段，成为中国多元文化融合、走向开放的大舞台，而不能成为儿童时期中华民族的乐园与老年时期中华民族的养生地。

在文化方面，山西既是北部游牧文化与农耕文化的交会区，又是来自西部青藏高原的宗教文化与山东儒家文化的交会地——山西既有藏传佛教圣地五台山，又有承载儒家文化的耕读生活方式的发源地运城与临汾。

处在中华大地轴线区域的山西，为了从天然封闭的环境中走出来，开发了山西特有的通向外部世界的多样化的"口"和"关"。绕山西而过黄河的口叫渡口，太行与外界联系的口叫关隘，长城的口就叫口。由此形成了山西与外界联系的"古有36关、72口，合108关口"之说。据说，山西成型的关隘有170余处，渡口也有130余处。

这些"口"与"关"的主动权掌握在山西，而不是外界，成为山西对外开放的机关。[①]

这些口和关，作为可进可出的调节阀，可闭合可开放的机关密码，使山西成为一个可调控的大仓库。正是可闭合可开放的这个特征，使山西成为中华文明的摇篮。中华文明的始祖炎帝、蚩尤、尧帝、舜帝等都曾在山西度过了养精蓄锐的童年，但他们没有满足于这个封闭又开放的后花园的生活。最终，他们胸怀天下地走出山西，逐鹿中原，奠定了中华民族生生不息的根基。

第三，山西在封闭的环境下，具有实现自足生活、富足生活的自然条件。 青藏高原也是一个相对封闭的独立体系，自然条件可以实现自足的生活，但不能实现富裕的自足生活，由此倒逼青

[①] 冯潞:《山西表里山河的认知与审美》,《发展导报》,2017年11月17日第3版。

第十章 文明图谱：乡村是中华文明活态博物馆

藏高原牧民转而追求更高的精神财富。而山西则是一个物质丰富、气候适宜、能够满足富裕的自足生活要求的福地。

在古代社会，如果一个地方有丰富的土地资源，那么它起码能实现低水平的自足生活。如果一个地方不仅有土地资源，而且有山林资源，山中还储藏着煤炭和矿石资源，那么这个地方就可以实现富裕的自足生活。如果一个地方，不仅具有耕地和矿产资源，而且比邻消费市场，那么这个地方就能实现高水平的自足生活。这三个条件山西都具备。

在太行山与吕梁山形成的大同盆地、忻定盆地、太原盆地、临汾盆地、运城盆地，可作为满足生计需求的耕地。又由于山西南北纬度差距大，河谷盆地与丘陵山脉海拔高低不同，因此农耕作物与天然植物种类繁多。从南方的大米到中原的小麦，从太行山区的五谷杂粮到雁北高寒地带的莜麦等，应有尽有，多样化农作物使山西成为中国北方，乃至世界的多样化面食之乡。

明清时期，随着社会消费档次的提高，丝绸纺织业在山西的长治与晋城地区迅速发展起来，并形成气候。长治地区成为北方最大、最繁荣的丝织业中心。其中，潞绸曾长期被作为皇家贡品上贡朝廷。据顾炎武《肇域志》记载："绫，太原、平阳、潞安三府及汾、泽二州俱出。绸，出潞安府，泽州间有之。帕，出平阳府，潞安府、泽州俱出，唯浦州府及高平米山出者尤佳。"① 潞绸无论是规模还是品质，在当时都发展到了极高的水平。徐光启对潞绸的评价为"西北之机，潞最工"。当时潞绸的花色种类多达17种之多。

除了耕地资源，山西最具有优势的是丰富的矿产资源。山西的矿产资源中，值得一提的是有着四千年历史的运城盐池。自从

---

① 顾炎武：《肇域志》，上海古籍出版社2004年版。

一万多年前人类从狩猎转为农耕之后，人不再像以前一样通过动物来补充盐，盐就成为上古文明以来人类生活的必需品。在古代自给自足的农业社会里，对于温饱需求，大部分可以靠自己来解决，唯独盐很难自己解决，必须依赖外来的商人供应。而山西不仅有满足自足生活的粮食与矿产，而且有稀缺的盐。

山西除了银、铜、铝等有色金属外，还有大量高品位的铁矿及占中国总蕴藏量三分之一的煤炭。特别是山西的泽潞地区，不仅拥有煤铁资源，而且生产历史悠久，技术成熟，产销量大，成为北方最大的铁制品制造业中心与贸易中心。由此带来的财富，使崛起于太行山的泽潞商成为最早走出山西，驰骋中国大地的商帮。

（三）山西是中华民族的大仓库和后花园

当儿童时期的中华民族，需要一个安全且富足的环境来获得养育时，华夏的先祖选择了山西。当中华民族进入青年，雄心勃勃地想要拓展疆土、走向天下，成就一番伟业时，中华民族的祖先走出了山西，驰骋在中原大地上。当外部世界出现大动荡、大分化时，山西又成为默默为中华文明保留火种、积蓄力量的栖息地。在五千年中华文明的演进中，山西就像一个守候在家园中的老母亲，为游走天下的儿女默默守护家园。一旦在外的儿女需要帮助，她就会无私地奉献她的所有，为中华民族的兴盛作出贡献。

推动中华文明进入鼎盛时期的唐朝开国皇帝，是偏居太原郡的李渊。他审时度势，趁隋末大乱起兵，走出山西，完成了祖国的统一大业，建立唐朝，取代了隋朝。元末，中原地区不仅饱受战乱的痛苦，还遭受了严重的水患，蝗灾也频频发生。当中原地区人烟稀少、土地荒芜之时，有着自然屏障保护的山西，却是另外一派景象：社会安定，风调雨顺，连年丰收，经济繁荣，人丁兴旺。再加上外省大量难民流入山西，使得山西成为人口稠密的地区。

明朝推翻了元朝之后，为了巩固新政权、发展经济、增强国力，朱元璋根据当时国家的现实状况，做出了一个重大的决策——移民屯田，开垦荒地，由此出现了历史上的山西大槐树移民潮。从洪武六年（1373年）到永乐十五年（1417年），近半个世纪中，山西向外地移民17次，每次数百户甚至上万户，前后人数达100万以上。明末的山西移民，再度发挥了为中华民族储存文化、财富与文明火种的作用。

山西作为中华文明的"家园"和"仓库"，一直到近代仍发挥着其应有的作用。抗日战争初期，进入太行山区的八路军有三万余人，而解放战争打响之后，走出太行山的是百万雄师。这百万八路军就是由太行山区老百姓养育的。当时，母送子、妻送郎，兄弟争相上战场的感人故事在太行山的山山岭岭、村村户户间不断上演。长治市武乡县是八路军总部所在地，据统计，每100名八路军将士中就有一名是武乡籍。毛主席曾说，太行山、太岳山、中条山的中间有一个脚盆，就是上党区。在那个脚盆里有鱼有肉。毛主席说的"有鱼有肉"，实际上就是说上党物产丰饶。正是上党的物产和上党老百姓的无私奉献，养育了百万八路军，再度为新中国的解放作出了贡献。

经历了痛苦与辉煌、跌宕与盛世的中华民族，步入知天命的阶段之后，心态越来越平和，心胸越来越开阔，考虑告老回乡时想到了童年生活的地方。所以，步入明清之后，山西成了中华民族告老还乡的归宿之地。告老还乡的中华民族，是一个携带着五千年文明的智慧与经验，衣锦还乡的老人。从山西留存的大量明清时期的宝贵遗迹和文物即可知道。

(四)换个思维看山西：中华文明的宝库

以现代化的标准看山西，山西被认为是中部地区最不发达的地区之一。如今只有煤炭产业支持的山西，根本不是"夕阳无限好"的山西，而是一条煤道走到黑的山西。但是，当我们站在时代的高度鸟瞰山西时，我们发现，山西是当代中华文明的宝库。明清留给山西的遗产不仅仅是属于山西的，更是中华五千年文明的遗产。而这些遗产同样不在现代化城市中，而是在古老的乡村里。

我们仅从以下这些数字就可以知道山西有多么富有。

山西是"中国古代建筑艺术博物馆"。山西境内现存各类古建筑2.8万余处，是中国现存古建筑最多的省份。古建筑上起魏晋，下至民国，时代连续、品类齐全，构成中国古建筑史上独一无二的标本体系。特别是宋辽金以前的木构建筑，占全国同期同类建筑的75%。境内保存完好的宋、金以前的地面古建筑物占全国的70%以上。2019年，国务院发布《关于核定并公布第八批全国重点文物保护单位的通知》，此次公布的名单，山西有古遗址、古建筑、近现代重要史迹及代表性建筑共计79处入选。在第八批全国重点文物保护单位名录公布后，山西共有全国重点文物保护单位531处，稳居全国第一。

多样化的地方语言种类，山西为中国之最。山西由于县县有山、无县不山，山岭阻隔，形成了众多相对封闭的小环境，因此每个县都形成了各自的地域方言。一个县通行的语言，到另一个县就行不通。甚至一县之内，鸡犬之声相闻，语言差异极大。

最具多样化的民间信仰在山西。中国神话之地晋东南地区，成为中国始祖文化信仰的集中地。当地的玉皇庙、三嵕庙、汤帝庙、炎帝庙分布甚多。例如，高平市神农镇作为炎帝信仰的集中地，多以炎帝庙作为村中大庙，如故关村炎帝行宫、团西村炎帝寝宫、中庙村炎帝中庙、庄里村五谷庙等。民间信仰的文化可回溯到四千年到五千年前。晋中地区的有狐突信仰[1]，晋东南地区还有二仙、成汤信仰等。

中国数量最多、历史最长的乡村古戏台在山西。山西现存金、元、明、清古戏台3000多座，数量占全国古戏台的五分之四，是全国之最。全国现存最早的戏台位于山西省高平市，建于金大定二十三年（1183年）。另外，还有11座元代戏台同为古建筑之珍品。

明清时期，建于全国各地的山西商人会馆数量居全国第一。山西商帮发展到鼎盛时期，雄居全国十大商帮之首。遍布全国的山西商人，在全国各地留下了全国最多的山西商人会馆。《中国晋商会馆名录》记载，山西在全国各地所建的山西商人会馆达558座。仅北京的山西籍工商会馆就多达43所。天津、上海、山东、江苏、浙江、湖北、湖南、河南、河北、安徽、四川、福建、广东、广西、辽宁、吉林、内蒙古、甘肃和新疆等，几乎所有省区的大都会、大商埠和重要商镇码头都建有山西会馆。在许多省区，山西会馆下至中小城市乃至商业发达的乡镇。以河南为例，山西会馆或山陕会馆就有84所。

山西是中国民间戏曲的博物馆。早在春秋战国时期，山西就已有悠久的乐舞文化。到了汉代，歌舞百戏十分兴盛。宋金时期，

---

[1] 狐突是春秋时期晋国的大夫，因为他生前有勇有谋，忠贞不贰，所以受到后世历代统治者和民众的推崇，逐渐被神化，成为民众信仰的神灵。狐突信仰具有明显的地域性，山西交城、清徐二县交界的狐爷山一带，是狐突生前活动及死后埋葬的地方，因此以这一地域为中心，扩展至周边地区，形成一个辐射多县的狐突信仰圈。资料来源：段友文、杨洁：《狐突传说信仰与山西区域社会文化变迁考论》，《晋阳学刊》2014年第6期。

山西杂剧已相当繁荣，从金墓发掘的戏曲砖雕就可见当时的盛况。至元代，山西已是全国戏曲艺术的中心，并诞生了以关汉卿为代表的一大批优秀的剧作家。及至明清两代，山西戏曲已逐渐形成"蒲州梆子""中路梆子""北路梆子""上党梆子"四大派别。除此之外，几乎每个县都有自己的乡土秧歌剧。

（五）山西是明清古村博物馆、北方山地古村聚集地

据统计，山西省共有3500多个古村落，上千年的占半数以上，是我国古村落最多的省份。山西所留下的文化遗产也主要分布在几千个古村落之中。

山西的古村落有以下几种类型。

1. 承载着上古历史的古村

晋东南地区是炎帝的故里、神话的故乡。晋东南地区的乡村，虽然不像云贵高原那样，保留着几千年前中华民族祖先的生活样态，但它们以村庄的名称、祭祀圣庙、民间的风俗等保留着远古文明的信息。

笔者的老家就位于晋东南地区，是高平市与长治市交界处的一个小山村。离村子5里地就是炎帝陵所在地五谷庙村。从笔者记事起，每年四月初八都要去五谷庙赶庙会。从小就听村里老人讲，与我村比邻的北营、换马、庄里等三个村的名称都与炎帝有关系。北营村原名叫"不应"。相传当年炎帝尝百草中毒后，到达这里时病势已经相当严重。人们不停地呼喊他，但炎帝已经不能答应，因此就把这个地方称为"不应"，后来改名为"北营"。

离北营村二里地的庄里村，是安葬炎帝之地。起先并没有名字，也没有村落，只是一大片林木茂密的高地，当地老百姓称其为"皇坟"。为什么叫庄里村呢？因为相传炎帝逝世后，是在此装殓安葬的，所以就把这里叫作"装殓"，时间久了，大家觉得名字

不吉利，就改为"庄里"。

换马村在古代只是一条南北通衢大道，行人来来往往，络绎不绝。因为旁边的庄里村安息着始祖炎帝，不知远在哪个朝代的皇帝在路边立了一块"下马碑"，要求文官至此下轿，武官至此下马，不得惊扰始祖炎帝，于是此地得名"换马"。这块下马碑很受世人敬重，一直延续了几千年，直到抗日战争时期，川军来到山西抗战，途经这里时，带队的军官仍然翻身下马，向炎帝陵方向鞠躬，然后戴上帽子继续前行。

上党地区现存有关炎帝的庙宇共有53座，其中，高平有炎帝行宫、炎帝寝宫、炎帝中庙等庙宇院落35座。当地保存完好的有关炎帝的遗迹有神农城、神农井、神农泉、五谷畦、耒耜洞等。在炎帝的故里，不只留下了这些物化的建筑，还有很多与炎帝有关的祭祀活动。大年三十夜，用小米和菜做成捞饭，焖起来后摆上桌敬供炎帝。小米是炎帝发现的五谷之一，所以用小米祭祀。正月初一蒸年糕再供，用的是炎帝发现的五谷之一——黏黍米。神头岭釜山村、高良村、贾村的人家要到炎帝庙叩拜，把炎帝接回家来和自家一块儿过年；故关一带则是抬上炎帝像，回到炎帝住过的故关、换马等地游行庆贺。

上述仅是笔者老家的故事。应该说，山西几乎每个村都有自己的故事。这些故事就在这些古老的村名中。对村名考证，让村名携带的古老文化信息复活，应该是山西古村保护的重要内容之一。

2. 历史名人古村

山西许多古村落的名称与历史名人有关，分布在晋中的许多古宅都是以姓来命名的，如乔家大院、王家大院、李家村等。被专家誉为"中国北方第一文化巨族之宅"的皇城相府，原名"中道庄"，是清代康熙皇帝的老师，《康熙字典》总阅官——文渊阁大学士兼吏部尚书陈廷敬的故里。后因康熙皇帝两次下榻于此，故名"皇城"。祖居这里的陈氏家族是明清时期享有盛誉的文化巨族，从明孝宗到清乾隆（1501—1760年）间的260年，共出了41位贡生、19位举人，并有9人中进士，6人入翰林，享有"**德积一门九进士，恩荣三世六翰林**"之美誉。在此期间，38人走上仕途，足迹遍及14个省、市，且多政绩显赫，百姓称颂，致仕去官时民为立祠。在陈氏家族鼎盛期，即康熙年间，居官者达16人之多，出现了"父翰林、子翰林、父子翰林；兄翰林、弟翰林、兄弟翰林"，父子同编一典《康熙字典》的盛况，北方第一文化巨族名副其实。

山西阳城的郭峪村也是一座名人村。郭峪村是明代顺天巡抚张鹏云、清代刑部侍郎张尔素、明末清初大富商王重新的故居所在地。这个村历代共产生了进士15名，举人18名。民间谚语称："**郭峪三庄上下伏，秀才举人两千五。**"

大家提到山西，首先想到的是晋商，其实山西也是一个出官、养官的地方。从山西许多家族的发展来看，大都是第一代经商，第二代读书，第三代就会有做官的。从古村落分布的地区来看，山西晋中地区分布的古村落大部分是商宅，如乔家大院等；而在晋东南地区分布的古村落大部分是官宅。

3. 不同时期留下的不同风貌的历史古村

留存于山西古村中的建筑，虽然以明清风格为主，但其他朝代的建筑也非常丰富。比如，山西留存的宋、辽、金以前的木构建筑占全国同期同类建筑的75%，而这些建筑主要分布在乡村。又如，因防御外来者侵扰，山西境内乡村形成的古堡建筑也成为山西乡村建设的一大特色。"山西十大民间古堡"包括平遥堡村、介休张堡、灵石梁家堡、汾西师家沟、翼城西阎村、沁水柳家堡、沁水湘峪堡、阳城砥洎城、阳城黄城郭峪、泽州圣母玫瑰堂。山西各地都留有古堡，分布相对集中的地区有雁北、晋中、晋南一带。

4. 不同地貌形成的北方古山村

山西境内多山，地貌多样化。江南因水形成了不同的水乡，而山西因山形成了不同的古山村。如山西省长治市平顺县虹梯关乡，这里的建筑全部就地取材。石板做屋顶、石头垒墙壁，不仅是太行山中的一大特色，也是人类房屋修建史上的一个奇观。在晋东南地区的平顺县、陵川县中，这样的山村很多。

许多人只知道山西有著名的"悬空寺"，其实山西还有著名的"悬空村"。最具有代表性的是山西省忻州市宁武县王化沟村。王化沟村建在海拔2300多米的悬崖绝壁间，村道是立木支撑、圆木铺架的"栈道"，远远望去，就好似空中楼阁一般。整个村庄悬空在距地面百余米高的半山悬崖之上，背倚峭壁，面朝峡谷，形成一个与周围世界格格不入的世外桃源。

处在太行大峡谷中的霓虹村，是一个被誉为"挂在天上"的古村。这个古老的村庄建在瀑布的边缘。当村民打开窗户时，就可以看到狂野的瀑布飞流直下。春天和夏天，绿色的山脉环绕在周围，瀑布日夜不休，村民们每晚都在瀑布声中入睡，就像我们梦中的童话成为现实一样。

山西陵川县锡崖沟村也是一个挂在太行山绝壁上的古山村。锡崖沟人民苦战30个春秋，在悬崖峭壁上，用钢钎、铁锤开凿出了一条7.5公里长的隧道公路。崖沟低于四周峭壁近千米，如同"井底"。沟内居民或依山傍水，或临崖跨涧，时聚时散。全村800多口人，分散在18个居住点。村内建筑皆用石材，石屋、石桥、石径、石桌，古朴原始，"野"味浓郁。

六、结论：乡村是读懂中国的活态博物馆

从文明图谱看中华文明，越发能感到乡村的价值。如果说今天的城市承载的是中国现代化的成果，那么乡村则蕴藏着中华五千年的文明与历史。充分利用这笔文化遗产，是乡村振兴与中华民族伟大复兴亟须关注和启动的重大工程。对此，笔者有以下构想。

第一，以文明图谱的角度和高维视角，重新解读中华文明。对文明图谱进行解读，使今天的中国人认识到，当今中国拥有的是世界上独一无二的、仍然活着的五千年文明史，以此来唤醒当代人的中国文化自信和文明的自觉性。以新文明意识和新历史观，重新解读中华文明，重新发现中华文明的价值，唤醒保护与传承中华优秀传统文化的自觉性。

第二，以文明图谱的思维，重新研究中华文明史，要将研究中华文明史的思路和范围从故纸堆和地下文物，扩展到中华民族960万平方公里的大地上，要将活着的文明纳入现代史学研究的视野。让今天的史学研究从学校象牙塔走向乡村，回到田野。关于几千年的中国历史，国家使用的史学官主要记载的是国家大事，属于自上而下的皇家历史，而自下而上扎根于乡村田野的民间历史严重短缺。随着时代变迁，自上而下的国家历史不断更替变化，但扎根民间的中华文明却如老树发新枝般生生不息。以人民为主体的社会主义，也要坚持人民的立场，开启对中华文明"活历史"的研究。

第三，要像修家谱一样，把修复中华民族五千年文明图谱，作为中华民族伟大复兴的文化兴国工程。修复中华文明图谱，是一项国家工程、一件民族大事。中华五千年文明蕴含的天下文明

观、道法自然的哲学智慧、仁爱的人本思想、耕读教育的治家理念、教育治国的思想等，都将是 21 世纪人类迈向新时代所需要的东西。中华五千年文明图谱，将是一本价值极高的新历史教科书。这本书是需要在走万里路的过程中阅读的，在活着的中华文明中与古人对话，找到"我从哪里来，到哪里去"的答案。

第四，修复中华文明图谱是乡村振兴的重大工程。修复中华五千年文明图谱的过程，就是修复中国乡村文明历史的过程。乡村作为中华文明图谱的重要落地空间，对文明图谱的修复，将使我们更加重视乡村的文明与文化价值，将会提升乡村旅游的档次和价值。

第五，乡村将是世界读懂中华文明之旅的目的地。刚刚富起来的中国人，想要走出国门看看外边的世界，中国人旅游已成为当今世界旅游的一道风景线。不过可以预计，未来 5 年，随着中国的崛起，将出现世界人看中国的中国旅游潮。外国人到中国旅游，最重要的是要看并且体验中华民族五千年的文明。目前来看，尽管中国也有悠久的城市文明与文化，但今天中国的城市千城一面，大都是美国城市的翻版。所以，想来了解和体验中国传统文化的游客，其最终的目的地是充满乡土文明的乡村。

第十一章
从"金"到"土":世界回归乡土时代

改革开放后,在全球化、现代化潮流的影响下,"洋气"的西方工业品大行其道,受到大众的追捧,成为全球的流行和消费趋势。但"洋货",是对近代以来进入中国西方工业品的俗称。与"洋"对应的就是中国的"土"。在党的二十大提出面向中国式文明新时代之际,我们正面临着一个新的潮流,即未来将流行中国风,世界面临着从"洋"到"土"的转变。

按照中国的五行理论,中华文明属于土性文明,西方文明属于金性文明。金生水,属于金性的西方文明,遇水而生。西方人用金制造的坚船利炮从海洋走向世界。中国国门被打开之后,来自海洋的洋货冲击着中国乡村的土货,由此拉开了近代中国"舍土求洋"的历史。风水轮流转,21世纪是中华民族伟大复兴的时代,也预示着世界文明从金主导向土主导的转变。金所具有的肃杀与变革双重特性,使西方文明给这个世界贡献了一次又一次的科技革命的同时,也给世界带来生态危机和生命危机。要想化解当代人类文明危机,需要重新回到滋养生命万物的土性文明上来。

第十一章 从"金"到"土":世界回归乡土时代

一、如何认识中国太极五行论与西方原子论

传承几千年的中国五行理论,是科学还是糟粕,这是一个到目前为止学界与社会仍在讨论的问题。可以肯定,这个争论还将持续下去。在此,还是用本书一贯的思路讨论这个问题,即不陷入就问题讨论问题的困境,而是将这个问题置于中西方两种文明、两种哲学、两种文化与思维的大背景下来讨论。从一个更广阔的视角来看,我们发现,太极与原子都是科学的,它们只是从不同视角认识与解释世界而已。

(一) 太极与原子:中西方认识世界的两种宇宙模式

早在2500多年前,当中国的古圣人将所观的宏观世界,浓缩为一个太极的宇宙模式时,古希腊圣哲则将观察到的自然世界锚定于原子,希望从微观的原子世界中找到宇宙的终极答案。几千年过去,历史的实践证明,中国的太极世界与西方的原子世界,并不是两个对立的世界,而是从不同视角认识的同一个宇宙的两个方面:一个是从宏观角度认识的宇宙,一个是从微观角度认识的宇宙。中华文明重视天人合一,更多看到的是宏观层面的一个联系的、整体的宇宙。由此形成了《道德经》所讲的"人法地、地法天、天法道、道法自然"的宇宙观。这样的自然观,形成中国特有的最大限度利用天地之力的天道文明。西方文明是将人从宇宙中抽离出来,将宇宙看成一个独立于人的客体世界。这种天人两元分立的世界观,形成了最大限度释放人的能力的人本文明。

不同的中西方文明发展模式,是我们认识中国五行理论的大背景。从太极智慧延伸出的五行理论与从原子世界延伸出的数理化科学,从源头看,它们属于两个不同的体系——源自不同的哲学、不同的自然观,由此而形成不同的思维方式和不同的方法论。

这两种理论相对于其认识的世界而言，都是科学的，并且对于人类对世界的认识各有自己的贡献，但也有各自的局限性。

利用自然之力的中国天道文明，虽然最大限度地利用了天地之力，但未能最大限度地释放人的创造性之力。正是由于这个局限性，近代以来，西方人本文明发力，成为近代以来人类文明的主导模式。同样，随着时间的推移，我们发现，天人对立的西方人本文明，是造成当今人类环境危机、气候危机、南北贫富差距拉大、世界战争等诸多关系失衡的危机的根源。在这种背景下，化解当代人类文明危机，需要重建人类与自然、人与人新均衡关系的新文明。

这种新文明需要更加全面与整体的世界观，不仅仅需要西方式的原子科学，更需要复兴中国古老的太极智慧。

（二）探究世界共性的中国五行理论

沿着太极与原子、天道与人本这个大逻辑走下去，就可以发现，东西方具有两种不同的认识世界的思维方式。中国从整体性上认识世界，从而形成了类比思维；与此相对应，西方精准有效地从微观和局部认识世界，从而形成了逻辑思维。西方的数理化科学，既是西方逻辑思维的成果，又是西方认识世界、解释世界的逻辑思维工具。而太极则是中国古人以类比思维形成的对宇宙整体抽象的认知结果，五行理论是中国古人以类比思维认识世界的方法论。

中国的五行理论源于什么时期，没有定论。其最早出现于《尚书》。《尚书·洪范》中写道："五行：一曰水，二曰火，三曰木，四曰金，五曰土。"从表述中可以看出，中国五行理论属于典型的类比思维。

金、木、水、火、土五大要素，与我们在生活中看到的金、

第十一章 从"金"到"土":世界回归乡土时代

木、水、火、土既相同,又不相同。所谓相同,就是五行确实是我们日常生活须臾不能离开的要素。所谓不同,恰恰是中国古人的研究指向,没有停留在对这些要素的本身上,而是进入对这类要素所具有的特性的研究上。例如中国古人没有像西方人那样停留在火的"物理"特性的研究上,如火为什么会燃烧,而是深入研究火这个要素的"物性"。《尚书·洪范》最初提出五行说法的同时,也提出了五行各自的特性:"水曰润下,火曰炎上,木曰曲直,金曰从革,土曰稼穑。润下作咸,炎上作苦,曲直作酸,从革作辛,稼穑作甘。"

从物性研究五行是中国古代五行理论最独特的地方。如润下是水的特性,根据水这个"润"与"下"的特性,《道德经》提出"上善若水""低处有道"的哲学思想。古人告诫人们,至善的样子要有水一样的性,即滋润万物而不争,水往低处流。与此相对应的火的物性是炎上。火代表一种积极向上的力量。当中国古人运用类比思维沿着物性的研究方向进行时,他们发现了一个具有联系、具有共同特性的更大的五行世界。而西方运用逻辑分析方法研究物性,则发现了一个越来越多样化的微观世界,发现了一个由170多种元素构成的世界。西方的研究导向个性和特殊,而中国对五行物性的研究,则发现了一个打通多样性世界的共性世界。

古人通过对源自具象的五行的"物性"抽象而又不失其性的深入研究,使得五行理论实现了一个重大的飞跃,即使得五行理论成为具有普遍价值与作用的理论。

例如将五行对应到五脏,五行理论就成为中国古代中医诊断疾病的重要理论:如木性条达曲直,有生发之特点,而肝性柔和舒畅且主疏泄,又主升发之气,故肝属木,木对应着春天,木对应着情绪的怒,于是通过五行理论的解释,人们就发现肝与春天、与情绪的怒等发生了联系。火为阳热之象，有上炎之性，而心为阳、为主动，心阳有温煦作用，故心属火，火对应着夏天、对应着恨的情绪，于是心脏特性就与夏天、情绪恨有密切的关系；土为万物之母，有生化、长养万物之特性，而脾能运化水谷精微，为气血生化之源，后天之本，故脾属土；金有清肃、收敛特性，而肺主呼吸，主肃降，故肺属金；水有湿润下行之特性，而肾能藏精，主人体水液代谢之调节并能使废水下行排出体外，故肾属水。

  中国古人不仅发现世界万物都可以涵盖于五行特性之内，与此同时，还根据五行所具有的五性，发现了五行之间的生克辩证关系。五行之间存在着相生、相克的联系与规律，所谓相生，即相互滋生、促进、助长之意；所谓相克，即相互制约、克服、抑制之意。生克是五行学说用以概括和说明事物联系和发展变化的基本原理。五行相生的规律具体来说是木生火、火生土、土生金、金生水、水生木；相克的规律是木克土、土克水、水克火、火克金、金克木。其关系见下图。我们发现，中国古人发现的五行生克机制，与马克思所讲的世界是辩证统一的哲学思想高度契合，更是将抽象的辩证统一关系给予了一种具象的表达。

五行生克示意图

(三) 探究物质世界之理的西方数理化科学

其实，古希腊哲学家也是从与日常生活密切相关的水、火、气、土等元素开启对物质世界的探究的。古希腊的哲学家泰勒斯，首先提出了"水是万物的本源"的观点。后来，他的学生阿那克西美尼不赞同泰勒斯的观点，认为作为万物更加本质的东西是气。古希腊哲学家赫拉克利特很不赞同这种观点，觉得气跟水一样，都是物质，物质怎么可能诞生物质呢？于是他提出了火是世界的本原。之后又有人提出了土是世界的本源。一直到哲学家恩培多克勒认为水、火、气、土同是世界本源，抛弃了前面哲人说的单一元素构成世界的观点，提出了最初的四元素说，认为世界由水、火、气、土四种元素组成。

虽然西方的哲学家提出了四元素说，但是他们对这些元素的探究走向了另一条道路，是与中国古哲人完全不同的道路。特别是在欧洲文艺复兴之后，西方学者逐渐质疑并最终否定了四元素说。在此之后，西方学者对构成物质世界的要素研究，形成了两个分支，一支是对具象要素的研究，形成了后来的化学科学。英国化学家波义耳在1661年发表《怀疑派的化学家》，对古代元素学说进行了批判，认为它们都不是真正的元素。这种观点催生了近代化学。另一支是对要素的抽象的理研究，这就是西方的物理学。无论化学，还是物理学，其所使用的思维方式，都是逻辑分析与重复试验的研究方法，此方法也就是被称为科学的研究方法。由于物理与化学进入的是一个微观的世界，由此形成研究这个世界的数学。数理化最终成为西方科学体系的原理论。

综上所述，我们发现，中国古人对五行要素的研究与西方的化学研究根本不同，虽然两者都是从客观世界存在的要素开始：西方化学元素是指具体的物质，由此形成化学元素周期表；而中国古人选取的五种要素，自然也是以我们生活能够感受到的五种要素为样本，但最终上升为对存在的万物具有的五种特性的归类，是借用地球上大家每天接触的五种物质，来描述将世界万物归类之后的五种属性。

其次，西方物理学是对物质内部结构与运动规律进行研究的科学，沿着构成世界最终的物质是什么越来越深入，由此形成了对原子、质子、电子、粒子、量子的研究。而中国古代的五行理论，沿着对物性的研究，进入另一个世界，一个研究万物共性的世界。从物质世界到生命世界，从生命世界到人类社会，虽然其存在形态不同，但都有五行之特性。所以中国的五行理论，是涵盖物质、生命与社会的基础理论。而西方物理学就是关于物质世界的科学，物理就是物的理，物理学家不知道社会学的理，社会学家不知道生命领域的理。而中国五行理论是将不同领域打通的理。

（四）五行理论与数理化：各有所长、各有所短

中西方以不同的思维方式形成了各自对世界的不同解释与贡献。我们首先要肯定的是，中国的太极理论与西方的原子理论都是科学的，是从不同方面揭示世界运行的规律和真理，并被实践重复证明。

目前，中国的学术界有许多人认为中国五行理论不是科学，其认识的最大误区就在于，他们是站在西方原子科学的立场，用西方原子科学的标准来评价中国五行理论的。这种思维显然是把西方科学看成当今世界唯一的科学范式。这种观点是一种将西方科学极端化、迷信化的观点。面向新时代的当代人类，需要超出中西方的局限性，在更高时空维度来看待中国五行理论与西方数理化科学各自的价值与局限。

迈向 21 世纪的人类文明，不仅继续需要西方的原子科学，更需要复兴中国的太极智慧。特别是对于化解当代人类文明危机而言，更需要中国的太极智慧。

当代人类需要一次科学哲学、科学思维、科学范式革命，这个革命就是从单极化的西方科学独霸的世界走出，让中国古老的太极智慧的科学进入当今世界科学视野。在科学界流行的一句话是：西方的科学家爬上山峰时，发现东方圣哲在那儿已经等候多时。这句话讲的就是，21 世纪，要想化解人类的文明危机，人类需要让西方原子科学与中国古老的太极智慧在时代之巅实现新的对话与对接，共同为人类作贡献。

二、居"土"中央的中华文明

党的十八大以来，以习近平同志为核心的党中央提出的生态文明建设乡村振兴等一系列重大战略的背后，都包含一个"土"。从这个角度看，滋养了中华文明的乡村，所承载的不仅仅是今天所看的"三农"问题，还承载着生生不息的中华文明的复兴之根，也是未来世界流行的中国风的策源地。

近代以来，站在西方看中国，对中华文明形成了诸多误读。这种误读导致我们几代人都对自己的文明与历史加以批判和否定，还使我们陷入了"我们是谁，从哪里来"的迷茫。进入 21 世纪后，我们知道自己到哪里，首先要知道自己从哪里来，要知道自己从哪里来，就要知道中国从哪里来。

按照五行理论，东方属木，西方属金；北方属水，南方属火，土在五行中央。前文我们讨论过，中国源自天道，应天中而居地央，所以中华民族是属于土性的民族。但中华民族也称呼自己为龙的传人。按照天上的方位，属于东方木。这合理地解释了，中国在地主位是中央土。按照五行生克理论，要保证土位的稳定，就应该遵循五行的生克制衡。所以，中国的生地在火，制衡之地在木。火生土，并且，如果土没有木的制衡，土位就会失衡。土生金，其实消耗土的能量的是金。木克土，木恰恰是让土力保存的重要因素。这里的克是制衡关系。火代表天，太阳能量是火，火生土，土是中国在地应天的中位。木是生发之力，木对土克的过程，就是让土中的生命力，通过木表达出，转化成木的能量。木再生火，再生土，完成一个小循环。

土对应的颜色是黄色。在等级森严的古代社会，黄色是最高贵的颜色，是皇家专用色。居中之土，具有生生不息、厚重、包容的特性。中国千年的治国之道，一直遵循以土所具有的厚德载物和中正的特性来治国。火是中华民族的生地，火对应红色。中国民间风俗中，结婚典礼时穿红衣服；中华人民共和国国旗是红色的。土生金，金对于土而言，是一种能量消耗。从这个意义来讲，金恰恰是土的死地。金对应的颜色是白色，所以中国民间风俗中，办丧事穿白衣服。土是中华民族生命力量的表现和转化。从民族性格上看，土代表敦厚、中庸和宽容，而木代表仁和慈爱，木的这种特性是土的外在表现。

中国五行理论是一种生命模式。木、火、土、金、水是任何生命都需要的五大要素。而这五大要素中，具有统筹作用的是土。土作为万物之母，从土出发，再回到土，这是一个完整的生命循环过程。中华文明是高度关注生命、尊重生命并不断对生命进行升华的文明。

三、以五行理论看西方文明

（一）属"金"性的西方文明

按照五行理论，西方文明属于金性的文明。金，对应的方位为西、颜色为白、季节为秋、脏腑为肺。其特性是收敛集中、冷静、革新、杀戮、对立等。我们可以发现很多有趣的现象，似乎在印证着西方的"金"性。例如，西方尚白，所建宫殿多为白色，如英国的白金汉宫、美国的白宫；婚礼上新娘子喜欢穿洁白的婚纱，象征着纯洁、美好、幸福。西方人吃饭喜欢用金属刀叉，而他们最看重的乐器钢琴，也是由金属打造的。

城市承载的商业属于金，源于数理化的原子科学，主要攻克的对象也是金。从英国的机器革命开始，喂养工业文明的主要资源是钢铁、矿石等金性的资源。

金生水，西方文明的兴起，是用金制造的坚船利炮通过海洋走向世界的，所以我们把从海洋来的西方商品称为洋货。西方文明的生地在东方，土生金。近代以来，西方人渴望的黄金在东方，在此之后，西方工业经济的市场也在东方。

西方人所具有的两元对立哲学思维和源于高度理性思维的西方科学，都属于金的典型特性。西医思维也属于金的思维，他们用的西药高度提纯，精准地"头痛医头、脚痛医脚"。而中医是多样化的五行生克的草药配方。西方的工业文明是典型的资本主义，资本主义具有金的特性，在二元对立中走出目标单一。资本追求利润，使现代文明滞留于从金出发，最后再回到金的循环中。所以，金的过度和其所具有的肃杀特性，使无生命的物质越来越多，从而导致当今世界陷入生命危机的困境。

（二）工业文明的弊端：金克木导致生命世界危机

人类文明的健康稳态是一个五行生克的制衡稳态。当代人类遇到危机的根源是五行失衡：以金为轴心的五行循环，导致金要素能量过度积累，使人类文明陷入诸多危机之中。《黄帝内经》讲："生病起于过用。"现代文明病就是金过度导致的。

首先，金过生水。水主北方，金性工业经济发展，造成全球气温上升，使北极和南极的冰山融化，导致海平面升高。水多克土，会导致陆地面积减少，形成对人类文明的危害。美国"气候中心"2015年11月8日宣布，研究发现，气候变化将在200年内导致全球气温上升2℃至4℃，届时包括上海、孟买、纽约等在内的多座国际大都市都将被水淹没，中国则是全世界受灾最为严重的国家。假如全球温度上升2℃，海平面将上升4.7米，目前全世界2.8亿人所居住的陆地将没入水中；假如上升4℃，海平面上升幅度则要翻一番，受灾人数将上升到6亿。

其次，金过克木，木代表生命和地球的生态系统。现代工业文明过度发展，导致地球生态失衡、森林面积大幅减少。

最后，金过反克自己。第一个表现是，现代工业化的过度发展导致的健康危机，伤害的是人类的肺，肺对应的是金。2018年全球癌症年报显示，肺癌是全球发病率和死亡率最高的癌症。*A Cancer Journal for Clinicians*（CA）发表了全球癌症统计数据，2018年全球新增1810万癌症病例，另有970万癌症患者死亡。而肺癌占总发生病例的11.6%，肺癌导致的死亡率占癌症导致的死亡人数的18.4%。在发病率和死亡率上，肺癌均排在第一位。

四、化解文明危机与乡土文明复兴

（一）化解文明危机需要回归土的时代

要矫正金和水主导的工业文明，就需要转向土和火主导的生态文明。通过土克水、火克金和火生土，来为万物生命的修复创造条件。

2008年世界金融危机是人类走向生态文明的拐点，因为在2008年之后，出现了新能源革命，太阳能成为生态文明时代最重要的能源，这意味着制衡金过的"天火"要发挥作用。同时，2008年也是中国崛起、西方衰微的开始，中国的崛起意味着制衡金过的"地火"开始起作用。

21世纪人类文明的生地在火，火克金，火生土，旺地在土。从这个意义讲，21世纪是土文明当家的时代。土是万物之母，从肃杀的金向厚德的土转型，是当代人类文明发展的大趋势。

（二）回归乡土：顺应时代的乡村振兴

中华民族是土性文明，离土最近的是乡村，不是城市。金过度发展的工业文明造成的最大失衡，就是城乡关系失衡。

许多学者仍然在讲，21世纪是城市化发展的世纪，仍然站在西方、站在工业文明狭隘的视角看未来。将目光放长远，21世纪应该是乡土文明复兴的时代。从时代的角度看，乡村振兴不仅仅是中国的事，也是21世纪人类发展的大趋势。从单极化的城市文明，迈向乡村与城市协调均衡发展的文明，才是未来发展的大趋势。

党的十九大提出乡村振兴战略之后，许多地方仍然以西方工业文明的思维搞乡村振兴。工业文明思维就是金的思维，金的思维是单一化、二元对立的思维。按照这种思维，许多地方政府总是在乡村产业、乡村经济发展的单一目标上做文章。以单纯的经济思维搞乡村振兴，只会使中国乡村发展的方向走偏。

目前各地实施的乡村振兴战略，缺乏五行思维，缺乏对乡村振兴本质的真正理解。乡村产业和乡村经济发展固然是乡村振兴的重要内容，但不是乡村振兴的唯一目标。乡村振兴的总体思路是要从修复乡土生命开始，让濒临死亡、病入膏肓、陷入凋零的乡村慢慢康复，使乡村文明整体复兴。

党的十八大提出生态文明建设是政治、经济、文化、社会与环境五位一体的战略，正契合了中国的五行智慧。中央提出的乡村振兴同样是五个方面，也契合了中国的五行理论。乡村振兴战略也是把乡村看成一个系统的生命体，乡村的振兴也是乡村的经济、组织、文化、环境与生活整体的振兴，而不只是某一方面的振兴。

中央提出的乡村振兴的五个方面是有内在逻辑关系的。第一，乡土传统文化的复兴是灵魂。乡土文化是乡村的灵魂，是乡村复兴的自信之根，同时也是乡村产业发展的稀缺资源。乡土文化是土属性，所以乡村振兴必须从修复根开始。第二，乡村治理是前提。乡村治理是乡村振兴的前提，即乡村的生地，所以乡村治理属火，火生土。今天的乡村涣散、缺乏活力，因此需要发挥党的领导作用，重新修复土的生地——火。中央明确提出乡村振兴是基于乡村集体经济发展的全面振兴，不是单纯的乡村 GDP 的振兴。乡村治理既是乡村振兴的前提，也是乡村振兴的内生动力之源。第三，生态环境建设是基础也是目标。生态环境属金，因为土生金，乡村真发展好了，能让乡村的生态环境焕发活力，这是落实习近平总书记"绿水青山就是金山银山"的重要举措。

乡村产业对应的是木的属性，土生木，以上三个方面做好了，乡村产业兴旺便是一个自然而然的结果，以乡土文化为根，以集体经济发展为目标，内生于文化与自然资本的可持续发展的产业。它带来的不仅仅是经济收益，更是整个乡村文明的复活，这样的乡村发展，最终带来的是乡村全面进入小康，是高质量的、生活幸福的小康乡村。

乡村文明全面复兴最需要的不是资本下乡，而是乡贤回家。资本代表金，笔者从来不反对乡村发展需要资本这个观点，也不反对乡村土地资源需要盘活这个观点。但如果资本下乡泛滥，则将给乡村振兴带来肃杀，有可能对乡村造成新一轮的解构和破坏。目前关于乡村振兴的一系列政策，背后都隐藏着一个逻辑：如何让城市资本下乡，为资本下乡创造条件。这是值得我们警惕和担忧的。很多地方目前推行土地政策，多是围绕如何让乡村的土地资源流动起来进行的。

如果我们把乡村变成单纯的产业型的乡村，即现在一直进行的乡村农场化、庄园化，那这样的乡村就不是拥有中国乡土文明的乡村，而是单纯为城市生产粮食的乡村，是古罗马时代的乡村。

五、从"金戈铁马"到"厚土德风"：未来流行中国风

人类文明的演进需要从克生命的金文明转向滋养生命的土文明，需要从生命敌对的金文明转向包容共生的土文明，这就是习近平总书记所讲的构建人类命运共同体。我们需要从满足欲望的城市文明走向滋养身、心、灵的乡土文明，需要从缺乏生命的艺术审美向回归生命的艺术审美转变。这个转变将在世界掀起一股新潮流，它就是中国风。

哪里是文明中心，世界就流行哪里的风。目前我们生活在一个西洋风吹遍世界的时代。当今世界面临的百年未有之大变局，就是技术主导的世界文明的中心，将从西方转移到东方。未来崛起的不仅是中国，而且是四大文明古国覆盖的东方（尽管东方的多数国家尚未意识到），只不过中国是当今东方世界最早觉醒和崛起的国家罢了。

（一）从"海外洋风"到"厚土德风"：重新解读世界的标准

运用西方文明的模式来分析、研究中国文明和历史，其结果就是，西方金性文明的标准成为世界文明划分与衡量的标准。比如对中国社会发展阶段的划分，学界以金的思维，将其划分为石

器时代、铜器时代、铁器时代。按照这个标准，中国出土的最早青铜器，是甘肃东乡林家出土的马家窑文化的青铜小刀，年代约为公元前2700年。从地域分布看，铜铁冶炼技术演化的重要分布地是西北的游牧区。因为无论是宰杀牛羊还是战争，游牧民族对锐利的刀具需求最强烈，所以铜器使用与发明最早的地区大都是游牧或半游牧地区。

中华文明是复合文明，是以土为根（皇帝）、以火为神（炎帝）、以木为生、顺水而治（大禹）、以金为用的文明。与之相对的，西方文明是以金为本、以水为生、以火为器、以土为用、以木为敌的文明。按照土性文明的发展模式，中华文明开始的标志不是铜器，而是土制的陶器。

北京大学考古文博学院的吴小红教授和张弛教授等人于2012年6月28日在美国《科学》杂志上发表了关于"中国仙人洞遗址两万年陶器"的文章。该研究将中国陶器出现的时间确定为两万年前，这是目前世界上发现的陶器的最早年代。这一研究成果最终入选了2012年度世界十大考古发现。从两万年前的土陶到今天的陶瓷，土承载的文明没有中断。

未来我们需要以五行理论重新认识与解读中华文明，重新解读世界历史，从单一的西方文明，走向五行相克共生的新文明时代。

（二）从拳击对抗到太极自养

我们对奥运会都不陌生，甚至还挺喜欢看。从奥运会的源头看，它所设计的对抗性比赛项目，都是为了战争。不可否认，和平环境下，强身健体的体育运动有其价值，但它所带来的副作用也很大。就拿拳击来说，首先，对抗性竞赛本质上不是促进健康的体育项目，而是以生命对抗为代价的。在超出生命极限的比赛中，无论是赢还是输，都是对生命的一种摧残和破坏，大部分运动员身体都会有所损伤，有的甚至会影响到生活。其次，这种商业化运作的体育比赛所带来的娱乐效果，会给青少年带来非理性的对抗心理。

与此同时，另外一种体育运动正慢慢流行起来，它就是中国的太极拳，拳击比赛与中国的太极拳，虽然都是拳，但代表了两种不同的文化。拳击是你输我赢的对抗，其代价是生命；而中国的太极拳是非对抗的自养拳，它的第一功能是强身健体，并且可以自娱自乐。

中国的太极拳，是将对身体的锻炼和对心的修养融为一体的拳，如果用这个功夫去挣钱、去求名利、去损伤人，就违背了太极拳之道。这样一种制约机制，决定了太极拳不可能像拳击那样，通过商业和资本的力量，成为对抗性的竞赛。

在当代阴阳失衡的文明危机中，人类的生命健康急需中国太极拳。这已经不是一种说法，而是已成为一股中国风在全世界流行。其中，最值得关注的就是中国陈氏太极发源地河南陈家沟的故事。2017年9月16日至20日在陈家沟举办的第九届中国焦作国际太极拳交流大赛，吸引了来自57个国家和地区的4200多名太极拳爱好者参赛，有套路、推手、器械等多项比赛。陈家沟太极拳总会已经在全球70多个国家和地区拥有上百家分支机构，30多年来累计培训超过30万"洋弟子"。2020年12月17日，太极拳第六次申遗成功，这是太极拳发展史上划时代的重要节点，太极拳真正成了全人类共享的文化遗产。

（三）从咖啡屋到品茶馆

作为世界性饮品的咖啡和茶，代表了中西方两种不同的文化。首先，中国茶的历史可以追溯到五千年之前。唐代茶学家陆羽所撰《茶经》中讲："茶之为饮，发乎神农氏。"这说明中国茶的历史很可能与中华文明的历史同龄。而咖啡的历史最远回溯到13世纪的埃塞俄比亚，17世纪开始有阿拉伯人把咖啡带入欧洲。据说，当时的教皇在亲自品尝过咖啡之后，惊叹人间竟有如此美味的饮料。

1662年，葡萄牙公主凯瑟琳嫁给英国国王查理斯二世时，她的嫁妆里便带有中国茶叶。在她的推动下，茶叶成了英国宫廷的流行饮料。1662年之后，饮茶习俗在英国整个社会传播开来，逐渐成为国饮。现在，茶已经成为流行世界的饮品。2019年全球茶叶年产量达589.7万吨，中国茶叶的销售量达到202.56万吨，是世界茶生产量和消费量最大的国家。前十大茶叶消费国还包括印度、土耳其、巴基斯坦、俄罗斯、美国、英国、日本、印度尼西亚、埃及。

2019年，全球咖啡生产量约为1015万吨。其消费市场主要在欧洲地区。2019年，欧洲地区的咖啡消费量最高，约为332万吨，占全球消费总量的33%；其次是亚洲和大洋洲，消费量合计约为225万吨，占比达22%；排名第三的是北美地区，咖啡消费量约为191万吨，占比达19%。

虽然茶的历史悠久，但从目前的数据来看，咖啡生产量和消费量高于茶将近一倍。从这里也可以看出，茶与咖啡的消费代表了世界文化的走向：西方文化在世界上处于主导地位，所以代表西方文化的咖啡，虽然历史短，但普及速度快。

负载中国文化的茶，其命运与国运也密切相关。19世纪，大清帝国曾经主要依靠茶叶等货物的出口，GDP排名全球第一。但巨大的财富吸引来一批又一批的"茶叶大盗"。当数万株中国茶树苗在印度成长起来后，英国利用工业革命的方法颠覆了茶叶生产、

第十一章 从"金"到"土":世界回归乡土时代

贸易全流程,中国在国际市场上的份额骤降了九成。而大英帝国则在 20 世纪初成为世界最大的产茶国。1851 年,英国消费的茶叶几乎全部从中国进口。可到了 1901 年,英国消费的茶叶几乎全部来自当时的印度和锡兰,甚至开始向中国倾销阿萨姆茶和锡兰茶。

目前,中国又重新回到了世界茶生产和消费的大国行列。从茶所负载的中国文化意义来看,笔者一个基本判断:伴随着中国的崛起,再加上世界对中国文化的接受与认可,未来茶的生产量和消费量将赶上咖啡。从数据上来看,2018 年世界的咖啡消费量和生产量同比下降 0.6%。而 2018 年全球茶叶产量同比增长了 3.49%。

咖啡,香甜中带着苦涩,苦涩中亦带有一丝香甜,可以给人带来兴奋和激情。咖啡里面的主要成分是咖啡因,这是常见的兴奋剂。很多实验表明,咖啡因对大脑有着积极的作用,能改善人的心情,提升记忆力,提高人的警觉性及认知功能。总之,咖啡作用的系统主要在大脑神经系统。

源于神农时代的茶,最早就是作为一种中药走进百姓的生活的。既然是中药,就少不了依据其性、味而归经。复旦大学的一个科研团队,耗时 9 年,证明茶可疏通经络。在让实验组人员饮用 68 种茶以后,研究团队做了一个结果统计,所有志愿者报告的一致性达到了 96%。不同茶叶对应的归经有着极其明显的规律,绿茶对应太阳脉,青茶对应阳明脉,红茶对应少阳脉,白茶对应太阴脉,黑茶对应厥阴脉,只有黄茶并不清晰。[1]

尽管因不同地区的文化禀赋,人们对咖啡和茶形成了不同的

---

[1] 2018 年,复旦大学的科研团队首次公布了符合人体经络传统描述的系统性影像,让人们得以"看见经络"。相关论文《茶叶激发的人体红外影像显现经络系统》发表在同年 3 月份的 *Quantitative Biology*(《定量生物学》)期刊上。

偏好，但从人类文明发展的大势来看，咖啡的浓郁飘香具有很大的诱惑力，但中国沁人心脾的淡淡茶香会越来越有魅力，茶文化将会得到更多人的青睐。

（四）从电脑打字到中国书法

书法是中华民族的文化瑰宝，与京剧、武术、针灸同被国际社会公认为中国的国粹。书法在中华民族五千年灿烂的文明史上具有重要的特殊地位，因此，于 2008 年被列入《国家非物质文化遗产名录》。2009 年 9 月，中国书法和篆刻艺术又被列入《人类非物质文化遗产名录》。从目前中国书法在中国与世界上的发展趋势来看，我们坚信，中国书法会成为中国风的一部分，吹到世界的各个地方。

近代以来，随着中国向西方的学习，中国人用了几千年的毛笔，被西洋的钢笔所替代。后来随着电脑的普及，打字又替代了钢笔写字。但最近几年又出现了新的趋势——人们重新拿起了毛笔，国内开始出现书法热。教育部已颁发了文件，从 2021 年秋季开学，中国书法进入中小学课堂。

几千年来，中国的基础教育一直在乡村。所以，中国书法传统在中国乡村仍然延续着。随着整个社会对书法的重视，书法村在全国各地陆续出现。2019 年，中央电视台 2 套《经济半小时》节目中介绍了河南省永城市苗村镇的故事。苗村镇是一个 5000 多人的村庄，其中竟然有 1000 多名书法爱好者，而这些书法爱好者的水平还相当高，村里走出了 7 位中国书法家协会会员，10 位河南省书法家协会会员，56 位商丘市书法家协会会员。这个村的特色是农民拿起锄头下田地，放下锄头拿起笔杆。2017 年，河北省书法协会经过评选，公布了首批 12 个"河北省书法村"。早在 2010 年，经过中国书法家协会 3 年多的培育，"中国书法之乡"就已达 29 个。

中国的书法文化,是世界上唯一的文字书写艺术,对于外国人而言,它有一种远古的神秘感。外国朋友通过学习中国书法,能够亲身领略中国文化中最耀眼、最璀璨的艺术。最近几年,各地外国语大学都为外国留学生开设了中国书法课。如上海外国语大学有来自五大洲的学生,在其留学期间,他们跟着书法老师学习篆、隶、楷、行、草五种字体书法。有的学生的书法水平已经到了能够参加书法展的水准。例如,深圳自 2017 年开始,每年举办一届"东方杯"外国人汉字书法大赛。参赛人员均为外国人,体现了中国书法在外国人当中的普及度和可接受度日益增高。

(五)从商业西医到民间自愈的中医

新冠疫情中,中医大显神通,让中医重新回到世界的舞台。中医和西医是两种不同的文化、哲学、生命观背景下的治理体系,各有所长。中医有一个明显的优势,是西医无法比的:西医是专家垄断治疗的医学,而中医让每个人都能成为自己的医生。

高度分科的西医,只能是经过系统学习的专家才能从事的职业。即使专家也看不了自己的病,因为他只研究生命系统中的某一科。受西方机械论思想的影响,西医把生命看成一个客体,看成一个独立于人的研究对象,只有经过学习与训练的专家才能驾驭这个系统。

而中医相信人是高级的自组织系统,具有强大的自我组织、自我维持能力。这种生命观源于中国天人合一的自然观。中国古人认为,天地是一个巨大的自组织系统,这个系统人能够驾驭,但不能改变。中国的生命观认为,人的生命就是天地之力的体现。基于这样的生命观,中医治病主要是扶正祛邪,帮助生命系统修复。中医养生学讲求"三分治,七分养"。医生和药物所起的作用不大，身体想完全恢复，必须依赖人体自身的调节功能，即自愈力。

在几千年的发展中，根据生命自愈的能力，中医还形成了一套每个人都可以进行自我保健甚至是自我疗愈的方法。概括起来有以下几个方面。

一是根据药食同源的原理，顺应季节变化，根据食物与脏腑的匹配关系合理饮食，成为治未病的重要养生法。

二是根据中医的情志致病的原理，几千年来民间形成了许多关于化解情志问题的顺口溜和谚语，按照这些经验和方法，去化解自身的情志问题。

三是根据天人合一的生命观，倡导按照一年十二个月、一天十二个时辰对应身体的十二条经脉的关系作息。

四是根据五行的物质世界与生命的关系，认识到百草就是生命之药，农耕劳动就是最好的养生方式。因为农耕劳动处在天地之间，汲取天地之能量，接受自然中百草之香味，接受五行之能量。

五是偶感风寒等日常疾病，可以通过《黄帝内经》讲的刮痧、拔火罐、放血、按摩、拍打等方式自己医治。这种方法安全性很高，人人都可以学，并且自己就可以做。

只要做到这五个方面，就可以达到治未病的效果，患一般性的小病，也不用请医生，自我就可以疗愈。

这些自我养生、自我疗愈的方式，就是中国人健康的生活方式。

（六）从麦当劳到舌尖上的中国

改革开放四十多年，也是中国饮食发生巨大变化的四十多年：从原来的粮、豆、菜转变为如今的肉、蛋、奶。这四十多年间，

第十一章 从"金"到"土":世界回归乡土时代

我们接受了西方的饮食方式。

麦当劳和肯德基之所以风靡中国,并不完全是因为它们的营养价值和味道征服了中国人,而主要是因为它们的文化。首先,麦当劳和肯德基的服务速度快、饮食便捷。在越来越高速运转的社会,麦当劳和肯德基的高热量食物,可以保障人们少量进食就能满足身体一天的能量消耗。其次,它们的食品虽然是大众化的,但店铺环境舒适、干净,遵守严格的制造、服务、卫生标准,且店员精神面貌良好,故给人一种较好的用餐体验。最后,麦当劳和肯德基专业而工业化的生产方式,代表了欧美先进的现代化生产方式和快节奏的城市生活方式,而这种现代化和城市化正是中国正在全力追求的。

中华几千年的文明,一个最大的特色就是重视吃。作为美食大国,中餐菜式繁多,口味丰富,成为国菜的就有各有千秋的八大菜系,民间小吃更是数不胜数。从 2012 年开始一直到 2018 年,《舌尖上的中国》从第一季播到第三季,持续多年热度经久不衰,说明《舌尖上的中国》搅动了中国人共有的味觉,唤醒了藏在舌尖后中国历史与文化。

从文化、健康、营养、美学等角度来看,麦当劳、肯德基均无法与中国美食相比,可是,为什么这样的食物却能风靡全球?除了经营模式的优势之外,另一个重要的原因就是西方文化是目前世界的主流文化。特别是长期以来,中国忙着在制造业领域追赶西方,导致饮食产业国际化仍是尚未开发的巨大蓝海。而今,中国的崛起和中国文化被越来越多的人接受,将为中国饮食在全世界流行创造条件。

由于目前人们深深被快节奏生活、洋快餐带来的诸多亚健康病所困扰,因此,追求健康饮食、追求物质消费与文化融为一体的慢生活，成为当今世界的新潮流。

而低成本、高品质、满足身心健康需要的慢生活实现的地方在乡村。目前，乡村旅游方兴未艾，其中最具有吸引力的地方之一，就是在乡村才能找到《舌尖上的中国》中介绍的那些食物。较火的陕西袁家村，就是靠"吃"打响了牌子。袁家村村主任助理师馨对外介绍，袁家村的定位是关中民俗，乡村旅游的吃是突破口，破题是做食品安全。2018年，袁家村接待国内外游客量达550万人次，村集体经济从2007年的1700万元增长到了2018年的25亿元，农民人均收入由2007年的8600元增长到了2018年的8.5万元，被评为国家AAAA级旅游景区。但袁家村不满足于现有的状况，而是用袁家村这些年建立的品牌和口碑走出去，在西安开设了"袁家村城市体验店"。其目的一是把袁家村的美食送到西安人的餐桌上，二是让西安人也可以买到袁家村牌的农产品。城乡实现良性、深度互动。通过城市传播效应，让袁家村被更多人知道。

我们从袁家村模式看到了中国未来的"麦当劳"。可以预见，为了品尝中国美食和体验中国文化，未来将会出现乡村国际旅游热。未来的世界不再只有麦当劳和肯德基，还有乘着中国乡土之风而起的中国美食之热。

（七）从海洋而来的西风到"一带一路"再起的东风

中央提出"一带一路"的倡议，标志着世界文明将从西方主导的海洋文明向以土为载体的新丝绸之路时代的转变。21世纪的今天，丝绸之路再度复兴，也标志着引领世界的潮流之风，将从海洋吹来的西洋风，转向"一带一路"再起的中国风。从这个角度看"一带一路"的功能，它就不仅仅是从工业文明的视角所看到的——现代工业产品贸易的大通道而已。

第十一章 从"金"到"土":世界回归乡土时代

从时代的高度来看,新丝绸之路的兴起,不仅标志着中国崛起,也标志着整个东方世界的复兴,即"一带一路"曾经承载和连接的四大古农耕文明区的复兴。在"一带一路"上重新兴起的世界贸易,不仅仅意味着现代工业品新贸易时代的到来,更是传统手工业品、文化艺术品和古代多样性文化的复兴。这一复兴将带动"一带一路"沿线的古老乡村的复兴。从这个意义上讲,中国的乡村振兴,将带动世界乡村的复兴,中国乡村振兴所形成的中国风将通过"一带一路"成为世界新潮流。

新时代艺术复兴之根在土,土是生命之根。中国的乡土艺术走向世界的序幕,已经悄悄拉开。

我们从以下几个故事就可以看到未来世界将会流行中国风。

1. 马可的故事:未来世界将兴起中国风的服装潮

民族的就是世界的。著名的设计师马可,以她的故事告诉了我们乡土艺术的价值,乡村文化是可以成为世界流行风的。

2006年4月22日,设计师马可在珠海创立了"无用工作室"。2008年,马可凭借作品《无用之土地》入选"国际年度设计大奖"候选人名单,并于2008年2月到4月在伦敦设计博物馆进行作品展示,角逐"2007年国际年度设计大奖",她也是唯一入选的中国服装设计师。2008年,马可携带着她在乡村调研的成果,参加巴黎高级定制时装秀,一举获得多项国际大奖。2009年,马可创办了民办非企业组织"无用手的艺术中心",积极推进"无用·中国民艺复兴计划"。2014年,"无用生活空间"在北京开放,志在为渴望探寻生命本质、向往返璞归真生活的人们提供全天然、零污染、手工制作的良心产品。

马可服装设计的灵感来自乡土生活记忆。马可曾讲:"现在人们的生活太过丰富了,我希望能做减法,引导人们尊重自然、尊重手工、尊重传统，类似于返璞归真的感觉。显然，这一观念也打动了西方时尚界。"马可还说："现在每次我在城市把创作的'电'耗光了，就很迫切地想要回乡村，短则两三周，长则两三个月。那里有我们的根。"在乡村调研的基础上，马可用最原始的方法生产棉毛丝麻布料，用有上千年历史的织布机一丝不苟地织布，用"熬中药一样"的办法采用植物染色……所有程序都不偷工、不抢时、纯手工、纯天然，这也使得中国唐风宋韵成为世界的新时尚。

2. 金山农民画：中国乡土画在世界舞台璀璨绽放

最近几年，在许多艺术家苦于自己的作品不被世界认可的同时，中国乡村的农民所作的乡土画却成为被全世界热捧的艺术品。例如，位于上海市金山区枫泾镇北部的中洪村，因其独有的金山农民画，于 2006 年 1 月 18 日被中国村社促进会评为"中国特色村——农民画村"。中洪村村域面积 5.88 平方公里，有 1000 多户人家，4200 多人。其中，农民画作品被国内外著名的美术馆、艺术馆收藏并获得过奖项的画家有 50 多位，历年来在上海江南之春、香港之窗杯、全国农民画展、中国农村巾帼书画展、中国风俗画大奖赛、中国农民画大都会年奖赛等活动中获得诸多奖项。

3. 王澍的故事：世界将流行中国建筑风

获得世界最高设计奖普利兹克奖的王澍，他获奖的秘密也与乡土有关系。在王澍设计的建筑中，大量使用中国已有的建筑元素，如青砖、青瓦。他用纯粹的西方现代艺术理念和现代建筑手法，创造出了东方田园美感，展现的是中国传统乡土文化的内核。这样的造诣来自他多年对传统与现代的思考。用王澍本人的话来讲："在当大家拼命赚钱的时候，我却花了六七年的时间来反省。"也许正是这六七年的反省，使得王澍能够在浮躁的社会和喧嚣的

第十一章 从"金"到"土":世界回归乡土时代

环境中静下心来,细细体验中国传统文化的精髓和魅力,并发掘其与建筑内在的微妙关系,然后将中国传统乡土建筑的灵魂嵌入现代建筑中。王澍先生的建筑设计得到了国家认可,他的获奖象征着中国建筑思想的地位得到了承认,讲究天地人合一的中国建筑思想,开始走向世界。

第十二章
大同社会：乡村社会主义新时代

在党的二十大报告中，习近平总书记讲道："科学社会主义在21世纪的中国焕发出新的蓬勃生机。"21世纪科学社会主义在中国的发展，将再次推动马克思主义中国化的伟大创新。对此，党的二十大报告明确提出了，"坚持和发展马克思主义，必须同中华优秀传统文化相结合"。乡村是中华文明之根、中国传统文化基因的携带者，这决定了21世纪科学社会主义的发展、马克思主义中国化的创新，离不开中国乡村的发展。

乡村不仅是中华文明之根，也是中国改革的原动力所在，更是马克思主义中国化重要的试验地。毛主席曾讲过，我们是山沟里的马克思主义。从毛主席领导的农村包围城市的革命道路，到邓小平领导的从农村开始的改革开放之路，都充分说明，乡村不仅蕴含中国智慧，也是令马克思主义中国化根深叶茂的土壤。党的十九大提出的乡村振兴战略，还肩负着一个伟大的使命，那就是乡村振兴之路也是21世纪马克思主义中国化的创新之路。

一、马克思主义中国化：从天下大同到解放全人类

（一）尚未被超越的马克思主义

社会主义最终扎根的地方在中国。长期以来，我们对马克思主义的研究，主要集中在社会主义如何救中国上，在新时代背景下，我们应该弄清楚为什么社会主义最终会扎根在中国。对于这个问题的解答，我们应该将视野拓宽到中华文明史中来看。可以发现，社会主义扎根中国，是因为中国文化与社会主义之间有一种天然的联系，两者之间很契合。或者说，中华文明具备接受社会主义的土壤。

马克思主义自诞生以来，之所以成为近百年来，对人类文明最具有影响力的思想，就在于马克思提出了一种超越所有思想和理论的全新的人类文明观，即解放全人类。这个伟大的情怀与思想就来自马克思和恩格斯为共产主义同盟起草的纲领《共产党宣言》。

马克思提出，未来的共产主义社会，是全人类解放的社会。而且，这种思想并没有随着时间的推移而过时。特别是进入21世纪以来，尤其是2008年金融危机之后，实行资本主义制度的西方世界的衰微与实行社会主义制度的中国的崛起，促使西方发达国家出现了马克思主义热。西方大哲学家萨特是马克思的"粉丝"，他在《辩证理性批判》一书中讲，马克思主义是无法超越的，因为产生它的情势还没有被超越。当代人类尚未超越的这个情势，就是解放全人类是人类尚未实现，仍需继续追求的目标。

（二）天下大同：孔子所憧憬的"共产主义社会"

当我们读《共产党宣言》时，我们很容易联想到2500多年前的《礼运大同篇》中所描述的孔子的理想社会，可以说，《礼运大同篇》就是中国古代版的《共产党宣言》。

首先，马克思所讲的解放全人类的文明观，与孔子天下大同的文明观高度契合。也许孔子那个年代所讲的天下，在空间范围和地理上与马克思所讲的全人类不同，但在思想境界上，都包含了超越种族、阶级的平等的人类观。

其次，孔子所讲的天下为公，是基于人人平等的，而且不是停留在物质层面的公平，而是上升为精神层面的公平。孔子讲，人不独亲其亲，不独子其子。按照这个逻辑，天下的父母都是我们的父母，天下的儿女也都是我们的儿女。这就是中国古代源自家国一体而形成的天下的理念。这种天下为公，以仁爱为核心。用今天的话讲，就是习近平总书记所讲的人类命运共同体。

如果人们在精神层面上能够做到互助互爱、人人平等，那么，建设起鳏寡孤独废疾者皆有所养的社会就容易多了。在这样一个相互友爱的理想社会中，人们对待物品，能够做到没有私藏之心；对待劳动，也没有不愿出力的。这样的理想社会，就是没有谋算、没有盗窃、夜不闭户、路不拾遗的大同社会。

最后，孔子所憧憬的天下大同的社会，是一个由大家选拔出的道德高尚的、有才能的人来管理的社会。这是一个不依靠刑法、法院、暴力等国家机器管理的社会，与马克思所讲的共产主义社会是一个国家消亡的社会含义一样。按照马克思的国家理论，既然国家是阶级斗争的产物，那么，在一个人人平等、没有阶级压迫与剥削的社会，国家就是多余的。

与孔子同时代的古希腊哲学家柏拉图，在其所留下的《理想国》一书中，也描绘了自己心目中的理想社会。柏拉图认为，国家应当由哲学家来统治。理想国是以"社会分工"和"等级划分"为基础的。柏拉图认为每个人的天生禀赋不同，因而每个人的能力大小也是不同的，他们在社会上的分工也就应该不一样。他把

第十二章　大同社会：乡村社会主义新时代

公民分作统治者、卫国者和普通人民三个等级。第三等级是由普通的劳动者构成的生产阶层，他们负责为城邦提供物质需要，同时也受到统治者的保护。中间等级是护卫者或者管理者，负责保卫城邦免受外来势力的侵略。第一等级的是统治者，人数很少，却具备人类最高的知识和智慧。这种人不是一般意义上的职业政治家，他们是一些被称为"哲人王"的人。他们具有美好的公德、自律精神和丰富的知识，是为数不多的能够被人民委以国家绝对权力的人。三种人各司其职，各尽其责，在"哲人王"的统治和领导下，发挥各自的美德和能力，相互协调。这样就会使城邦安定、和谐，每个人也会得到最大的幸福和快乐。

柏拉图描述的理想社会与孔子、马克思的理想社会，有共同的一面，就是希望这个社会是一个公平、公正的社会。但柏拉图所要实现的这个公平是基于严格的等级制度，管理权被少部分人垄断。柏拉图认为的人与人有天赋上的差别，与马克思和孔子所坚信的人人平等有很大差别。孔子和马克思构想的理想社会的管理者，是一个自由人联合体，实施的管理是基于自我管理的协商管理，是真正内生于每个人的自我管理意识的民主管理。这种内生动力就是孔子所讲的天下一家的仁爱，是马克思所讲的人人没有私利心。而柏拉图所构想的社会是由少数精英管理。

总之，柏拉图所构想的是一个保留阶级和社会分工的公平、正义的理想社会。我们可以发现，近代以来，西方资产阶级所建立的社会，就是柏拉图理想社会的投射。

孔子所构想的天下大同的理想社会，虽然在孔子之后的中国没有真正出现过，但孔子的天下大同思想，对两千多年的中国古代社会有着巨大影响。孔子作为立志改造社会的思想家，既从大道之行的高度，提出了自己所憧憬的高级形态的公有制社会，又提出了走向这个高级公有制社会的初级阶段的理想社会。这个社会就是孔子所讲的小康社会。

(三) 小康社会：孔子所努力的"社会主义"

小康社会所描述的是大同社会的初级阶段，体现为"大道既隐，天下为家"、王权至上的私有制社会。《礼记·礼运》中有这样的论述，孔子参加完鲁国的祭祀活动后，对子游说：

> 今大道既隐，天下为家。各亲其亲，各子其子，货力为己。大人世及以为礼，城郭沟池以为固，礼义以为纪，以正君臣，以笃父子，以睦兄弟，以和夫妇，以设制度，以立田里，以贤勇知，以功为己。故谋用是作，而兵由此起。禹、汤、文、武、成王、周公，由此其选也。此六君子者，未有不谨于礼者也，以著其义，以考其信。著有过，刑仁讲让，示民有常。如有不由此者，在执者去，众以为殃，是谓小康。

在孔子看来，大道之行、天下为公的时代是尧舜时期。那个时候，尧把王位禅让给舜，天下不是某一家的。但从禹传子之后的夏、商、周，便进入"天下为家"的时代。王权传承不再是禅让制，而是家族传承制。在家天下的社会，人们只敬爱自己的父母，只疼爱自己的子女，对待物质财富和劳作的态度都是为了自己的私念。在私有制度出现之后，治国所依靠的力量，不是天下为公的大道，而是保证天下为家的礼仪，用外在的礼仪构建了天下为家的社会秩序，用礼仪约束父子、兄弟、君臣的关系。有了私利，就有了盗贼，就有了增加个人财富或谋取权力的计谋，国与国之间就有了战争。这样的社会，虽然不如大道之行、天下为公的社会，但如果能够严格按照礼仪来治理，也是一个比较理想的社会。这样的社会就叫小康社会。夏、商、周三代的禹、汤、文、武、成王、周公等严格按照礼仪治国,所出现的政治清明、人民富足、平等有序的社会,就是古代理想的小康社会。

儒家小康社会的思想,通过孟子变成了一种以王道为指向,以家庭富裕为标准的小康社会模式。《孟子·梁惠王上》中讲道,孟子向梁惠王、齐宣王宣讲治国平天下时,描述了小康社会的形态:

> 五亩之宅,树之以桑,五十者可以衣帛矣。鸡豚狗彘之畜,无失其时,七十者可以食肉矣。百亩之田,勿夺其时,数口之家,可以无饥矣。谨庠序之教,申之以孝悌之义,颁白者不负戴于道路矣。

孟子所设想的小康社会是物质与精神均衡发展的充满礼仪的和谐社会。孟子提出的这个小康社会的标准,不是今天我们用许多数据定出来的标准,而是在生活中能够感受到的标准,这个标准的底线就是社会中的老人的生活得到保障。笔者认为,孟子的这个标准是非常重要的,一个小康社会文明的高度,不是这个社会中最富裕的人有多少,而是这个社会中弱势群体的保障程度。这种思想恰恰是朴素的社会主义共同富裕、共享发展成果的思想。

孟子的这种思想,后来演化为"民贵君轻"的仁政思想。孔子和孟子关于小康社会的阐述,都反映了古代社会所推崇的理想社会,是一个以民生为底线,追求均衡发展、公平发展的社会。

虽然孔子所追求的天下大同的理想社会,在秦统一中国之后的古代社会未能出现,但儒家理想中天下为家的小康社会,在孔子之后的中国古代社会不同程度地出现过,特别是在秦之后中华文明发展的鼎盛时期。

正因为如此,儒家这种天下大同的思想,一直是几千年来,全民努力追求的社会目标。这种理想成为中华民族共同的理想，成为一种文化基因嵌入中华文明的发展中，使中华民族一直围绕这个共同理想在波动中前行。

二、乡村是中国特色社会主义的发源地

（一）中国古代井田制与国有土地制度

近代以来为什么中国未能首先进入资本主义社会，成为学术界的一个谜。这个谜也被称为李约瑟之谜。① 其实，只要深入研究中国的乡村社会，就会发现，携带着社会主义因子的中国乡村，不可能孕育出西方的资本主义。

我们把社会主义置入中国文明史来看，中国文明与西方文明相反，我们的文明模式，不仅不存在滋生资本主义的土壤，还对资本主义存在天然免疫力。免疫力最强的就是中国乡村。乡村是中国最大的国情，不了解乡村，就无法认识中国。对社会主义在中国的解读更是如此。

农业属于天然的公共经济。从农业产品的属性看，它属于公共产品。农业生产所依托的生产资料土地是天赐给人类的公共资料。农业所具有的这种特性，决定了土地资源在制度安排上不应成为私人所有的资源，而应该是人类共有的资源，这样才能让农业承担其应有的功能。特别是像中国这样土地属于土著居民的国家，更应如此。

西方的许多国家，土地之所以是私有制，是因为土地主人不

---

① 李约瑟难题由英国学者李约瑟（Joseph Needham，1900—1995年）在其编著的15卷《中国科学技术史》中正式提出。其主题是：尽管中国古代对人类科技发展作出了很多重要贡献，但为什么科学和工业革命没有在近代的中国发生？1976年，美国经济学家肯尼思·博尔丁称之为李约瑟难题。

是土著居民，而是因外来民族侵略占领土地之后将土地私有化。这是西方私有制国家形成的重要历史根源之一。

此外，农业生产提供的是人类生命的必需品。如果这种产品不能得到起码的公平分配，导致的结果是失去这些产品的人，将面临死亡的代价。从这个角度看，农产品的公平分配，是维系一个社会稳定发展不能突破的底线。在中国几千年朝代更替中，有一个明显的规律，就是每一个新朝代，都是从平分土地资源、实施与民休养生息的政策开始的；而每一个朝代的结束，都是因为土地高度集中，导致民不聊生，逼着农民起义推翻原来的政权。

适应土地资源的公共特性，尽量坚持土地资源共享成为贯穿中国历史的一大特色。三千多年前的周朝实施的井田制，就是典型的公私兼顾的所有制。史料记载，西周灭商统一天下后，疆域扩大，大量土地闲置，于是对殷商时期的井田制度进行了完善，由原来一夫授田70亩，增加到100亩，只要愿意种，一视同仁。每夫授田百亩，以井字方块划分，中间为公田，八方为私田，八方各家共耕公田，向政府交粮，而私田归自己所有。

古籍记载，黄帝时代就有了井田的划分。商以夏礼，周因商制，井田制应是黄帝至三代时期都曾使用过的土地分配制度。远古时代形成的井田制，奠定了中国古代土地制度的雏形。

关于中国古代的土地所有制，我们常见的一句话是："普天之下，莫非王土；率土之滨，莫非王臣。"[1]

长期以来，我们对这句话的解读，以贬义居多，把它看成古代土地归封建帝王所有的证据，与此同时，甚至有人会对西方私有产权神圣不可侵犯心怀羡慕。

其实对这句话的理解，不能简单地认为土地属于帝王私人所

---

[1] 周振甫：《诗经译注》，中华书局2002年版。

有。首先，这个国家是天下国家，君王不是这个国家的最高统治者，在君王之上还有一个天。这个"天"类似现代法治国家的宪法。只不过现代宪法是一个看得见的东西，古代的天道是看不见的。

由此大家更容易将其理解为，这只是虚设的，没有实际的约束力。其实这是我们现代人站在现代文明情景中的一种理解。在古代社会，以天道之法来约束君王，也是通过一系列严格的制度来实施的。其约束力远超今天的法制约束。这个严格的制度就是每年举行的重大的祭祀天地和祖宗的活动。这就相当于现在每年召开的人民代表大会，通过这种方式来统一思想。

中国历史和人民之所以选择了中国共产党，就是因为中国共产党所选择的马克思主义人类文明观与中国古代的天道观有一致性。

习近平总书记在建党一百周年的大会上的重要讲话中强调，我们"在新的征程上，必须坚持把马克思主义基本原理同中国具体实际相结合、同中华优秀传统文化相结合"。这个重大观点深刻反映了新时代中国共产党人对中华优秀传统文化地位和作用的全新认识，极大拓展了马克思主义中国化的内涵。习近平曾深刻指出，马克思主义博大精深，归根到底就是一句话：为人类求解放。中华文化历来强调民本思想，这种文化传统与马克思主义的人民性一脉相承。100多年前，中国共产党的先驱们正是抱着救国救民的一颗"仁心"，才选择了马克思主义作为自己的信仰。

现在回过头来再看，我们会发现"普天之下，莫非王土"的内涵，是帝王代表天道和天理对天下土地进行管理。这是中国古代的土地国有制的存在形态，而井田制恰恰是对这种土地全民所有制度的佐证。

马克思所设想的社会主义制度中，奠定社会主义性质的有两大根本性制度：以生产资料公有制为基础的生产制度，以按劳分配为基础的分配制度。而中国古代的先民，则以充满智慧的做法，把马克思所讲的两个制度融合在了井田制中。

首先，把土地公平地分给每个家庭，解决了土地资源的公平分配问题。其次，界线明确的公田，避免了帝王越权侵占老百姓的利益。公田就是维持国家政权运行的税收。这种锁定公田的税收制度，避免了以税收为名，任意提高税负，形成盘剥百姓的苛捐杂税。农民在分给自己的土地上劳动且多劳多得，实现了马克思所讲的按劳分配制度。

而且井田制也很好地解决了近代以来未能很好地解决的效率与公平的问题。1949年之后，人民公社解决了公平问题，但"吃大锅饭"的集体劳动没有解决效率问题。改革开放之后，土地承包制中包含了古代井田制的智慧，但实行之后，又导致集体经济空虚，出现了新的不公平问题。这就是党的十九大提出乡村振兴要坚持发展集体所有制的原因所在。

进入秦汉之后，虽然理想的井田制已经不存在，土地制度进入私有制时代，但土地国有的性质始终没有变。井田制作为中国历代土地制度设计的导向标，一直发挥着作用。虽然古代的土地制度达不到完全理想的标准，但不能偏离这个大方向。

在古代社会，确保土地资源最大限度公平分配的制度，除了宏观上由国家拥有土地的最终所有权之外，为了抑制商业资本侵蚀到农业，导致土地兼并，还一直采取农本商末的国策。从本末关系看，农业是国民经济的基础，即使在现代经济体系中，这个关系依然成立。

(二) 中国古代农业经济是民以食为天的贵命经济

由于农业生产与人类生命息息相关，因此对生命的尊重就成为农耕社会特有的命本思想。由此也形成了追求社会和谐、让生命崇高的儒家仁爱思想，形成了中国特有的贵命经济思想。例如，为了避免物质对生命的异化，《大学》里提出了"以财发身"的贵命经济思想（《大学》讲"仁者以财发身，不仁者以身发财"）；《道德经》提出了"多藏必厚亡"的贵命之道。

中国古代的贵命思想，与马克思关于人的全面发展的思想相契合。中国古代主张的是身、心、灵一体的全生命观，而马克思所关注的人的全面发展也是一种全生命观。

马克思认为，资本控制下的工人劳动，是人性异化的过程："劳动为富人生产了奇迹般的东西，但是为工人生产了赤贫；劳动创造了宫殿，但是给工人创造了棚舍；劳动创造了美，但是使工人变成畸形；劳动用机器代替了手工劳动，但是使一部分工人回到野蛮的劳动，并使另一部分工人变成机器；劳动生产了智慧，但是给工人生产了愚钝和痴呆。"[1]

从表面看，马克思所讲的物质生产对人的异化现象，好像只存在于资本主义的原始积累时期，其实不然。马克思当年所讲的这种异化，是工业文明时代的文明病，同样使当代人陷入物质与精神严重失衡的困境，成为一种普遍现象。而中国古代圣贤早就开始了对这个问题的关注，由此形成了中国古代经典的贵命经济思想和哲学思想。儒家所讲的义在先，利在后，以及"以财发身"的经济思想，就是主张经济发展要坚持让经济增长为人服务，为社会公平的发展服务。儒家主张不能以身发财，即以牺牲生命的代价来发展财富，这是颠倒了经济价值与生命价值的关系。国家层面实施农本商末的政策，也包含了在国家层面上对民生负责的

---

[1] 马克思：《1844年经济学哲学手稿》，人民出版社2014年版，第45—55页。

经济思想。

(三) 乡村社会是源于亲情的共同体社会

中国古代的一个小村就是一个小"国家"。这个小"国家"是以血缘关系为纽带的自治组织。维系一个具有自足能力、自我组织能力的村落的力量，就是构成社会主义因素的、利他主义的集体力量。从表面上看，中国古代乡村的土地都是私有制，单纯从这个角度看，就会认定中国古代乡村是充满贫富差距、被封建专制管理的社会形态。不排除这种形态的存在，但它不是古代乡村社会形态的全部，更不是占据主导地位的形态。

当我们站在21世纪人类文明时代的高度，特别是站在马克思科学社会主义思想的高度看中国古老的乡村时，我们会发现另一种乡村：一个对资本主义有免疫力、对社会主义有天然亲和力的乡村。因为源于血缘关系的亲情社会，是一个没有强烈阶级意识的社会。

在一个以亲情关系为纽带的乡村社会，调节这个社会的主导力量主要来自两个方面。

一是源自国家意识而形成的共同信仰，就是中国古代社会每个家庭都要供奉的五个字：天地君亲师。这个共同信仰反映出中国古代国家形成的原因，不是马克思所讲的为了调和阶级对立，而是为了调节人与人、人与天的关系。在中国古代，人与天的关系不是一种对立关系，而是一种建立在对天尊敬基础上的和谐关系。人与人的关系也不是一种阶级对立关系，而是家庭关系的放大，倡导儒家的仁爱。

二是乡村社会内部的亲情关系。这个关系就是基于"人之初，性本善"的人性逻辑。在古代乡村，按照血缘关系形成的五服制度来约束和调节人与人的关系。按照血缘关系形成的五服制度①，是我国古代反映亲情关系亲疏远近的制度。简单来说，可以总结为十二个字：**别内外，定亲疏，序长幼，明贵贱。**为维系这种关系，古代形成了重要的家族管理制度，这个制度的载体就是乡村的家族祠堂。

源于天道关系和血缘关系而形成的乡村社会，其最大的合法性就是每个人都无法改变的天道和必须遵循的祖宗之法。正是基于这种认知，才形成了儒家调节这些关系的仁、义、礼、智、信的德治思想。由此形成了完全不同于西方社会人际关系的调节机制。

除了源于人性的先天的自然关系，乡村社会还有另外一种非常重要的力量，就是来自物质财富的力量。由于物质是后天形成的，因此也可以将其称为后天关系。但在中国古代的乡村社会，源于后天的物质财富的关系，受到源于血缘关系的约束和调整。这是中国古代乡村社会与西方资本主义社会及古希腊社会的根本不同。调节现代资本主义社会的主要力量恰恰是物质生产关系。

---

① 中国古代为调节人与人之间的关系，形成了系统的五服制度。所谓五服，就是以穿什么衣服为标志来界定人与人之间亲疏、远近、尊卑的关系。五服制度表现在以下三个方面。

一是标志地理与王都的亲疏关系。以古代王朝的王都为中心，自近及远的地理区划上代表了各诸侯与王室的亲疏远近，封地离王都越近，关系越亲，离王都越远，关系越疏远。《书·禹贡》所列的关于地理区域的"五服"为甸服、侯服、绥服、要服、荒服，《国语·周语上》则改"绥服"为"宾服"。甸服为王朝直接统治地区，侯服为王朝所封诸侯，宾服为各国以宾礼待之，要、荒则为"夷蛮戎狄"。

二是标志身份和爵位高低的吉服。吉服的五服是天子、诸侯、卿、大夫、士。

三是标志五种丧服。丧服有斩衰、齐衰、大功、小功、缌麻五种。这是五服丧葬制度，准确地说就是丧服的制度。所谓"出五服"，就是指在葬礼上没有穿丧服的义务，在伦理观念上已经不是亲属关系。

这也是本书中所讲的中国古代的乡村社会有一种天然的对资本主义的排斥力（或者叫免疫力）的原因所在。

源于亲情关系的乡村社会，是一个你中有我、我中有你的共同体。基于互助关系的共同体是维系乡村社会公平底线的重要基础，也是城市化的生人社会所缺少的东西。这种基于互助关系的共同体，在长期的交往中形成了村民的公共资源。这种公共资源分为两类：一类是有形的公共资产，如村里的寺庙、路桥、水井、书院、公益私塾等。就拿陕西党家村来说，地势西北高、东南低，每当雨水来临，巷道就如同有力的排水系统，把雨水从两边的凹槽引入泌水河。党家村建成后几百年间从未发生过水灾，就得益于村落的巷道。这样一种高质量的巷道的规划投资，是由村寨中威望最高的长老召集，村民自愿捐款、捐物、捐劳力修建而成的。村里最早用的水井，是德高望重的老人翼礼公在自家院中打的那口井，并对村中人开放，成了公用井。随后，村里又增加了一口井，而这口井是村民自愿捐款而建的。在村里，这些公共建设的捐款遇到的障碍并不大。一是捐多少，都是通过村民讨论，是在大家的承受范围内，而且是自愿捐，有钱的多捐，没钱的少捐。确实没有钱的可以捐劳动力。

另一类是公共事务，如一年中的重大祭祀活动，乡规民约的编写和实施，家庭的婚丧嫁娶等，都属于全村参加的活动。这些活动又分为两类：一类是调节村民生活的，如组建秧歌队、每年正月十五闹元宵等；另一类是具有教化作用的，如婚丧嫁娶，儿童过满月、周岁、成人礼等，所举行的仪式，不是今天人们所理解的封建迷信，而是一种礼仪教化。

正是在这些活动中，乡村积累了村民互助的公共资本，使得村民家中遇到事，不用支出货币就能解决。可以说，这些活动是一种互助的劳务交换。特别是婚丧、满月等活动中随的份子钱，类似于今天的公募基金。全村的份子钱集中在一家，对于这家而言，就可以解决办事的费用。这个费用其实就是他长期支出的份子钱，以另一种方式回笼。

历史上的党家村主要通过富人出资办私塾的方式办教育。早期的党家村只有富裕家庭才能聘得起老师到家中授课。而左邻右舍乃至村中子弟凡想读书者都可随先生一起学习，且不再收取学费。[1]

乡村社会自治，是一种低成本的公益管理。古代乡村治理方面，发挥作用的内部形成的治理主体，是由乡贤主导的管理。

在党家村，一般由党、贾两姓宗族推选出八位广受尊崇的"老人"组成一个类似委员会的机构，从中再选择六位担任"公直"。由八位"老人"组成的机构是宗族事务得以有效运行的核心，主要担负村落重要事务的决策、监督及组织族人的职责；"公直"则侧重于具体事项的执行和管理。[2]

作为长老制的管理，是有威望而没有特权的管理。他们参与管理是一种义务，没有任何报酬。这种制度在少数民族中仍然存在。如侗寨的寨老不仅没有报酬，如果失职，还要受到规定的惩罚。

侗族传统社会的寨老是寨子里的自然领袖。侗族每个寨子都有寨老，人数一般不固定，三五人或七八人不等。寨老一般由族

---

[1] 薛冰、王琦：《中国古代乡村公共事务自主治理的基本特点——基于对陕西党家村古址的研究》，《西北大学学报》（哲学社会科学版）2012年7月第42卷第4期。

[2] 同上。

里德高望重、秉公正直、热心为大家办事的老年人担任。寨老的主要社会职能是维护寨子的社会秩序、调解当地人的纠纷、执行习惯法规、兴办公益事业等。寨老没有任何特权，也没有任何报酬，他们如果失职，或干了对本寨不利的事，视情节同样受罚。如《六洞议款规约》中规定：做寨老的人哪个不好，勾引坏人进寨，吃里爬外，暗中吃群众的钱财，罚他十二串钱。[①]

从这个乡村长老制度中我们可以发现，这种管理制度中并不存在我们担心的管理者权力垄断导致独断、专权和不公平的问题。因为长老这个管理岗位是没有报酬的，自然就没有经济利益的诱惑，是一个典型的解决乡村各种事务的义务岗位。同时，这种长老制度也能够实现公平、公正的治理。

目前，中国理论界过多地赞美西方的法制民主，而对中国古代的德治民主批评得多、肯定得少。不可否认，德治民主确实有许多缺陷，但西方法制也不是世界通用的普世制度。不过，德治民主是适应中国小规模熟人社会的一种有效的治理模式，而且与社会主义民主思想更为接近。

（四）古村落背后亲情社会的精神与文化

中国古代留下的几十万个古村落，它们的建筑在规划、布局、功能和艺术上，都达到了我们难以想象的高度。

比如，陕西党家村是当代有名的旅游村。该村拥有许多头衔，被国内外专家誉为"世界民居之瑰宝""东方人类文明的活化石"。党家村有670多年历史，留下120多座具有极高艺术价值和历史价值的四合院，还有11座祠堂等建筑。

[①] 周丹丹：《少数民族乡村治理中的传统社会组织研究——以侗族寨老组织为例》，《江淮论坛》2016年6月。

大量的资料研究发现，代表党家村高度的不是这些古老的建筑，而是党家村曾经的文化和精神。据统计，历史上仅"清末道光到光绪这60年间，村中就出了1名进士、5名举人、44名秀才，其中有3个院考案首。在不足百户的党家村中，就有半数人家取得了功名"①。以上数据说明，党家村曾经是一个高度重视教育与道德教化的乡村。在中国古代，礼乐教化是一种融入生活中的情景教化。这种情景教化，表现在党家村形式各异的门楣、匾额、对联上。如门楼前刻有诸如"居之安""和为贵""庆有余""慎和谦""耕读第"等大字；四合院内的厅房两侧大都有砖雕的门厅家训，如"居家有道惟能忍，处世无奇但率真""动莫若敬，居莫若俭，德莫若让，事莫若咨""傲不可长，欲不可纵，志不可满，乐不可及""言有教，动有法，昼有为，宵有得，息有养，瞬有存"，等等。党家村人把儒家经典留在党家村建筑上，整个建筑就是一本每天都可以读的书。正是这种无处不在的教化，形成了党家村传承不息的公共精神与文化。

最近十多年，笔者到过许多古村落，发现几百年持久不衰的古村落有一个共同点，就是高度重视教育。例如，浙江松阳县有着350年历史的杨家堂村，该村有一种独特的墙体文化，是由村里的文人将《朱子治家格言》《孝经》《宋氏宗谱家训》等，用毛笔一笔一笔地悉数写自家门口对面的墙上。几百年之后，虽字迹难辨，但历史和文化的气息依旧浓烈。

中国古代乡村的道德教化，其最大的一个特点是，人们所追求的平等，是所有村民精神上的平等，是每个村民都能受教化的平等。精神上要达到平等，就要求村民能够超越物质的束缚，实

---

① 《党家村导游词》，科潮网，2008年9月17日，详见http://www.china927.com/c2006/shangxis/2008-9/17/093338558.shtml。

现人格精神和生命价值的平等。由于受生产力发展水平的制约和个人禀赋的影响，不可能每家的财富都一样，因此，儒家仁爱思想一直认为，衡量人的标准不是物质，而是超越物质之后所能达到的精神高度。在精神追求上，人人平等，无关贪富。

乡村所实行的共同道德伦理教化及形成的共同精神和信仰，代表了中国古代乡村文化的高度。这不仅表现在一个宗族内，事实上，在被儒家文化熏陶了几千年的乡村文化中，还有一种胸怀天下、为国奉献的大义精神。正是乡村文化中这种对国家的奉献大义、村民社会中的互利、对超越物质的精神追求，才使得毛泽东领导的中国共产党，走出了一条农村包围城市的中国改革道路。

值得我们反思的是，作为中华民族精神内涵的这些东西，却统统被称为封建思想而被否定。改革开放以来，我们以法治文明的标准，改造我们的乡村社会，使得今天中国的乡村社会处在文化断层的危机中。盲目引入西方的法治文化，使社会治理的传统分崩离析，同时还带来许多副作用。不可否认，随着乡村社会逐渐开放，需要引入管理生人社会的法治文化，但是，我们不能抛弃已经扎根于中华文明中的礼仪教化。

三、再造乡村：乡村社会主义社区实践案例

从宏观上看，中国崛起、西方衰退、生态文明的新时代开启，其本质是资本主义世界慢慢落下帷幕，社会主义时代徐徐开启。首先登上这个舞台的，是被工业文明时代遗忘的乡村。从19世纪开始，在西方发达国家出现了和工业文明并行的逆城市化现象，再造乡村的潮流在世界各地兴起。这些新乡村除了搞生态农业、实现自足的特征外，还有一个重要特征，就是在达成共识的前提下，过着一种共识、共享、互助的社会主义或者共产主义生活。

虽然这些共享社区只是少数，但它们代表了一种新趋势，星星之火可以燎原的趋势。

（一）英国布德霍非共识社区

"布德霍非"（Bruderhof）是"兄弟们的地方"的意思。布德霍非社区于1920年由德国神学家埃伯哈德·阿诺德创建。面对当时日益严重的社会不公问题和第一次世界大战的威胁，最初他们从柏林的联排别墅搬到了一个偏僻的村庄，开始了他们的共识社区生活。1937年，德国政府解散了该社区，没收了它的财产。该社区成员后来流转到了英国，于1940年在英国的乡村成立了目前的社区。1954年，第一个美国的布德霍非社区在纽约的乡村成立。今天，在美国、英国、德国、巴拉圭和澳大利亚都有布德霍非社区。

在英国萨塞克斯郡的布德霍非共识社区，住着大约300人，他们过着有共同信仰、共有财产的集体生活，吃、穿、住、行样样免费。这里没有犯罪，没有债务，没有法律，只有爱；这里没有无家可归的人，吃饭不用付钱，上学不用交学费，连房子都免费：每个家庭都可以分得一套公寓；这里没有穷人与富人，大家互相帮助，共同照顾老幼病残，所有人一律平等；这里的孩子没有手机和电视，不看"朋友圈"，不上网玩游戏，他们只踢球、爬树、玩游戏，村民聚在一起吃饭、唱歌、讲故事。

这里有公寓楼、洗衣房、餐厅、小学、工厂，这个小小的村庄宛如一个功能齐全的小社会。但不管干什么，几乎没有工资。所有人免费劳动，上交积蓄。作为回报，大家过着免费的集体生活。

在这里，除了不能拥有私人财产，人们也不能选择自己的工作，分给你什么，你就做什么。除了自给自足的农业外，他们还创立了好几家公司，其中一家叫 Community Playthings，专门给学校和托儿所做木质家具和玩具。单单这一个工厂，年收入就达到了 1700 万英镑。

18 岁后，孩子们通常被鼓励去看看外面的世界，再决定是否继续回到布德霍非生活。其中一位 18 岁的名叫汉娜的女孩，她决定花一年时间去看看外面的世界。但看了城里人空虚的生活和复杂庞大的社会之后，她说："我更珍惜之前的集体生活，把自己的生命奉献给比自己更大的东西，真的让人快乐。"大约有 1/3 的孩子会选择留在外面，家长也表示尊重。

在布德霍非社区想要追求异性，必须先获得许可，一旦结婚就要一辈子在一起，这里不允许离婚。

所有成员都必须勤于花时间参加上午和晚上的集体祈祷及全天的个人祈祷。但他们信仰的宗教不是让宗教超越人类的生活，而是要在世俗生活中建立理想的天国，来满足人类的未来。[①]

（二）日本富士山下的木之花公社

1994 年，20 人移居至位于富士山西麓的静冈县富士宫市，创立了木之花家族公社。截至 2019 年，这个社区已经成为下至 0 岁，上至 80 岁，由 100 名超越血缘关系的成员组成的一个大家庭。他们所得均分，生活费共同支出，实现了完全与现代资本主义社会相反的微型经济，过着自给自足的生态村生活。木之花公社已作为 21 世纪人类生活方式的标杆，受到了国际的广泛关注，并吸引着众多游客慕名前来拜访。

1. 木之花的生活模式

木之花公社在法理上登记为农事组合法人（农事合作社），成

---

① 根据唐冠华编译的《布德霍非共识社区：均贫富统一分配的基督团契》整理而成。

员之间并不是雇佣关系。依照每个人的特长和意愿，分成许多小单位：野菜耕种队、水稻耕种队、鸡与山羊饲养组、蜜蜂饲养组、料理组、育儿组、访问接待组、自然疗法组、微生物培养组、味噌与酱油制作组、生态村设计教育组、土木组、"微笑便利屋"地域交流组、IT 组等，每名成员都有自己主要负责的单位，但会视当天情况随时相互支援。

除此之外，成员们还会制作纳豆、豆腐和蒟蒻，腌梅子，渍白菜和萝卜，风干柿子和番薯。每到秋冬，就是制作保存食物的繁忙季节。除了油、盐、糖必须向外界购买之外，其余皆为自给。

截至 2019 年，木之花一共种了超过 250 个品种的蔬菜和杂粮、十多种果树等，合计将近 20 公顷田地，分散成 100 多块。除此之外，木之花以平饲法饲养了 3 个品种的鸡，共 600 多只，还养了山羊、蜜蜂。在日本，农村劳动的农民平均年龄在 60 岁以上，而木之花社区里劳动者的平均年龄是 32 岁。

2. 木之花的微生物生态化生产

尽可能地粮食自给、使用绿色能源、居住于生态住宅、废弃物和排泄物回收处理、制定物品共享机制、建设对环境污染较小的基础设施，是目前流行的生态村的重要内容。而木之花除了坚持多样化的生态种植之外，还充分利用微生物技术，形成了自己的"木之花菌"。他们以 EM 菌（有用微生物群，可以改良土壤的微生物，是乳酸菌、酵母、光合成细菌的共生体）为基础，在 30 摄氏度的水中加入糖蜜、自家糙米，以及松树、枇杷、熊笹等具有抗酸化力的叶子，薄荷、甜菊等香草，还有橘子皮、大豆粕等材料，经过九天的时间，培养出"木之花菌"，除了稀释后可作为每日的饮料外，也可用于发酵堆肥、浇灌作物等。另外，木之花菌还会被混入鸡和山羊的饲料、饮水中，因此鸡舍和羊舍完全无臭，这些饱含微生物的动物粪是堆肥的最佳材料之一。木之花还有两间生态厕所，也是因为微生物的活动而完全没有异味。

3. 木之花的养育：共同育儿、共同照护

"常常有人觉得共同生活很不可思议，其实日本以前也是在一个个村庄里，大家一起生活、互相帮助、互相照顾的啊！"木之花的成员说，"我们只是回到以前的生活模式而已。"

从 0 岁到 17 岁，木之花目前一共有二十几名未成年成员，全住在一起，主要由育儿组的成员负责照顾，每个成员也肩负起父亲和母亲的角色。

4. "一个钱包"的简单经济：共有共享

"有才能的人，就能在这个社会上成功，然后获得更多的利益，追求自己的幸福。"这是现代资本主义的思考方式，但在木之花，有一套独特的运行模式。

首先，成员各自的资产各自管理，但可以自由分享给其他成员；加入木之花后，不考虑劳动的多寡和工作内容，一年的总收入由大家均分；平常的生活费、保险费、税金、小孩的教育费等，均从大人的收入中共同支出。

在木之花，成员分别居住在共同建筑的木造生态建筑里，交通工具共享、衣服共享、生活用品共享。如此一来，一人所需的生活开销将大幅降低。遇到成员出差、生病或是有成员要进修，则由全体成员共同支援。正所谓，全员共享"一个钱包"。"你们比共产主义还共产主义。"中国的访客曾对木之花成员这么说。

5. 木之花家族的信仰

木之花是一个有共同信仰的家族。1951 年出生于岐埠县美浓市的木之花的创始人古田伊佐美，30 岁时接触到佛教的心法后，人生开始转变。他提出了按照宇宙法则，制定自己生活的目标。

共同创造一个人与人心连心、互相帮助、与自然和谐相处的人世间的"菩萨的故乡"！按照宇宙的法则——"天然循环法"栽培农作物，实现自给自足的生活；打破传统的观念，共同分担经济问题；把每个孩子都视为自己的孩子共同养育；等等。他们确立了独特的生活方式，每天一边追求真理，一边愉快地生活。

(三) 泰国的普菩(PunPun) 农场公社

泰国的普菩社区位于泰国北部，距清迈 50 公里。农民出身的社区创始人俊傣（Jon Jandai）最初的创立动机，就是拯救当地的种子。他发现当地的种子消失得非常快，他们只能从种子公司购买杂交种子，且价格逐年上涨，而农产品的价格却逐年下降。于是俊傣萌生了储存种子的想法，然后买了一块地，有一批人来参加社区建设。

他们的社区就像一个家庭，一个没有领导人的家庭。每一个月或两个月才开一次会。他们共用一个厨房，一起做饭，一起做任何事。创始人俊傣讲，他们不需要开太多会，因为他们总是待在一块儿，大家彼此知根知底。当他们需要更改做饭的轮班安排时，才会开会。吃饭的时候，大家在聊天；慢跑的时候，大家在聊天；工作的时候，大家也在聊天，就跟开会差不多。这是一个非常开放的社区，任何成员想要尝试任何事情，其他成员都支持，并且会参与到他尝试的事情当中。这样一来，每个人都变得更加独立，能实现自我，从而可以自由地去做任何事。

创业时期，他们没有钱发补贴，只是一起工作、吃饭、生活。当有人生了孩子，他们就相互帮忙照看孩子。他们有自己的家庭私塾，不送孩子去学校。所有的一切都是自己做。这里就是一个家，在这里大家很安心。

他们自己种地、种菜、养鸡、养鱼，有盈余的农产品卖给市场。他们在清迈开有餐馆，还有一个农产品市场，这个市场是帮助人们以低价出售自己的有机食品。他们在做一个努力，就是把有机作物的价格降到跟那些用化肥和农药种出来的作物一样低。他们并不关心利润的高低，只要有足够的钱保持必要的运转就行了。在普菩社区的人眼里，钱只是一种工具，钱就像一把刀，用它来砍树，砍完了就把它放在一边，想要砍树的时候会再拿起来。当要花钱的时候，他们就挣钱、存钱；不需要花钱的时候，他们就休息。他们不需要像普通人那样一直去挣钱。

他们没有银行，但有一个社区基金。一切都属于集体，不属于个人，但是每个人都有权利使用。比如，有人要是病了，随时可以用钱，不需要任何许可，不需要任何手续。在农场建立7年以后，他们开始发补贴，每个人每月有4000铢（约合人民币800元）。大家可以拿这笔钱来满足一些个人需求，但是很多人会把这笔钱存下来。即使每个月只发4000铢，每年还是会有人去韩国、日本、印度、中国旅行，一年一次。他们设计了自己的社区，设计了自己的生活方式。他们想要自由，就会去创造它。所以，他们能够以自己想要的生活方式去生活。每个人都能够理解同样的事物。你想去海边，你就说："明天我要去海边了。"没人会说不让你去。只管动身，不需要像上班族那样请假。任何地方你都能去，每个人都拥有极大的自由，这就是他们社区营造的生活方式。

创始人俊傣对今天教育的看法是，觉得教育系统就像一个专为资本主义生产奴隶的工厂，因为从幼儿园到大学，从来就没有一门课是教给人们怎样快乐的，没有一门课教给人们如何自立、如何自由、如何爱。所有的一切都只是在教人如何变成一台机器上的一个小零件。人们必须学会成为这台机器上的一个功能良好的零件。俊傣觉得生活比这个更重要，任何人都不需要成为机器上的一个小螺丝。世界是如此大，有那么多有意思的事可以去做，为什么一定要活得这么压抑，这么痛苦，这么无聊？俊傣认为，我们需要改变现有的教育体制，让人们从学校里走出来，把整个世界都变成学校。农场可以是个好学校，森林也可以是个好学校，不需要去专门的学校，因为在哪儿都能学到东西。①

（四）美国阿米什人的传统社区

阿米什人是美国和加拿大安大略省的一群基督新教再洗礼派门诺会信徒，起源于 16 世纪早期。在 18 世纪初期，他们就以拒绝汽车及电力等现代设施，选择过俭朴的生活而闻名。

阿米什是德裔瑞士移民的后代组成的传统、严密的宗教组织，过着与世隔绝的生活。他们不从军，不接受社会福利或任何形式的政府帮助。大多数阿米什人在家说一种独特的方言，又称为宾夕法尼亚德语。截至 2010 年的调查显示，阿米什人的人口总数为 24.9 万。

他们全部生活在一个很大的农场里，基本上每天都过着这样的生活：清晨伴着日出醒来，然后开始一天的忙碌，拔草、除虫、施肥、检查各类农作物等。就算到了今天，他们的交通工具仍旧是马车，这在号称"轮子上的国家"的美国是很难想象的。"无欲、无求、无浪费"是他们的人生信条。他们独立于美国主流社会之外，而宗教教义对他们的生活影响极大。自给自足让他们不太需要外界，他们不使用任何现代设备，天黑点蜡烛，学习上帝的旨意后上床睡觉，以物换物以满足每个家庭的基本需要。

孩子们则会在这里完成基础知识的学习，学习到高中之前就会结束。他们认为再学就是"纸上谈兵"的理论，不仅对日常农

---

① 根据"家园计划"公众号文章《你要是病了，随时可以用钱，不需要任何许可——泰国 PunPun 农场访谈》整理。

场的生活毫无帮助，还会引发个人或物质方面的野心。在美国的高中教育里，培养竞争和自立意识是件好事，而这与阿米什人的价值观背道而驰。

（五）美国伊莎兰共识社区

伊莎兰共识社区坐落于加州蒙特雷郡，在当地宣传中这样描述这个社区：伊莎兰学院（Esalen Institute）是大苏尔的一座世外桃源，吸引全世界的游客来此探索人类的潜能和内心的秘密。游客可享受独特的 Esalen©按摩[①]、月光沐浴、天然温泉、情侣研讨会、瑜伽等活动，唤醒身体的自然能量，以最平静的心态改变生活模式，触摸世界本质。这样的独特体验，会为人开辟一条崭新的人生道路。

伊莎兰是美国一个非营利性的修行中心和共识社区，位于大苏尔，在加利福尼亚州，侧重于人文另类教育。该研究所在20世纪60年代开始的人类潜能运动中发挥了关键作用。它创新地使用了"交友小组疗法"（Encounter Groups），着重于身心联系，并且他们不断进行个人意识实验，引入了许多思想，这些思想后来成为世界主流。他们的目的是支持探索人类意识的更多方法，从东方宗教哲学到替代医学和身心干预，再到格式塔心理学实践，不拘泥于一种。

伊莎兰既不是学校，也不是教堂；既不是水疗中心，也不是旅馆，更不是修道院，但其作为完全独特的混合物，包含了上述所有内容。伊莎兰栖息在27英亩的大苏尔海岸线上，山脉与大海交会，它的神奇之美使其看上去有点像伊甸园。伊莎兰每年接待20000名游客，他们用一个周末、一周、一个月或更长时间来学习、成长、探索。

---

① 是伊莎兰社区创立的一种以肢体按摩开发为本质的治疗艺术。

四、21世纪世界新潮流：乡村社会主义引领未来

通过对上述多个不同类型的案例进行研究，我们可以得出以下结论。

（一）正在兴起的乡村共识社区是世界潮流

遍布世界的共识社区表现出顽强的生命力。伴随着西方资本主义的兴起，一直有理想者尝试乌托邦实验。但这些乌托邦实验最后都失败了，所以马克思将这些人称为空想社会主义者。19世纪以来，全球出现的不同类型的共享社区，其中也有失败的，但是大部分能够坚持下来，而且持续的时间很长，有的已经存在了二三十年甚至半个世纪的时间，如英国的布德霍非共识社区至今已存在半个多世纪。而且，这些共识社区不是勉强在维持，而是有越来越多人加入。其实，各种各样自发组成的共识社区在全球范围内每天都在产生与成长。虽然这些乡村共识社区不代表主流，但它们就像初春最早发芽的小草一样，代表着新春天的到来。

任何一个新时代的开启，都是从旧时代的边缘地区萌芽，逐渐成为主流的。就像开启西方资产阶级革命和城市化的那些人，是从中世纪庄园中逃离出来的农奴、流浪汉等。他们在庄园主领地的边缘地区开始了以手工业和商业为主的生活。正是因为没有土地，才倒逼他们以手工业和商业来谋生。由于工商业创造财富的效率高于农业，因此随着时间的推移，从庄园逃出的成为自由民的这批人，他们聚集和居住的地方就成了新型城市的雏形。马克思讲："这些城市不是从过去的历史中现成地继承下来的，而是被解放了的农奴重新建立起来的。"①

---

① 马克思、恩格斯：《马克思恩格斯全集（4）》，人民出版社2009年版，第141页。

从主流社会中游离出来，在现代文明城市的边缘地区建立起来的共识社区，与500多年前从庄园中逃出来的农奴成为自由民一样，也在开启着一个新时代。所不同的是，今天是从城市中心回到乡下，他们不是迫于生计，而是为了逃避现代工业文明带来的身心上的不自由。他们是这个时代最早的觉悟者，是马克思所讲的自由人联合体。他们追求的层次比当年成为资产阶级的自由民更高，他们的追求就是100多年前，马克思在《共产党宣言》里所讲的共产主义。

（二）乡村社会主义兴起的时代必然性

一是乡村是小规模社会，形成共识组织的成本低。马克思所设想的共产主义的自由人联合体，是一个不需要国家机器强制管理的自我管理的联合体。中国古代乡村采用的就是这种没有专职管理人员，高度扁平化的自治管理模式。这种管理制度不是人为创造的，而是小规模社会发展的必然产物。目前世界范围内形成的共识社区，采用的都是这种自治管理模式。这种管理模式在一个人口众多的城市是很难实施的。城市是现代资本主义的堡垒，一个异于主流社会的新社会是很难长期存在于这样的环境中的。100多年前巴黎公社革命失败的原因正在于此。毛主席领导的中国新民主主义革命，从城市转向农村，也是因为明白了其中的道理。现代化等级管理制度是顺应城市化大规模组织而出现的。管理链条越长，越容易滋生官僚主义。为了维系这个庞大的组织的秩序，必然会形成一套严格的制度体系。在一个大规模的社会组织中，形成自由人联合体的成本很大。

二是现代科学技术的进步，使乡村回归自给自足的生活成为可能。目前正在进行的以光伏发电为主的新能源革命、互联网技术革命及高铁技术等，给这个时代带来最大改变的不是城市，而是乡村。

首先，能最大化发挥分布式新能源优势的地方在乡村。未来的乡村单纯依靠光伏发电和沼气等生物能源，就可以完成能源的自给自足，甚至会出现乡村将剩余能源输送给城市的现象。其次，互联网技术使城市失去了信息集中的优势。乡村与城市信息同步化，工业文明时代城乡信息的鸿沟将不复存在。最后，现代高铁技术及电动汽车等新能源交通工具，使得拥有青山绿水资源的乡村成为未来最稀缺的居住、生活的地方。

总之，正在进行的新科技革命，是一个让古老的乡村复活的革命，同时让工业化时代的城市失去了诸多优势。生态文明时代的现代科技，将大力推进逆城市化，使乡村成为未来的新文明中心成为可能。

三是乡村自给自足的生活，将成为未来的常态生活，躬耕劳动将成为未来的第一个需求。近代以来，古代乡村社会的自足生活，被城市商业化、机械化、电气化、智能化的生活所替代。从表面上看，城市生活是比古代乡村更文明、更舒适的现代化生活。但随着时间的推移，现代化的城市生活已经成为服务于资本增值、被资本设计的生活。正是现代资本社会对生活的异化与奴役，导致了逃离城市回到乡村的共识社区在世界范围内的出现。

我们发现，要遏制与对峙资本对我们的剥削和奴役，最重要的行动，不是从直接改变垄断资本开始，因为已经形成的控制全球的垄断资本，我们无法改变；而是从改变自我开始，从改变自我的生活方式开始。说白了，就是回归乡村社会自给自足的生活方式。

在生产力水平低下的古代社会，自足的生活是效率很低的，特别是负荷量很强的农耕劳动，对生命有很大损伤。为了维持生活，人们要消耗更多的时间来从事农耕劳动。但是在现代科技进步的背景下，在乡村进行农耕生产，只需要很少的劳动时间就可以。

在没有巨大生计压力的情况下，乡村的躬耕劳动、家务劳动、手工劳动具有了新的价值和意义。这种能够摆脱城市资本奴役、满足生活自足的劳动，是一种让生命健康、让人与自然进行能量和精神交换，而且具有很高艺术价值的劳动。

在天地之间进行的农耕劳动，是一种包含体力与脑力、艺术与技术，同时满足身体健康和让生命崇高要求的劳动方式。许多科学家告诉我们，未来是人被机器人奴役的时代。但是只要我们回到乡村，回到离自然最近的大地上，我们就会发现，机器人能够替代的是让人异化的劳动。有一种劳动，人类不会让给机器人，这就是让人成为人的农耕劳动。

工业文明是人造物的文明，面对资本所创造的庞大的死物质，我们应该如何做呢？

在新的时代背景下，我们有两种选择。一种是采取对立思维。所谓对立思维，就是以毒攻毒思维，是一种刚性对抗的战争思维。毛主席领导的新民主主义革命，就是一种刚性革命。摧毁一个旧世界，需要的是刚性革命。但是对建立一个新时代来说，我们需要的则是另一种柔性思维。21世纪，人类化解现代资本主义，必须从刚性革命转向柔性变革。这个柔性变革的突破口，就是以人人都可以做主、人人都可以参加的生活方式的变革开始。如果迈向新时代的生活方式变革渐渐成为社会主流，那么决定社会发展的主导力量就会由资本转向共同参与的每一个人。目前资本主导的社会发展的着力点在生产上，但生产什么、怎么生产又是消费决定的。柔性革命就是通过全社会每个人掌握自己消费的主动权，重新构建未来的新文明。

总之，未来能够与庞大的资本对峙的力量，是每个人都可以从自我开始的生活方式的变革。这将是一场持久的柔性革命。100多年前，《共产党宣言》提出了全世界无产阶级联合起来；21世纪则需要全世界觉醒的新人类联合起来，从"我的生命我做主，我的生活我创造"开始，共同对峙资本主义主导的世界，共同迈向共产主义新文明时代。

（三）乡村社会主义的希望在中国，对冲资本主义世界的力量在中国

要想扭转乾坤、进入新时代，就需要顺应新时代已经开启的天、地、人三大系统的和合力量。这里的"天"就是2008年以来在世界范围内开启的生态文明。以生态文明建设来遏制资本主义造成的环境危机，是当代人类最大的共识。而我们讨论的落地乡村的共识社区的建设，则是对应着"天"的"地"。我们发现，新时代的共识社区有一个共同特点，那就是都认为生态文明与生态生活是共识社区最大的共识。

那么，推动人类进入新时代的人是谁呢？就是每一个人。不分阶级、民族、国别，是全人类，因为"天下兴亡，匹夫有责"。

原来马克思所讲的无产阶级，对应的是资本家，新时代、新文明建设的主体，是所有的人。这些人包括资本家、知识分子、工人和农民。其实，我们每个人都是当代人类文明危机的制造者，只是以不同的角色不同程度地在制造危机而已——有的以资本的身份，有的以消费者的身份，有的以知识分子的身份，有的以科技人员的身份。现代人类文明的危机是一个时代的"共业危机"。

目前，走在时代前沿的是中国。中国担当着引领世界、迈向新时代的使命。

首先，党的十八大以来，中国在世界范围内高举生态文明大旗，使中国首先进入新时代的时空，占据了新时代的制高点。

其次，也是最重要的，中国不仅是乡村文明历史最悠久的国家，也是乡村文明社会发展最成熟的国家。承载着古老文明的乡村，不仅是中华文明的最大遗产，也是人类文明的遗产。21世纪人类新文明的发源地就是古老的乡村，乡村将成为未来最稀缺的资源之一。目前在西方发达国家，有许多中产阶层想回归乡村去生活，但缺少这样的乡村。西方发达国家出现的乡村共识社区，大部分是从零开始新造的。而中国仍然保留着60多万个乡村，这将是中国迈向未来最重要的立足点。

几千年来追求仁爱和谐、互助公平的乡村，在毛主席领导的新民主主义革命之后，实现了古老的文明与马克思社会主义思想的结合，完成了从古代乡村向新中国社会主义乡村的涅槃。计划经济时代，对中国乡村进行的集体化与公社化改造，到今天我们发现，这个方向本来是正确的，只是后来采取过"左"的做法，导致了人民对这个方向的怀疑。改革开放以来，对中国乡村的最大改变，就是在邓小平提出的"四个坚持"的大背景下，实现了中国乡村社会与社会主义市场经济的对接。党的十八大以来，以习近平同志为核心的党中央，从时代高度提出了乡村振兴战略。这是近代以来，中国乡村走向未来的第三次转型。乡村将成为中国迈向生态文明新时代、迈向社会主义新时代的新起点。

后记

本书是继《大国之本：乡村振兴大战略解读》之后关于乡村的又一本书。2017年《大国之本》书稿完成后，当时我觉得把乡村的事该讲的都讲了。但后来我发现不是这样的，还有许多不吐不快的东西，于是萌发了再写一本书的想法。而最初将写作纳入议事日程，要感谢江西教育出版社的龚琦编辑。缘由是她在2015年时就找到我，希望出版有关乡村振兴的书。交流之后，我感觉她是一位对乡村有情怀的编辑，于是在她的努力下，2016年江西教育出版社出版了我与温铁军老师主编的《乡村振兴十人谈》一书。此后她又提出，希望我主编出版一套有关乡村振兴的丛书，我也欣然答应了。后来因种种原因，此套书未能出版，但也正是在这个机缘的推动下，我启动了本书的写作。在此要感谢龚琦编辑。

2019年启动该书的撰写工作之后，我还是延续了《大国之本》的写作习惯：先讲后写。于是，我将此书的写作大纲做成PPT，在北京凤凰耕读书院做了十次讲座。然后整理录音，并逐步打磨成此书的初稿。在这个过程中，要感谢凤凰耕读书院的学生们和我的博士生张雅婷、陆婷婷、刘潇阳等人对录音的整理。

此书最终出版，要衷心感谢东方出版社经济编辑部的李烨主任、吴晓月编辑的辛苦付出。是她们对乡村的情怀、对前沿思想的洞见和对新时代出版事业的使命感，才使得此书顺利出版。

张孝德

2023 年 1 月

后记

本书是继《大国之本：乡村振兴大战略解读》之后关于乡村的又一本书。2017年《大国之本》书稿完成后，当时我觉得把乡村的事该讲的都讲了。但后来我发现不是这样的，还有许多不吐不快的东西，于是萌发了再写一本书的想法。而最初将写作纳入议事日程，要感谢江西教育出版社的龚琦编辑。缘由是她在2015年时就找到我，希望出版有关乡村振兴的书。交流之后，我感觉她是一位对乡村有情怀的编辑，于是在她的努力下，2016年江西教育出版社出版了我与温铁军老师主编的《乡村振兴十人谈》一书。此后她又提出，希望我主编出版一套有关乡村振兴的丛书，我也欣然答应了。后来因种种原因，此套书未能出版，但也正是在这个机缘的推动下，我启动了本书的写作。在此要感谢龚琦编辑。

2019年启动该书的撰写工作之后，我还是延续了《大国之本》的写作习惯：先讲后写。于是，我将此书的写作大纲做成PPT，在北京凤凰耕读书院做了十次讲座。然后整理录音，并逐步打磨成此书的初稿。在这个过程中，要感谢凤凰耕读书院的学生们和我的博士生张雅婷、陆婷婷、刘潇阳等人对录音的整理。

此书最终出版，要衷心感谢东方出版社经济编辑部的李烨主任、吴晓月编辑的辛苦付出。是她们对乡村的情怀、对前沿思想的洞见和对新时代出版事业的使命感，才使得此书顺利出版。

张孝德
2023 年 1 月

图书在版编目（CIP）数据

大国乡村：乡村蕴含中国式未来 / 张孝德 著. —北京：东方出版社，2024.4
ISBN 978-7-5207-3798-2

Ⅰ.①大… Ⅱ.①张… Ⅲ.①农村—社会主义建设—研究—中国 Ⅳ.①F320.3

中国国家版本馆 CIP 数据核字（2024）第 013184 号

大国乡村：乡村蕴含中国式未来
（DAGUO XIANGCUN：XIANGCUN YUNHAN ZHONGGUOSHI WEILAI）

作　　者：	张孝德
策　　划：	李　烨
责任编辑：	吴晓月
出　　版：	东方出版社
发　　行：	人民东方出版传媒有限公司
地　　址：	北京市东城区朝阳门内大街166号
邮　　编：	100010
印　　刷：	北京联兴盛业印刷股份有限公司
版　　次：	2024年4月第1版
印　　次：	2024年4月第1次印刷
开　　本：	660毫米×960毫米　1/16
印　　张：	25.5
字　　数：	297千
书　　号：	ISBN 978-7-5207-3798-2
定　　价：	78.00元

发行电话：(010) 85924663　85924644　85924641

版权所有，违者必究

如有印装质量问题，我社负责调换，请拨打电话：(010) 85924602　85924603